AF523931

B V
72

Karsten Müller

Die Endspielkunst der Weltmeister

Band 1

Von Steinitz bis Tal

Joachim Beyer Verlag

ISBN 978-3-95920-141-4

1. Auflage 2021

Ein Imprint des Schachverlag Ullrich, Zur Wallfahrtskirche 5, 97483 Eltmann

Herausgeber: Robert Ullrich

Inhaltsverzeichnis

Vorwort

Da die Schachweltmeister natürlich in allen Bereichen des Spiels herausragen, kann man von ihrem Können am meisten lernen, und es versteht sich von selbst, dass das Endspiel diesbezüglich keine Ausnahme bildet.

Die einzelnen Kapitel sind in zwei Teile gegliedert.

1. Ein Spezialthema zu einem Endspielgebiet, auf dem der jeweilige Weltmeister besonders eindrucksvolle Leistungen hervorgebracht hat – inklusive entsprechender Aufgaben.

Hier fiel meine Wahl im Einzelnen auf Steinitz' gekonnten Umgang mit dem Läuferpaar, Laskers Verteidigungskunst, Capablancas Einsatz des Königs, Aljechins Angriffskunst in der 4. Partiephase, Euwes geschickte Nutzung von Freibauern, Botwinniks eiserne Logik und weitsichtige Strategie, Smyslows minutiöse Turmendspiele und nicht zuletzt auf Tals Magie, die oft auch im Endspiel zauberhaft zum Zuge kam.

2. Besonders instruktive Partien oder Endspiele, die zu Recht als *Klassiker* bezeichnet werden können – inklusive entsprechender Aufgaben. Bei diesen Beispielen, die immer aufs Neue instruktiv und inspirierend sind, hatte ich natürlich die Qual der Wahl und hoffe, dass Ihnen die Auswahl zusagt.

Und da ich die Verwendung von Aufgaben für ebenso wichtig wie nützlich halte, um den Leser zur aktiven Mitarbeit anzuregen, sind zusätzliche Übungen in die behandelten Beispiele eingefügt. Zum Umgang mit den verschiedenen Aufgaben beachten Sie bitte die Hinweise in den Vorbemerkungen.

Ich bedanke mich bei GM Mihail Marin für sein vorzügliches Geleitwort und die von ihm beigesteuerten Analysen, bei Rainer Woisin von ChessBase für die Erlaubnis, meine DVD 'Die Endspiele der Weltmeister' als Basis für dieses Buch verwenden zu dürfen sowie für die Idee, mit QR Codes zu arbeiten – bei Robert Ullrich und Thomas Beyer für das Layout, die Auswahl der Photos und die Präsentation – und bei Lothar Nikolaiczuk für die hervorragende Arbeit, die weit über ein normales Lektorat hinausging.

GM Dr. Karsten Müller

Hamburg, im April 2021

Geleitwort

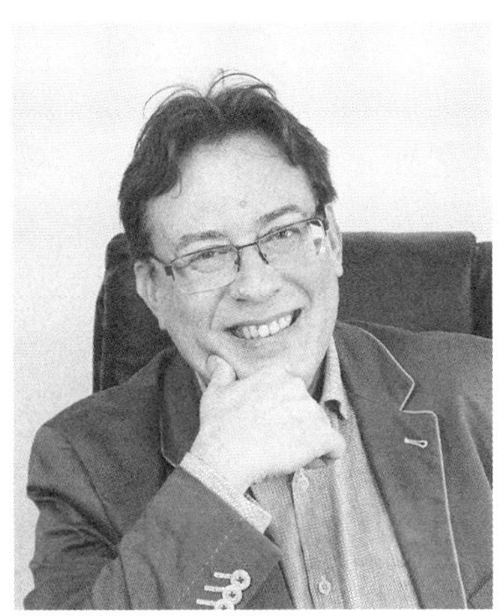

Mihail Marin

Für Menschen in unterschiedlichen Kulturen und geografisch entfernten Gegenden hat Schach seit jeher eine Art universeller Sprache dargestellt. Jedoch habe ich den Eindruck, dass diese – gleich allen *tatsächlichen* Sprachen – einer breiten Palette von „Dialekten" Platz bietet. Abhängig von den Schachkreisen, in denen man verkehrt, hört man Debatten, in denen es um Fragen und Vermutungen über erzwungene Eröffnungsvarianten oder atemberaubende Neuerungen geht, um tiefe Mittelspielpläne oder brillante Taktik sowie – last but not least – um subtile Endspiele und Endspieltechnik.

Bei meinen häufigen Besuchen in Hamburg in den letzten Jahren (zu denen normaler-weise meine Gastauftritte bei Karsten Müllers Endspiel-Show *Endgame Magic* im Hamburger ChessBase Studio gehörten) war für mich die Feststellung herzerfrischend, dass die Verwendung des „Endspiel-Dialekts" sowohl Karsten als auch mir keine geringere Freude bereitet als erstklassige Musik oder Kunst – und dass sie auch keine geringere intellektuelle Herausforderung darstellt als die gründliche Berechnung langer Varianten.

In dem langwierigen und mühsamen Prozess, uns der Lösung bzw. der „Wahrheit" in einer unserer Lieblingspartien zu nähern, nimmt das Endspiel einen privilegierten Platz ein. Genau in diesem Bereich sollte man analytische Ausgrabungen vornehmen, wenn man kleine Teile der universellen schachlichen Wahrheit entdecken will, denn angesichts des reduzierten Figurenbestandes kann man sich auf die Ergebnisse der eigenen Analyse eher verlassen. Entsprechend stellt es keine Überraschung dar, dass viele der Regeln und Schlussfolgerungen, die bereits Jahrhunderte vor dem Computerzeitalter aufgestellt wurden, bis auf den heutigen Tag ihre Gültigkeit behalten haben.

Im Endspiel geht es um weniger abstrakte Themen, und da in dieser Phase viele Partien entschieden werden, bietet sie Spielern aller Klassen einen wesentlichen Lern- und Trainingsbereich. Dies war den Weltmeistern verschiedener Epochen vollkommen bewusst. Einige von ihnen waren renommierte Taktiker, andere waren hervorragende Positionsspieler. Viele von ihnen analysierten Eröffnungen in aller Tiefe, während andere diese eher intuitiv spielten. Wie auch immer, ist es schwer vorstellbar, dass ein Spieler den höchsten Titel ohne meisterhafte Beherrschung der Endspielphase erlangt.

Sollte ich das Gefühl, das Karsten Müllers neues Buch in mir geweckt hat, mit nur einem Wort beschreiben, würde ich mich für „Freude" entscheiden. Natürlich hatte ich eine ganze Reihe der vorgestellten Beispiele bereits vorher einmal zu sehen bekommen und analysiert, aber das jetzige Wiedersehen empfand ich quasi wie eine intellektuelle Wohltat. Die Beispiele, die ich nur oberflächlich kannte, habe ich jetzt meiner 'Noch zu analysieren'-Liste hinzugefügt. Die zahlreichen Übungsaufgaben fand ich ideal für mentales Training, auch wenn ich mit mancher Stellung bereits vertraut war.

Ich möchte mit einer Art „Ermahnung“ schließen. Das bloße Lesen von Schachbüchern macht nicht automatisch stärker. Auch wenn man diese während des Schlafs unters Kissen legt, wird dieser Effekt nicht erreicht. Vielmehr sollte ein gutes Schachbuch dem Leser einen zuverlässigen Ausgangspunkt für eigenständige Denkarbeit und eigenständiges Analysieren bieten.

Und in diesem Sinne möchte ich Sie dazu einladen, sich in der Folge mit den herausragendsten Endspielleistungen der Weltmeister zu beschäftigen und diese zu genießen.

Mihail Marin

Domnesti (Rumänien) im April 2021

Zwei Vorbemerkungen

1. Die thematisch zugeordneten Aufgaben sind mit 'A01.01' usw. gekennzeichnet – die zusätzlich eingefügten mit 'Aufgabe 1' usw. Die Lösungen folgen im Anschluss an jedes Kapitel. Aufgaben von höherem Schwierigkeitsgrad sind mit '***' als solche gekennzeichnet. Diesbezüglich gilt jedoch für sämtliche Aufgaben: Lassen Sie die Suche nach der jeweiligen Lösung nicht in Quälerei ausarten, sondern schauen Sie in den Lösungsteil, sobald Sie auf allzu große Widerstände stoßen.

2. Die Zuordnung jedes einzelnen Weltmeisters zu einem bestimmten 'Spielertyp' geht auf mein kürzlich (gemeinsam mit GM Luis Engel) veröffentlichtes Buch 'Spielertypen' (Joachim Beyer Verlag 2020) zurück. Da ich der Ansicht bin, dass dieser Aspekt auch im Endspiel eine bedeutende und häufig klar hervortretende Rolle spielt, gebe ich hier noch einmal einen kurzen Überblick, durch welche Details dieser oder jener Spielertyp charakterisiert wird. So können Leser, die sich für diesen Aspekt interessieren, bei entsprechenden Hinweisen in den folgenden Kapiteln noch einmal zurückblättern, um sich genauer zu orientieren.

Aktivspieler

Weltmeister: Aljechin, Tal, Spasski, Kasparow, Anand

(Beim selteneren Typ des 'Hyperaktivspielers' sind alle folgenden Charakteristika sogar noch verstärkt anzutreffen.)

Ihre Stärken: Sie bewerten Initiative und Angriffschancen relativ hoch und das Material niedriger. Sie haben oft ein gutes Gespür für Initiative und Dynamik und sind dafür auch bereit, statische Schwächen in Kauf zu nehmen. Eine ihrer Stärken besteht zumeist in der konkreten Variantenberechnung, die auf intuitiver Abschätzung basiert.

Ihre Schwächen: Sie machen manchmal verpflichtende Bauernzüge, die zwar im Moment gut aussehen, langfristig jedoch weit mehr schaden als nutzen. Sie neigen dazu, eigenen Königsangriff zu überschätzen, während sie den gegnerischen unterschätzen. Sie sind in der Verteidigung deutlich weniger gut, gehen oft Risiken ein und versuchen in aller Regel, auch das 3. Ergebnis (sprich: den eigenen Sieg) im Spiel zu halten.

Theoretiker

Weltmeister: Steinitz, Botwinnik, Kramnik

Ihre Stärken: Sie kennen sich in ihren Strukturen extrem gut aus. Sie sind mit allen Manövern und Plänen bestens vertraut und können sich bei deren Anwendung auch auf ihre diesbezüglich geschärfte Intuition verlassen. Sie spielen logisch und systematisch. Viele Vertreter dieses Typs sind gut in theoretischen Endspielen und kennen die gesamte relevante Endspieltheorie auswendig.

Ihre Schwächen: Sie halten an ihren Prinzipien fest, auch wenn diese mitunter nicht zur Stellung passen. Gelegentlich mangelt es ihnen etwas an dem Gespür für die Grenzen der Anwendbarkeit von diesem oder jenem Prinzip – wie auch an der erforderlichen Flexibilität, um in einer konkreten Stellung bei Bedarf auf andere Lösungsansätze umzuschwenken.

Reflektoren

Weltmeister: Capablanca, Smyslow, Petrosjan, Karpow, Carlsen

Ihre Stärken: Sie haben ein sehr tiefes Spielverständnis und erkennen relevante Muster quasi auf den ersten Blick. Sie haben ein sehr feines Gespür für die Harmonie und Koordination der Figuren. Sie sind sehr gut, wenn es darum geht, die gegnerischen Figuren immer mehr einzuschränken und ihre Koordination zu stören. Entsprechend typisch für sie sind aktive Prophylaxe sowie Dominanz- und Restriktions-Strategien. Auch sind sie sehr gut in strategischen Endspielen, in denen ihre Stärken voll zur Geltung kommen, weil das dynamische Potenzial der Damen hier nicht mehr 'stört' und entsprechend weniger 'Chaos' aufkommen kann.

Ihre Schwächen: Sie sind manchmal nicht so gut in der konkreten Variantenberechnung, worauf der Gegner abzielen kann, indem er konkrete dynamische Stellungen anstrebt, in denen jeder einzelne Zug von entscheidender Bedeutung sein kann und die entsprechend umfangreiche und konkrete Berechnung erfordern.

Pragmatiker

Weltmeister: Fischer, Euwe, Lasker

Ihre Stärken: Sie zeichnen sich dadurch aus, dass sie einen sehr konkreten Ansatz haben. Sie können häufig sehr genau und weit rechnen und machen selten grobe Fehler. Sie beziehen viele praktisch relevante Faktoren in ihre Entscheidungsfindung mit ein und sind häufig gut darin, die Gegner vor unangenehme praktische Entscheidungen zu stellen. Auch sind sie häufig in der Lage, sich dank genauer Variantenberechnung sehr zäh zu verteidigen.

Ihre Schwächen: Der konkrete Ansatz kann sich unter Umständen als Schwäche herausstellen. In technisch positionellen Stellungen, in denen es nichts Konkretes zu berechnen gibt, geraten sie gelegentlich ein bisschen ins „Schwimmen“. Allgemein können sie Schwierigkeiten haben, langfristige Pläne zu erkennen und diese in ihre Überlegungen miteinzubeziehen. Manchmal sind Pragmatiker (ähnlich wie Theoretiker) etwas zu materialistisch. Insgesamt sind sie jedoch relativ ausgewogen und haben kaum nennenswerte Schwächen.

Zeichenerklärung

+	Schach
#	matt
x	schlägt
!	guter Zug
!!	ausgezeichneter Zug
?	schwacher Zug
??	grober Fehler
!?	beachtenswerter Zug
?!	fragwürdiger Zug
+−	Weiß hat entscheidenden Vorteil
±	Weiß steht besser
⩲	Weiß steht etwas besser
=	die Stellung ist ausgeglichen oder remis
−+	Schwarz hat entscheidenden Vorteil
∓	Schwarz steht besser
⩱	Schwarz steht etwas besser
Δ	mit der Idee
⌓	besser ist
∞	unklar
∞̅	mit Kompensation für den materiellen Nachteil

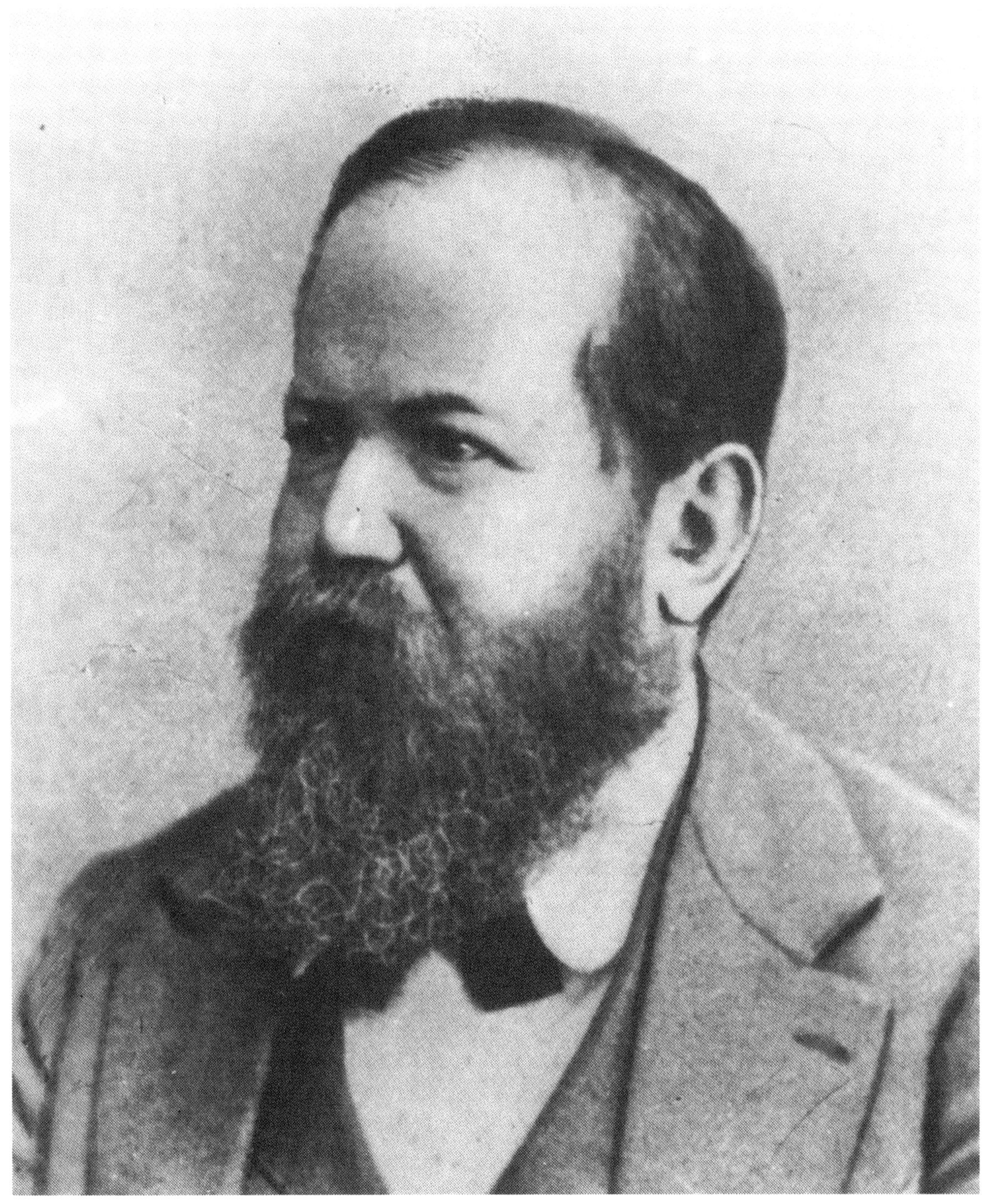

Der erste Weltmeister – Wilhelm Steinitz

Wilhelm Steinitz (14.5.1836 – 12.8.1900), ein gebürtiger Österreicher (ab 1888 US-Amerikaner), war von 1886 bis 1894 der erste allgemein anerkannte Schachweltmeister (nach seinem Sieg über den polnisch-deutschen Meister Johannes Zukertort). Er gilt gewissermaßen als Revolutionär, weil er das damals vorherrschende stürmische Angriffsschach (das sogenannte 'romantische Schach') scharf kritisierte. Mit seiner wissenschaftlichen Herangehensweise formulierte er noch heutzutage gültige Prinzipien der Strategie und des Positionsspiels und legte somit den Grundstein für die 'positionelle Schule' des modernen Schachs.

Vom Spielertyp her war er Theoretiker (siehe auch 'Vorbemerkung 2' auf Seite 9). Eine seiner Theorien betrifft beispielsweise den 'Steinitz König', der sich selbst verteidigen kann. Bei einer anderen geht es um das Läuferpaar gegen Läufer und Springer und die diesbezügliche Kunst der Bauernführung – nämlich die sogenannte 'Steinitzsche Restriktionsmethode'. Diese bildet eine Hauptstrategie der Läuferpaar-Partei und beruht auf der relativen Unbeweglichkeit des Springers, der sich mitunter sehr schwer tut, bestimmte Felderkomplexe zu erreichen bzw. zu verlassen. Der folgende Klassiker verdeutlicht dies ganz vortrefflich.

01.01
Berthold Englisch
Wilhelm Steinitz
London 1883

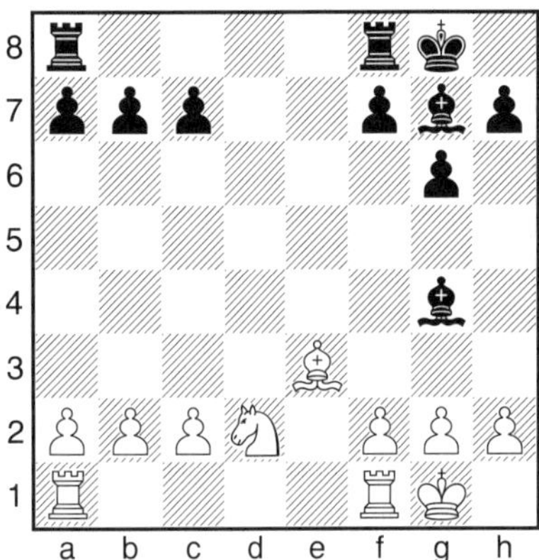

Bei voller Stellungskontrolle verfügt Schwarz über ein mächtiges Läuferpaar und hat außerdem eine leichte Initiative – alles in allem eine Mixtur, die sich bei unaufmerksamer Verteidigung als tödlich herausstellen kann.

15...♖ad8

Natürlich nicht 15...♗xb2? 16.♖ab1 ♗e5 17.♖xb7, weil dies unnötigerweise die Aktivierung der weißen Figuren gestattet und ihnen brauchbare Stützpunkte verschafft. Tatsächlich besteht die Aufgabe ja gerade darin zu verhindern, dass der Springer solche Perspektiven erhält. Denn während die Läufer von fließenden Bauernstrukturen profitieren, fühlen sich Springer zumeist in einer aus Bruchstücken bestehenden Stellung wohl. Und das obige falsche Herangehen würde ja zu einer solchen führen, wobei vorneweg das Feld c5 dem Weißen in die Hände fiele.

16.c3 ♖fe8

Die Aktivierung der letzten Figur geschieht mit der Drohung ♖xe3 und somit a tempo. Oder besser gesagt: die Aktivierung der *vor*letzten Figur, denn da ist ja auch noch der König!

17.♘b3

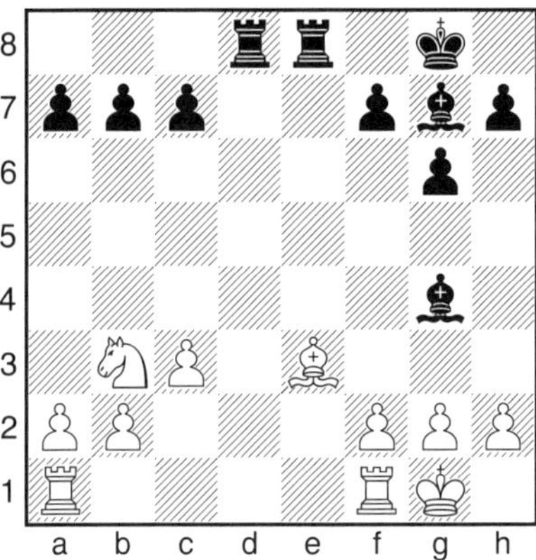

17...b6!

Schwarz beginnt damit, den weißfeldrigen ♗g4, der ja keinen Gegenspieler hat, stark zu machen, und schränkt gleichzeitig den Aktionsradius des Springers ein.

Übrigens hat der bekannte Berliner Trainer Holger Borchers für einen solchen 'Läufer ohne Widerpart' den blumigen Begriff *grüner Läufer* kreiert. Denn Grün ist die Farbe der Hoffnung und die Hoffnung eines Läuferpaars beruht in erster Linie auf dem Potenzial des 'grünen' Exemplars, das (gemäß einer entsprechenden Faustregel) so stark wie möglich gemacht werden soll. Für derlei Begriffe mit den dazugehörigen Regeln haben 'Theoretiker' ein ausgeprägtes Faible und entsprechend führen sie oft ein ganzes System eigener Bezeichnungen in die Schachsprache ein. Als Trainer bin auch ich ein erklärter Anhänger dieser Herangehensweise.

18.h3 ♗e6

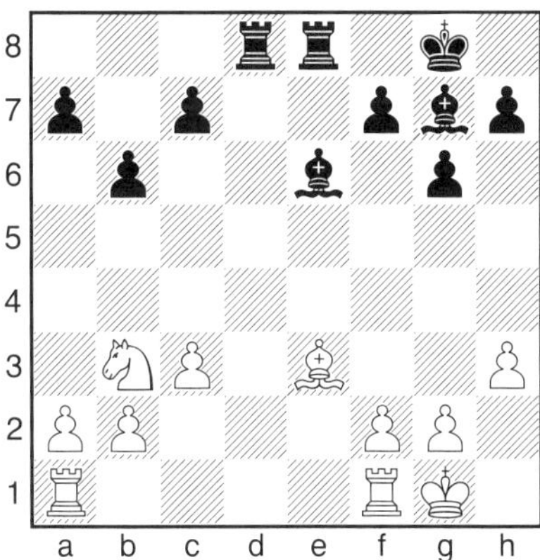

19.♖fd1?!

19.♘d4!? kam stark in Betracht, denn nach z.B. 19...♗d5 20.♖fe1 c5 21.♘b5 kann von einer schwarzen Gewinnstellung noch keine Rede sein.

19...c5

Dieser Vorstoß nimmt den weißen Figuren den wichtigen Stützpunkt d4 und engt somit insbesondere den Springer weiter ein.

20.♗g5 f6 21.♗f4 ♔f7 22.f3 g5

Mittlerweile nutzt Steinitz seine gesamte Armee, um immer mehr Raum zu gewinnen.

23.♖xd8 ♖xd8 24.♗e3 h6

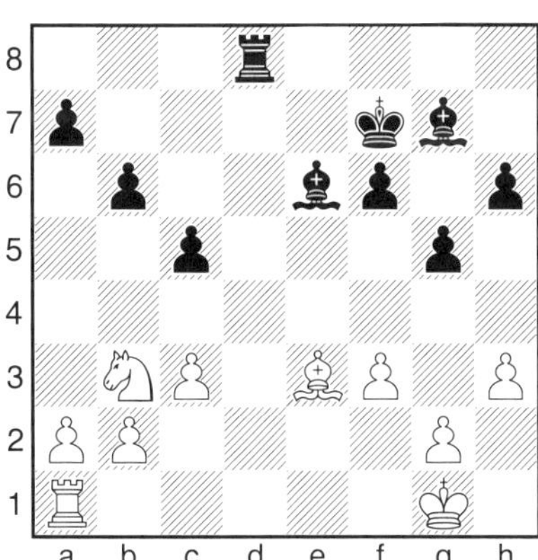

Nun stehen alle schwarzen Bauern auf schwarzen Feldern und als nächstes soll der f-Bauer nach f4 vorrücken.

25.♖e1 f5

Das ist der erste schwarze Bauernzug, der etwas verpflichtend ist.

Alternativ kam direkt 25...a5!? in Frage.

26.f4

Weiß muss ein Stoppschild setzen und kann in der Folge darauf hoffen, das Feld e5 als Springerbasis nutzen zu können.

26...♗f6

26...g4!?

27.g3?

Für solch positionellen Luxus (um auf f4 gegebenenfalls mit dem Bauern zurückschlagen zu können) hat Weiß keine Zeit. Das größte Problem ist der Abseitsspringer, der mit 27.♘d2 (Δ27...♗xa2? 28.♖a1) unverzüglich Kurs auf grünere Weidegründe nehmen sollte. Allerdings behält Schwarz auch dann gute Gewinnchancen.

27...a5!

Unter Einsatz der tödlichen Drohung, mit a4-a3 den weißen Damenflügel aufzurollen, wird der Springer noch weiter zurückgeworfen, da nach 28.♘d2? nunmehr 28...♗xa2 möglich wäre.

28.♘c1 a4 29.a3 ♗c4

Das direkte 29...gxf4 30.♗xf4 ♗g5−+ war vielleicht noch stärker.

30.♔f2?

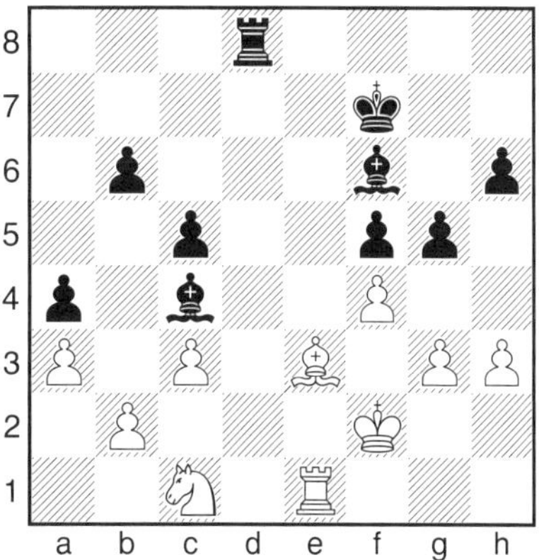

30.♘e2 war zäher.

30...gxf4!

Steinitz demonstriert eine sehr starke Umformung eines Vorteils in einen anderen. Das ist ja ohnehin einer der Vorteile von Läufern gegenüber Springern, dass man sie im Bedarfsfall leichter abtauschen kann.

31.♗xf4 ♗g5!

Der stärkste Verteidiger wird nun abgetauscht, wonach es schwer wird, das Eindringen des schwarzen Turmes über die d-Linie zu verhindern. Bei dem weißen Läufer handelt es sich nämlich um einen sogenannten 'Chamäleon-Läufer' und als solcher ist er ein starker Verteidiger.

Ein Chamäleon-Läufer ist ein potenziell schlechter Läufer, der aber wichtige Funktionen innerhalb der Stellung erfüllt. Spieler vom Typ 'Theoretiker' verwenden gern solche Begriffe für positionelle Phänomene und leiten mitunter eine ganze Sammlung davon aus ihren Theorien ab.

Der Begriff 'Chamäleon-Läufer' wurde von Raj Tischbierek als Übersetzung der englischen Bezeichnung 'double edged bishop' vorgeschlagen, die Esben Lund in seinem Buch 'The secret life of bad bishops' eingeführt hatte. Die entsprechende Faustregel lautet: So, wie das Chamäleon seine Farbe ändert, so ändert sich auch die Stellungsbewertung.

Im gegebenen Fall wird es zu einem guten Läufer, wodurch sich die schwarze Stellung in eine Gewinnstellung verwandelt – ganz so, wie es die Faustregel vorhersagt. Ein typischer Chamäleon-Läufer ist z.B. der französische Läufer c8 (bei schwarzen Bauern auf e6, d5 gegen weiße auf d4, e5) und der königsindische Läufer g7 (bei schwarzen Bauern auf d6, e5 gegen weiße auf e4, d5).

32.♗xg5?!

32.♔e3 ♗xf4+ 33.♔xf4 ♔f6–+ bzw. 33.gxf4 ♔g6 34.♖g1+ ♔h5–+

32...hxg5 33.♔e3 ♔f6

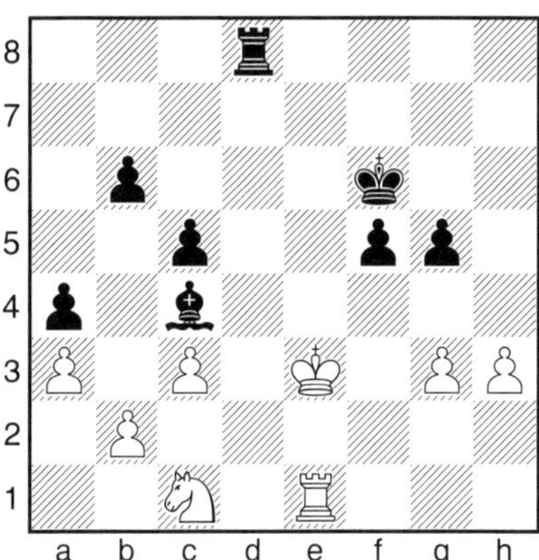

34.h4?!

Dies verliert forciert, aber die weiße Stellung macht ohnehin einen traurigen Eindruck, wie die folgenden Varianten zeigen.

1) 34.♖g1 ♔e5 35.h4 f4+ 36.gxf4+ gxf4+ 37.♔f3 ♗d5+ 38.♔e2 ♔e4–+

2) 34.♖h1 ♔e5 35.♖g1 f4+ 36.♔f3 ♗d5+ –+

a) 37.♔f2 ♖h8 38.♖e1+ ♔d6 39.gxf4 gxf4 40.c4 ♗c6 41.♘d3 ♖xh3

b) 37.♔e2 ♔e4 38.gxf4 gxf4 39.♖g7 ♗c4+ 40.♔e1 f3 41.h4 ♔e3 42.♖e7+ ♔f4 43.♖g7 ♖d6 44.h5 ♔e3 45.♖e7+ ♗e6

34...gxh4 35.gxh4 ♖e8+ 36.♔f2 ♖xe1 37.♔xe1

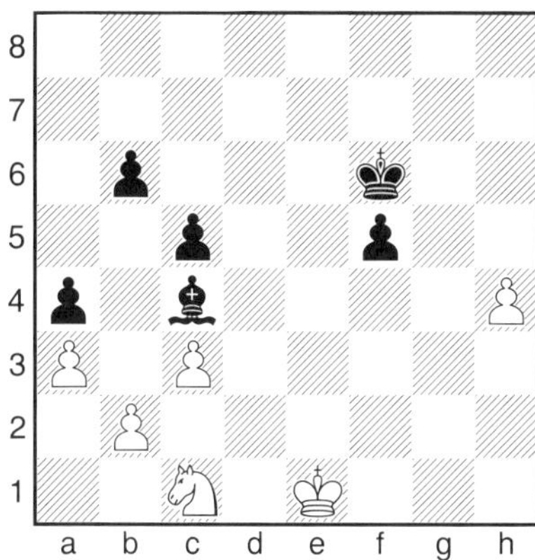

37...♔e5!

Nach der Unachtsamkeit 37...f4? und der Folge 38.♘e2 ♔f5 39.h5 ♔g5 40.h6 ♗d3 könnte der Springer doch noch ins Leben zurückkehren; z.B. 41.♔f2 b5 42.c4 b4 43.♘c1 ♗g6 44.♔f3=.

38.♘e2 ♗xe2 39.♔xe2

Ganz ungeachtet des entfernten gegnerischen Freibauern ist das Bauernendspiel angesichts des aktiven Königs leicht gewonnen.

39...♔f4 40.c4 ♔g4 41.♔e3 f4+ 42.♔e4 f3 43.♔e3 ♔g3 0-1

Auch im folgenden Beispiel setzt sich das Läuferpaar durch.

01.02
Wilhelm Steinitz
Salomon Lipschütz
New York 1897

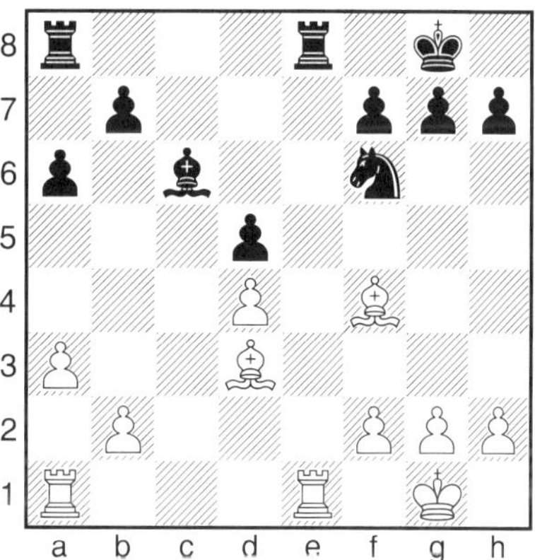

19.f3!

Das schränkt den Springer ein und macht den 'grünen Läufer' stärker.

19...♘d7 20.♔f2 ♘b6 21.b3 g6 22.a4 f6 23.♖ac1?! ♔f7?! 24.h4?!

24.♖xe8! ♔xe8 25.h4 war genauer; und 24...♖xe8? würde mit 25.♗xa6 widerlegt.

24...♖xe1 25.♔xe1 ♖c8 26.♔d2 ♗d7 27.♖h1?!

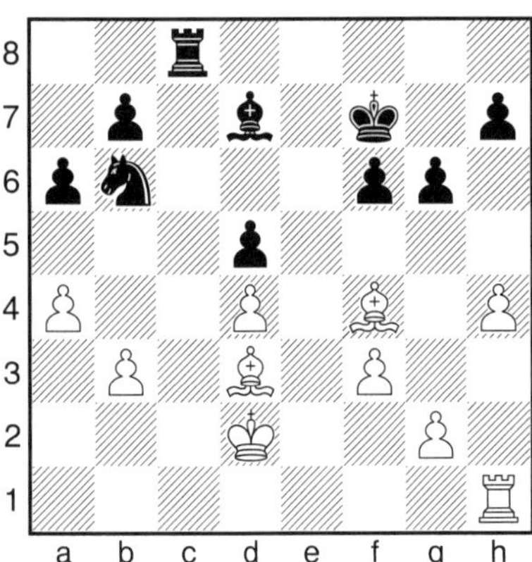

27...♖c6?

Hier verpasst Schwarz die Gelegenheit, mit 27...♗f5! 28.♗xf5 gxf5 das Läuferpaar zu 'halbieren'. Die geschwächte Struktur fällt nicht ins Gewicht, weil eine nicht auszunutzende Schwäche gar keine echte Schwäche ist.

28.h5 g5 29.♗g3?!

29.♗b8! h6 30.♗g6+ ♔g8 31.♗a7 ♘c8 32.♗c5 b6 33.♗a3 war genauer.

29...h6 30.♖e1

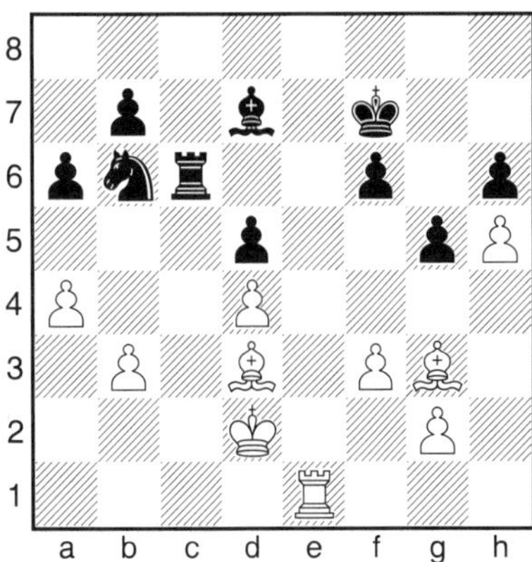

30...♖e6?

Nach der besseren Verteidigung mit 30...♘c8 ist nicht zu sehen, wie Weiß durchbrechen könnte.

31.♔c3?

Nach 31.♖c1 gewinnt Weiß auf lange Sicht; z.B. 31...♖c6 32.♖xc6 ♗xc6 33.♔c3 ♔e7 34.♗c7 ♘d7 35.♗a5 ♔f7 36.♗b4 ♔e6 37.g4 ♔f7 38.♗g6+ ♔e6 39.♗f5+ ♔f7 40.♗d6 b6 41.♗g6+ ♔e6 42.♗a3 a5 43.♗d3 ♔f7 44.♗d6 ♔e6 45.♗c7 ♔e7 46.♔b2 ♗b7 47.♔a3 ♗c6 48.b4 axb4+ 49.♔xb4 ♗b7 50.♔b5+–.

31...♘c8?

Den Abtausch der Türme zu gestatten ist ein strategischer Fehler, denn ohne einen solch starken Verteidiger kann Schwarz das Eindringen der weißen Figuren auf Dauer nicht verhindern.

Nach dem besseren 31...♖c6+ 32.♔b4 ♘c8 33.♗b8 ♖b6+ 34.♔c3 ♖c6+ 35.♔d2 ♘e7 sollte er sich hingegen halten können.

32.♖xe6 ♔xe6 33.♔b4 ♔e7

33...♗e8 34.♗h2 f5 35.g4 ♘e7 36.♔c5+–

34.♗b8 ♗e6 35.♔c5 ♔d7 36.a5 ♘e7

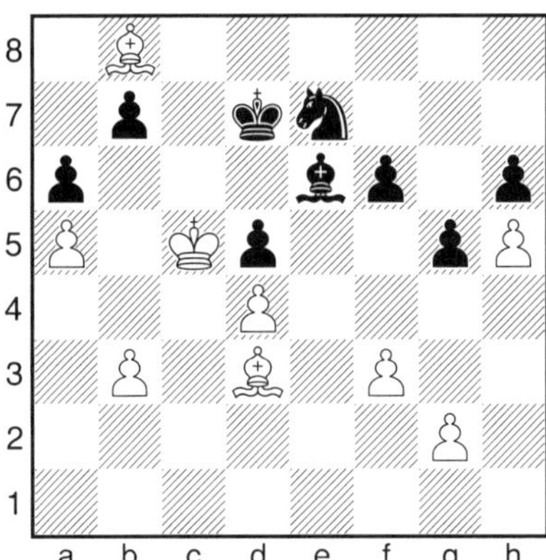

37.♗d6?

Diese Ungenauigkeit gestattet es dem Gegner, sich durch gezielten Einsatz des Springers sowie unter Nutzung einer taktischen Feinheit genügend Gegenspiel zu verschaffen.

Zum Gewinn führte 37.b4! mit der möglichen Folge 37...♗f5 38.♗e2 ♘c6 39.♗g3 ♗e6 40.♗d1 ♗f7 41.f4 ♗e6 42.♗a4 ♗f7 43.b5 axb5 44.♗xb5 ♗xh5 45.a6.

37...♘c6! 38.♗f8 ♘xa5 39.♗c2 ♔c7?

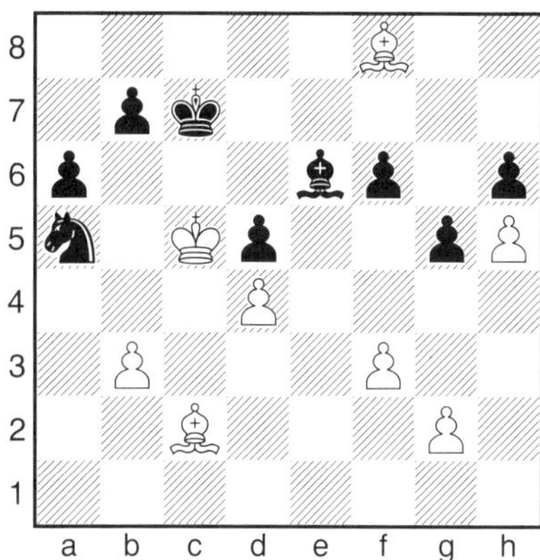

Danach erhalten die weißen Gewinnhoffnungen allerdings neue Nahrung, weil der König flexibel zurückgenommen werden kann.

Aufgabe 1: Worin bestand die erwähnte 'taktische Feinheit', die zum Ausgleich geführt hätte?

(Lösung auf Seite 43)

40.♔b4 ♘c6+ 41.♔c3 ♔d7 42.♗xh6 ♔e7 43.f4 gxf4 44.♗xf4 ♔f7 45.♗d6 ♔g7 46.♗d1

Womöglich bot 46.♗f4!? bessere Chancen.

46...♘d8 47.♗c7 ♘c6 48.♗b6 ♔h6 49.♗c7 ♔g7 50.g4 b5 51.♗f4

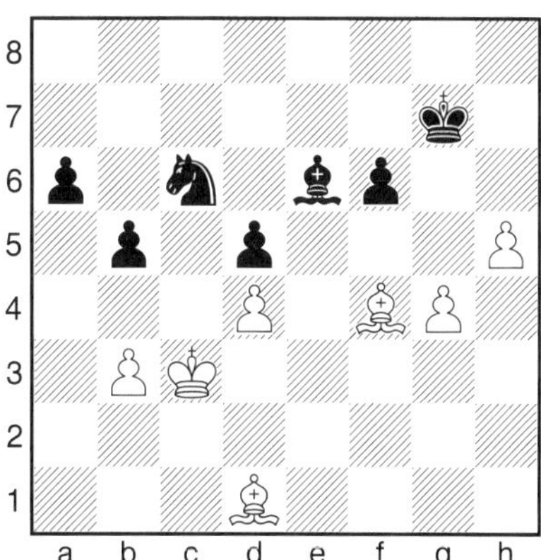

51...b4+?

Dieser scheinaktive Vorstoß macht den schwarzen Damenflügel langfristig für den gegnerischen weißfeldrigen Läufer betretbar.

Nach dem besseren 51...♗c8 wäre die Sache noch längst nicht klar.

52.♔d3 ♗f7 53.♔e3 ♗e6 54.♗d6 ♗g8 55.♗c5 ♗h7 56.♗f3 ♗g8 57.♔f4 ♗e6

57...a5 58.♔e3 ♗e6 59.♗e2 ♗d7 60.♗d1 ♗e8 61.♔f4 ♗d7 62.♗c2 ♗e8 63.h6+ +-

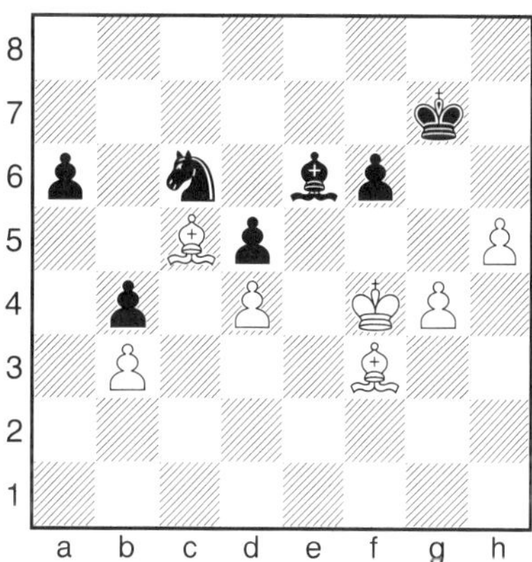

58.g5 fxg5+

58...♘d8 59.♗xb4 fxg5+ 60.♔xg5 ♘f7+ 61.♔f4 ♔f6 62.♗e1+-

59.♔xg5 ♗g8 60.♗e2 ♘a5 61.♗d1 ♘c6 62.h6+ ♔h8 63.♗g4 ♗h7 64.♗d7 ♘a5

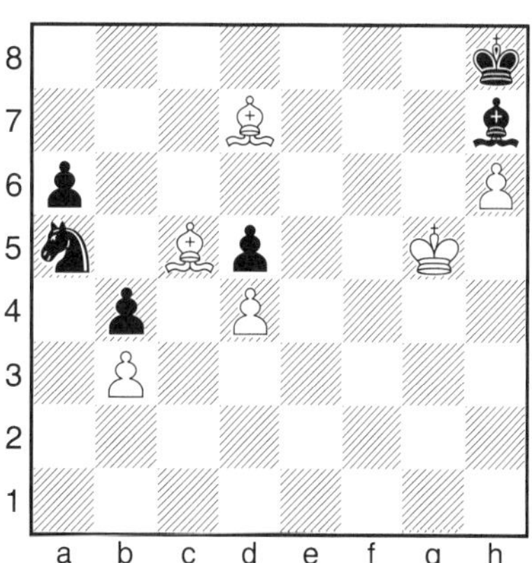

65.♗a4?

Bei diesem viel zu passiven Ansatz hat Steinitz womöglich die Konsequenzen des Antwortzuges falsch eingeschätzt.

Mit dem direkten Angriff 65.♗e8 konnte er leicht gewinnen; z.B. 65...♘xb3 66.♗xb4 a5 67.♗f8 ♘d2 68.♗g7+ ♔g8 69.♔f6 ♘e4+ 70.♔e6 ♘g5+ 71.♔xd5 usw.

65...♗c2 66.♗xb4 ♘xb3 67.♗c6 ♔h7 ½-½

Im folgenden Beispiel wird veranschaulicht, wie schwierig in einer rein technischen Stellung die Überwindung einer Blockade sein kann, wenn man keinen Turm zur Verfügung hat.

01.03
Wilhelm Steinitz
Alexander Halprin
Wien 1898

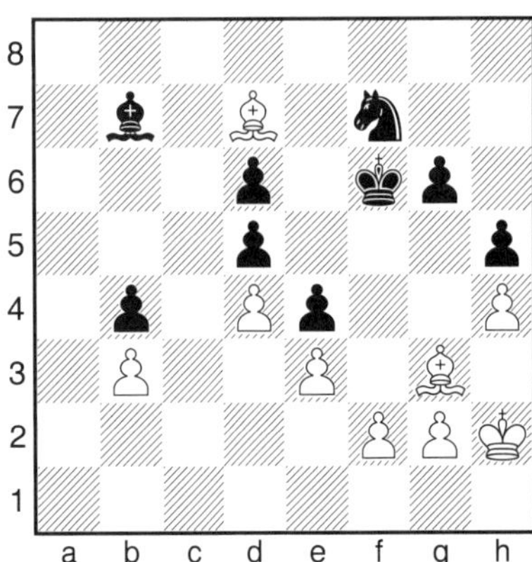

Schwarz ist gut verschanzt und es ist offensichtlich, dass zuerst der 'grüne Läufer' ins Spiel gebracht werden muss.

44.f3!?

Aufgabe 2:

Wie ist der Ansatz 44.♗e8 zu bewerten?
(Lösung auf Seite 43)

44...♔e7 45.♗b5 ♘d8?

Statt dieses sehr passiven Zuges bot das aktivere 45...♘h6 Δ♘f5 weiterhin gute Remischancen.

46.♗e1 ♘c6 47.♔g3

Das direkte 47.g4!? war noch genauer; z.B. 47...exf3 48.gxh5 gxh5 49.♔g3 ♘a7 50.♗a4 f2 51.♔xf2 ♗a6 52.♗xb4+-.

47...♘a5 48.♗a4

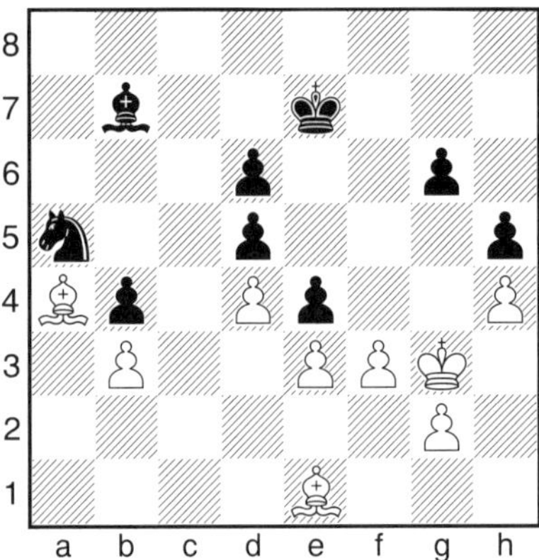

48...♗c6?!

Diese Halbierung des Läuferpaares um jeden Preis vereinfacht die weiße Aufgabe.

Allerdings sollte das zähere 48...♘c6 auf lange Sicht ebenfalls verlieren; z.B. 49.♔f4 exf3 50.♔xf3 ♔f6 51.g4 hxg4+ 52.♔xg4 ♗c8+ 53.♔f4 ♗b7 54.♔f3 ♔e7 55.♗b5 ♔f7 56.♗g3 ♘e7 57.♗xd6 ♘f5 58.♗xb4 ♘xh4+ 59.♔f2+-.

49.♗xb4 ♗xa4 50.bxa4 ♘c6 51.♗c3 exf3 52.gxf3 ♔e6 53.♔f4 ♔f6 54.♗e1 ♔e6 55.♔g5 ♔f7 56.a5 ♘b8 57.♗g3 1-0

Im folgenden Beispiel (aus einem Wettkampf, den Steinitz mit +7 −5 =5 nur knapp für sich entscheiden konnte) geht es vornehmlich um Fragen des gezielten und zweckmäßigen Abtauschs.

01.04
Henry E. Bird
Wilhelm Steinitz
London 1866

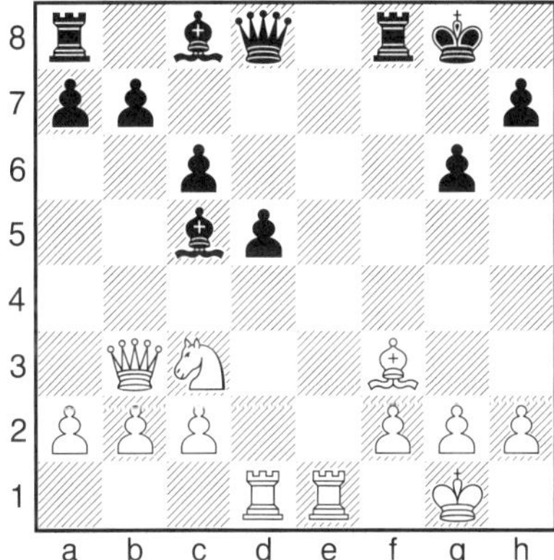

21...♕b6!

Steinitz hat erkannt, dass Weiß nur mit Damen auf dem Brett auf Gegenspiel hoffen kann (so drohte ja aktuell 22.♘xd5+−), während andererseits die Läufer ihre Überlegenheit erst dann richtig unter Beweis stellen können, wenn der Gegner über keinerlei Gegenspiel gegen den ziemlich luftig stehenden schwarzen König verfügt.

Ein 'endspielscheuer' Spieler hätte womöglich nach anderen Ansätzen Ausschau gehalten, die zwar gegeben, jedoch deutlich schwächer sind.

1) So würde beispielsweise die 'Methode Doktor Eisenbart' 21...♖xf3?! nach 22.gxf3 ♕g5+ (22...♕h4? 23.♘e4±) 23.♔h1 ♗h3 24.♖g1 ♕e7 25.♘g5 ♗f5 26.♖de1 ♕c5 allenfalls auf halbseidene Kompensation hinauslaufen.

2) Und der Versuch, den Angriff mit 21...♕h4?! fortzusetzen, führt nach 22.♘e4 mit der möglichen Folge 22...♗e7 23.g3 ♕h6 24.♘d2 ♕g7 25.c4 zu Minimalvorteil für Weiß. Schließlich spielt ihm jede Stellungsöffnung in die Karten, ist er doch bemüht, eine konkrete Aufgabe für seinen Springer zu finden, bevor Schwarz seine Stellung konsolidieren und die Initiative übernehmen kann.

22.♕xb6?!

Nachdem Weiß den Damentausch auch noch 'zu schwarzen Bedingungen' vollzieht, wächst sein Nachteil bereits in den deutlich spürbaren Bereich, während der zähere Ansatz 22.♖e2 den Schaden in Grenzen gehalten hätte.

22...axb6 23.a3 ♗f5 24.♖d2 b5 25.g4 ♗d7 26.♔g2 ♖f7

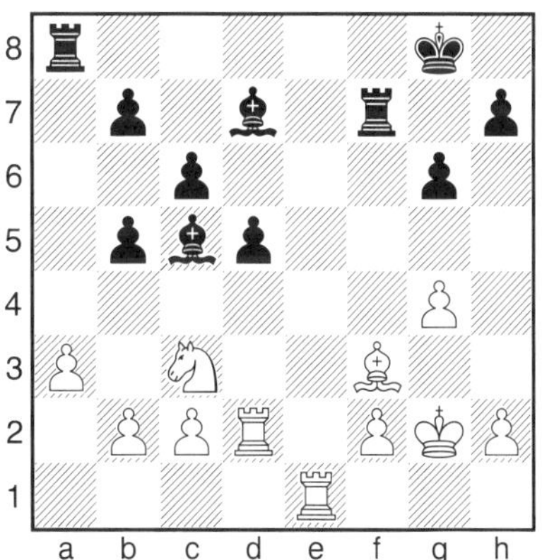

27.♖d3

Hätte Weiß nicht mit 27.♘xd5!? am gegnerischen Vorteil rütteln können? – Bei präzisem Spiel sicherlich nicht, aber vielleicht wäre dieser Ansatz ein besserer Versuch gewesen, die Sicht des Gegners zu trüben.

1) 27...♖xf3? 28.♘e7+! Δ28...♗xe7? 29.♔xf3+–; ⌓28...♔f7 29.♔xf3 ♖d8

2) 27...cxd5 28.♗xd5 ♗c6 29.f3 ♗xd5 30.♖xd5∓

27...♖af8 28.♖e2 ♔g7 29.b4 ♗d6 30.h3 ♔h6?

Bereits hier (statt erst 4 Züge später) hätte der Hebel 30...h5!? zu einer annähernden Gewinnstellung geführt. Allerdings haben beide Akteure einen vielversprechenden Konter übersehen.

31.♖ed2?

Die Rede war von 31.♘xb5! cxb5 32.♗xd5 ♖g7 33.♗xb7, wobei der untätige Springer sich wenigstens in dem Sinne nützlich machen könnte, dass er für eine Abfindung von drei Bauern seinen Abschied einreicht.

31...♗f4 32.♖d1 ♔g7 33.♘e2 ♗c7 34.♘g3

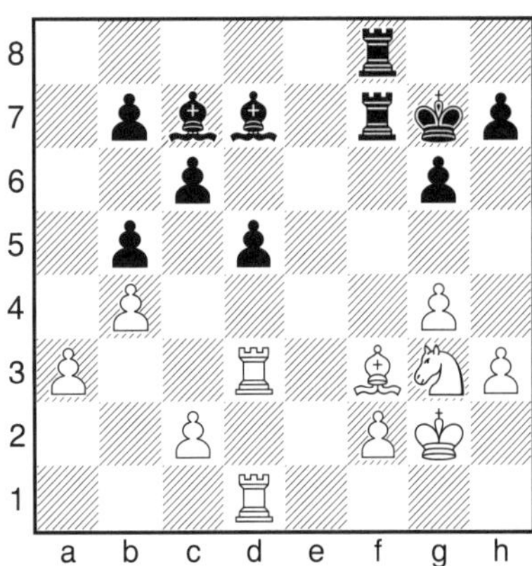

34...h5!

Dieser starke Hebel öffnet der schwarzen Armee Zugstraßen. Durch den damit einhergehenden Bauerntausch wird zwar das Gewinnpotenzial reduziert, aber zum Gewinn bleibt noch genug auf dem Brett.

35.♖1d2

35.gxh5 ♖xf3 36.♖xf3 ♗xh3+ 37.♔xh3 ♖xf3 38.hxg6 ♖xf2–+

35...hxg4?!

35...♗b6 war genauer.

1) Nach 36.c3 hxg4 37.hxg4 behält Schwarz das Läuferpaar.

2) Und auf 36.gxh5 gxh5 37.♘xh5+ folgt 37...♔h6 38.♘g3 ♔g5 39.♘h1 ♗f5 40.♖b3 ♗xh3+ 41.♔xh3 ♖xf3+ 42.♖xf3 ♖xf3+ 43.♔g2 ♖xa3–+.

36.♗xg4! ♗xg4 37.hxg4 ♔h6 38.♖e2 ♔g5 39.f3 ♖h8 40.♘f1 ♖fh7 41.♖de3

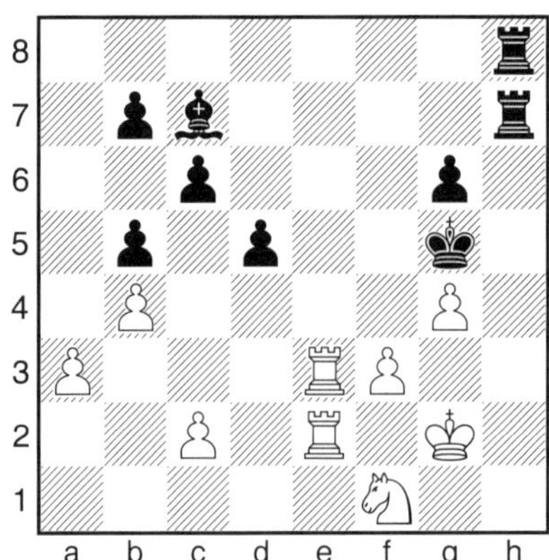

41...♖h1?

Hier gibt es nichts zu holen. Hingegen bot 41...♖a8 gute Gewinnchancen.

42.♖e8 ♖8h6 43.♖f8 ♗d6 44.♖f7 ♖h7 45.♖xh7 ♖xh7 46.♖e8?!

Weiß macht sich die Sache unnötig schwer.

Einfacher führte 46.♖e6 ♗f4 47.♘g3 zum Ausgleich, denn 47...♗c1 48.♘e2 ♗xa3? könnte mit 49.♔g3 ♗xb4 50.f4+ ♔h6 51.f5 beantwortet werden.

46...♖e7 47.♖xe7 ♗xe7

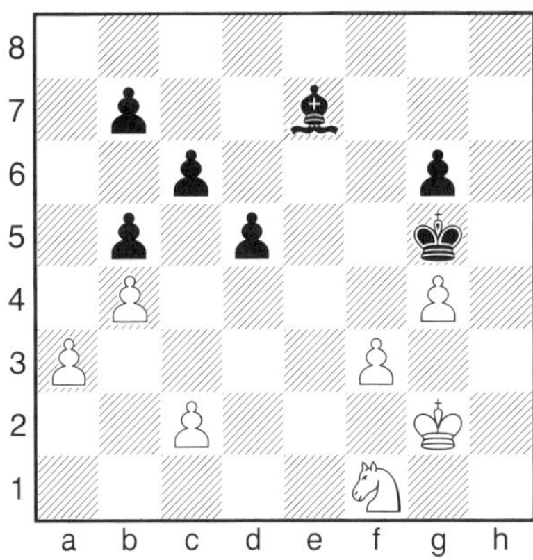

48.♘e3?

48.♘d2 bot noch Remischancen; z.B. 48...♔f4 49.♔f2 ♗f6 50.♘b3 b6 51.♘c1 ♗d4+ 52.♔e2 g5 53.♘d3+ ♔g3 54.♘e1 ♗b2 55.♘d3 ♗xa3 56.f4 ♔xg4 57.fxg5 ♔xg5 58.♘e5 c5 59.♘d7 ♗xb4 60.♘xb6 d4 61.♘c8 c4 62.♘a7 ♔f5 63.♘xb5=.

48...♗f6 49.♘d1 ♔f4 50.♔f2 ♗d4+ 51.♔e2 b6 52.c3 ♗f6 53.♔f2 c5 54.♘e3

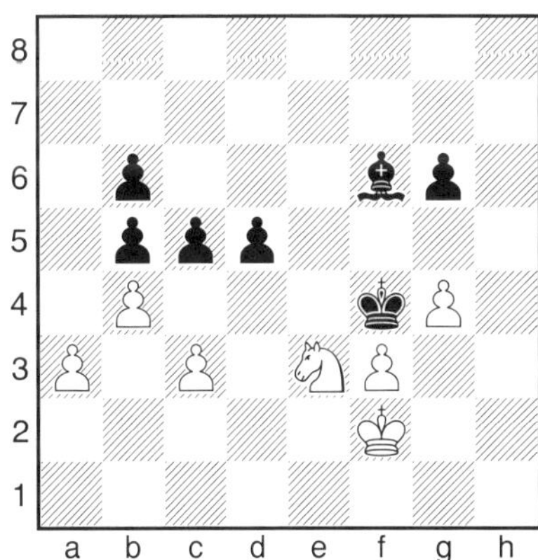

54...d4?

Dieses überstürzte Vorgehen läuft in einen Konter.

Zum Gewinn führte 54...♔e5 mit der möglichen Folge 55.♔e2 ♗g5 56.♘c2 ♗h6 57.♔d3 ♗c1 58.♘e1 c4+ 59.♔c2 ♗g5 60.♘g2 ♗d8 61.♔d1 d4

1) 62.♔c2 d3+ 63.♔d1 ♗g5 64.♔e1 ♗f4 65.♔d1 ♗h6 66.♔e1 ♔f6 67.f4 g5 68.fxg5+ ♗xg5 69.♔d1 ♔e5

2) 62.cxd4+ ♔xd4 63.♔d2 ♗f6 64.♔c2 ♗g5 65.f4 ♗d8 66.♔d2 ♔e4 67.♔e2 ♗c7 68.f5 gxf5 69.gxf5 ♗d8 70.♘e3 ♗f6 71.♘c2 ♔xf5 72.♔e3 ♔e5 73.♔d2 ♔e4 74.♘e1 ♗g5+ 75.♔c3 ♗h4 76.♘c2 ♗f6+ 77.♔d2 ♗b2 78.♔e2 ♗c1 79.♔d1 ♗g5 80.♔e2 ♗f4

55.♘d5+ ♔e5 56.♘xf6 dxc3

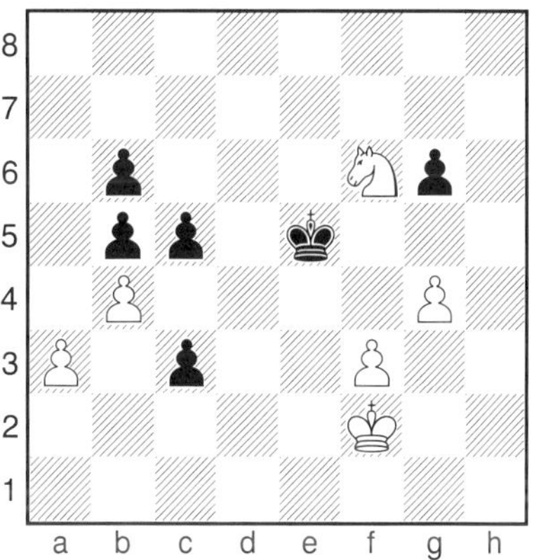

57.♔e3?

Überraschenderweise könnte Schwarz nach 57.bxc5! nicht mehr gewinnen. Hingegen könnte er im Falle eines Fehlgriffs sogar noch verlieren.

Aufgabe 3: Können Sie diese Behauptung mit Varianten untermauern?

(Lösung auf Seite 43)

57...♔xf6 58.f4 c4 59.♔e2 ♔e6 60.♔d1 ♔d5 61.♔c2 ♔e4 62.f5 gxf5 63.gxf5 ♔xf5 64.♔xc3 ♔e4 65.a4 bxa4 66.♔xc4 b5+ 0-1

Aufgaben zum Thema 'Die Macht des Läuferpaars'

(Lösungen ab Seite 39)

A01.01
Alexander Sellman
Wilhelm Steinitz
London 1883

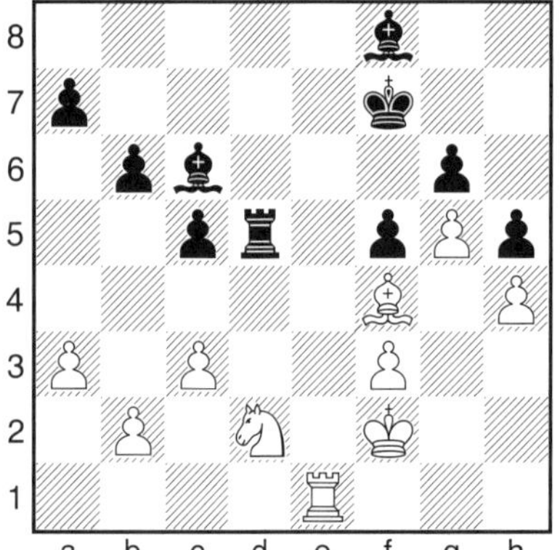

Schwarz zieht und gewinnt

A01.02
George B. Fraser
Wilhelm Steinitz
England 1867

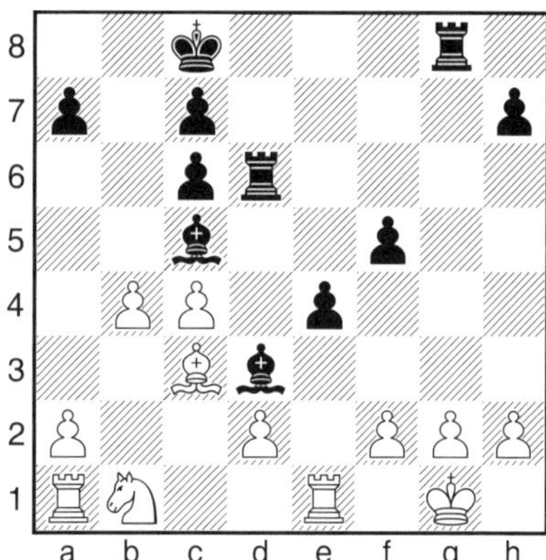

Schwarz zieht und gewinnt

A01.03
Emanuel Lasker
Wilhelm Steinitz
Montreal 1894

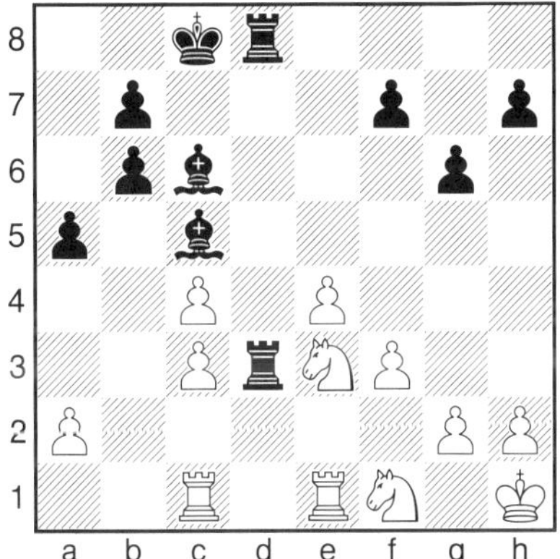

Wie legte Steinitz los?

A01.04
Dion Martinez
Wilhelm Steinitz
Philadelphia 1882

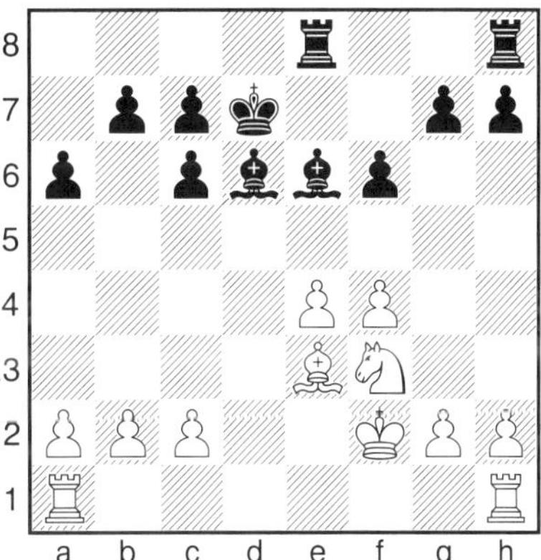

Wie ist der Partiezug 15.e5 zu beurteilen?

Auch im Kampf gegen ein Springerpaar ist ein Läuferpaar zumeist überlegen. Nach Gewährleistung ausreichender Stellungskontrolle werden die Springer in aller Regel schrittweise eingeschränkt, wie Steinitz es in dem folgenden Klassiker demonstriert.

01.05
Wilhelm Steinitz
Michail Tschigorin
Wien 1898

1.d4 d5 2.c4 ♘c6 3.cxd5 ♕xd5 4.♘f3 e5 5.♘c3 ♗b4 6.dxe5 ♕xd1+ 7.♔xd1 ♗g4 8.h3!?

Eine interessante Idee anstelle des zumeist gespielten 8.♗f4.

8...♗xf3 9.exf3 0-0-0+ 10.♔c2 ♘xe5 11.♗e3 a6 12.f4 ♘c6 13.♗c4?!

Präziser ist 13.♖d1 ♖xd1 14.♘xd1 ♘ge7 15.♗c4.

13...♘d4+! 14.♔c1

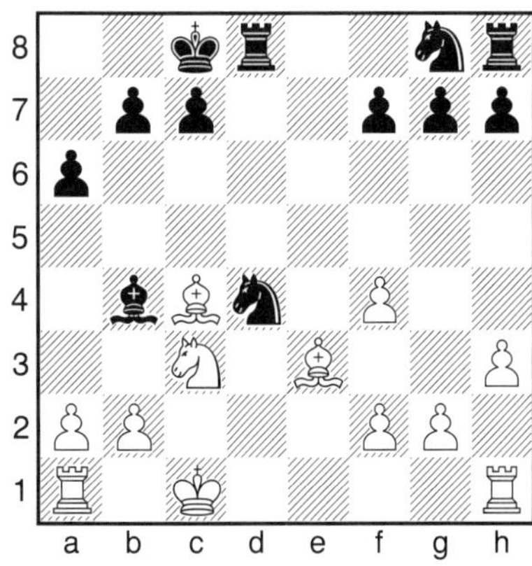

14...♘h6?!

Der aktive Ansatz 14...♘e7!? 15.♗xf7 ♘ef5 ist mehr im Geist der Stellung, da die Springer dynamische Verhältnisse brauchen, bevor die Läufer völlige Stellungskontrolle erlangen.

15.g4!

Steinitz schränkt unverzüglich den Aktionsradius des Randspringers ein.

15...b5 16.♖d1

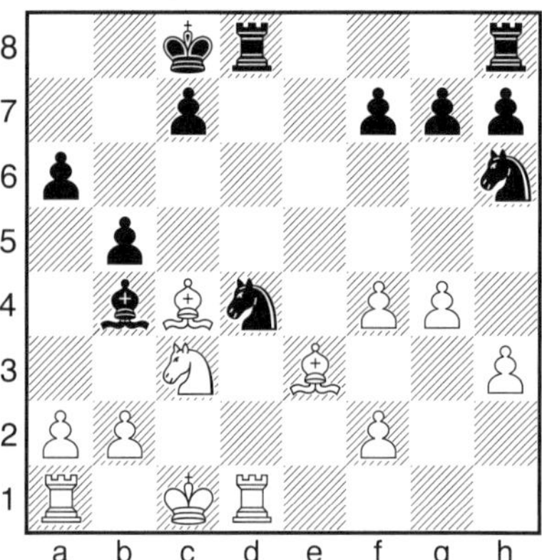

16...c5?!

1) 16...bxc4 17.♗xd4 f6 18.♔c2 ♘f7 19.♗e3 ♔b7 ist leichter zu spielen und bietet entsprechend bessere Remischancen.

2) Außerdem kam der Ansatz 16...♗xc3 17.bxc3 bxc4 18.♖xd4 ♖xd4 19.♗xd4 f6 20.♖b1 ♘f7 infrage.

17.♗f1 ♖he8?

Dieser 'automatische Zug' ist hier verfehlt, weil der Turm auf der e-Linie kaum eine Zukunft hat.

Stattdessen war der Schaden mit 17...♖d7 18.f5 f6 19.♘e2 ♘f7 zu begrenzen.

18.♗g2 f5 19.g5 ♘g8 20.♘d5 ♘e6

20...♗a5 21.b4 ♗xb4 22.♗xd4 ♖xd5 23.♗xd5 cxd4 24.a4±

21.a4

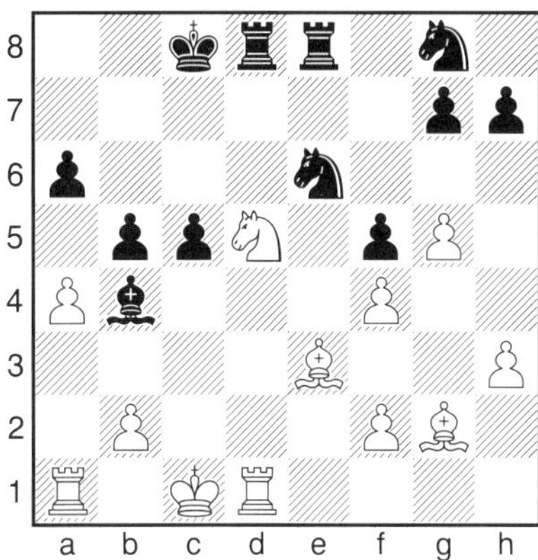

21...bxa4?

21...♘e7! 22.♘xb4 ♖xd1+ 23.♔xd1 cxb4 24.axb5 axb5 25.♔c2± wäre bestimmt das geringere Übel gewesen.

22.♖xa4 a5 23.♘xb4 axb4 24.♖a8+ ♔c7

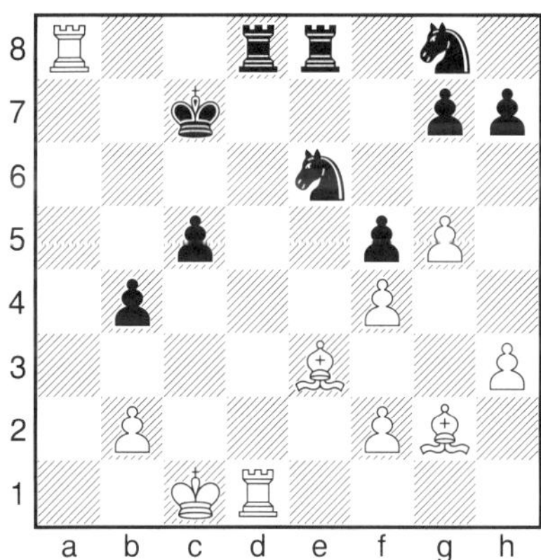

25.♖axd8

Durch Abtausch aller Türme führt Steinitz eine eher technische Gewinnstellung herbei, in der seine Läufer die Springer absolut beherrschen.

Allerdings reichte auch die Angriffsfortsetzung 25.♖a7+!? zum Sieg.

1) 25...♔b6 26.♖b7+ ♔a6 27.♖dd7 ♖xd7 28.♖xd7 ♖d8 29.♖d5

2) 25...♔c8

a) 26.♖xd8+ ♖xd8 27.♗f1 ♘c7 28.♗xc5 ♖d7 29.♗xb4

b) 26.♖d5 ♘e7 27.♖e5 ♖d6 28.♗xc5 ♘xc5 29.♖xc5+ ♔d8 30.♔c2

25...♖xd8 26.♖xd8 ♘xd8

26...♔xd8 27.♗d5 ♔d7 28.♗xe6+ ♔xe6 29.♗xc5 b3 30.f3 ♔d5 31.♗f8 g6 (31...h5 32.h4) 32.♔d2 ♔c4 33.♔e3

27.♗xc5 ♘e6 28.♗xb4 ♘xf4 29.♗f1 h6?!

29...♘d5 30.♗f8 g6 31.♗c5 ♘ge7 32.♔d2

30.h4

30.♗c4!?

1) 30...♔d7 31.♗d2 ♘e6 32.gxh6 gxh6 33.b4

2) 30...hxg5 31.♗a5+ ♔d6 32.♗xg8

30...hxg5 31.hxg5

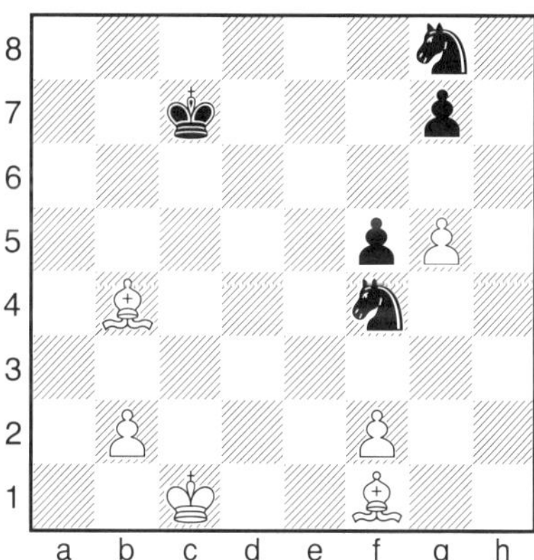

31...♘d5

31...♔d7 32.♗b5+ ♔d8 33.♗a5+

1) 33...♔e7 34.♗c4 ♔f8 35.b4

2) 33...♔c8 34.♗c3 g6 35.♗c4 ♘e7 36.♗e5

a) 36...♘fd5 37.♗d6 ♔d7 38.♗xe7 ♘xe7 39.♔d2

b) 36...♘h3 37.♗g3 f4 38.♗e6+ ♔b7 39.♗xh3 fxg3 40.fxg3

32.♗f8 g6 33.♗c4 ♘ge7 34.♔d2 ♔d7 35.♗xe7 ♘xe7 36.♗f7 ♔d6 37.♔e3 ♔c5 38.♔f4 ♔d6 39.b3 ♔c5 40.♗xg6 ♘xg6+ 41.♔xf5 1-0

01.06
Gustav Neumann
Wilhelm Steinitz
Baden-Baden 1870

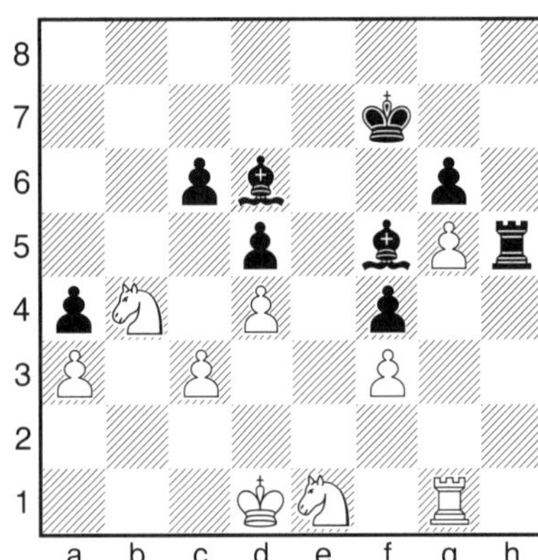

61...♗d7?

Steinitz verpasst den direkten Gewinn, der allerdings recht tiefgründig war – und zwar 61...♖h2!! mit folgenden Abspielen.

1) 62.♘xc6 ♖a2

2) 62.♖g2 ♖xg2 63.♘xg2 ♗h3 64.♘e1 ♗xb4 65.cxb4 ♗f1

3) 62.♘ed3 ♗xd3 63.♘xd3 ♖a2 64.♖g4 ♖xa3 65.♘xf4 ♖xc3

62.♖g2 ♔e6?

62...♗xb4 63.cxb4 ♗f5 bot bessere Gewinnchancen.

63.♘ed3?

63.♘bd3 ♔f5 64.♘c5 ♗c8 65.♘xa4=

63...♔f5?

63...♖h1+ 64.♔c2 ♔f5 war genauer.

64.♘b2?

64.♘c5 ♗xc5 65.dxc5 ♖xg5 66.♖xg5+ ♔xg5 67.♘d3=

64...♖h1+ 65.♔c2 ♖a1?!

65...♖f1 66.♘xa4 ♖xf3−+ war viel stärker.

66.♘xa4

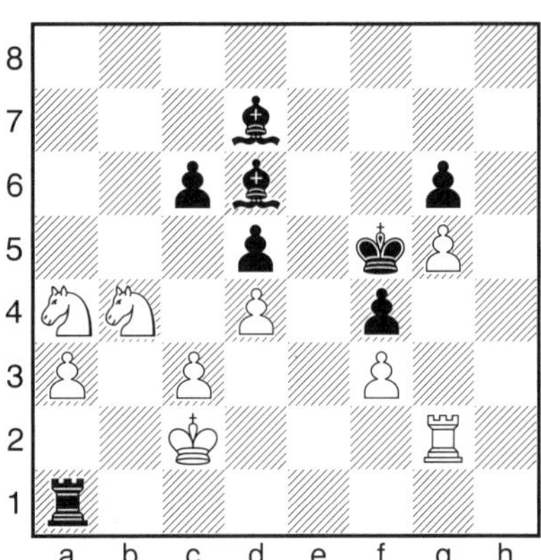

66...♖xa3?

Das ist der falsche Bauer, weil dessen Eroberung ja nicht zur Entstehung eines Freibauern führt, was nach 66...♖f1!+− der Fall gewesen wäre.

1) 67.♘b6 ♗e6 68.♘xc6 ♖xf3 69.♘d8 ♗g8 70.♘b7 ♗xa3 71.♖h2 ♖f1 72.♖h8 ♗e6 73.♘d8 f3

2) 67.♘c5 ♗xc5 68.dxc5 ♖xf3

a) 69.♔d2 d4 70.cxd4 ♖xa3

b) 69.♘d3 ♖g3 70.♖f2 f3 71.♔d2 ♔e4 72.♘e1 ♗c8 73.a4 ♗a6

67.♘c5! ♗xc5 68.dxc5 d4?!

68...♖a5 69.♖g1 ♖xc5 70.♘d3 ♖a5 71.♖g4 ♖a4 72.♘c5 ♖a7 bot bessere Gewinnchancen.

69.cxd4 ♖xf3 70.d5 ♖g3

70...cxd5 71.c6 ♗e6 72.♖d2=

71.♖f2 f3 72.dxc6 ♗e6 73.♔d2 ♔e4 74.♖f1 ♖g2+ 75.♔c3 ♖e2 76.c7 ♖e3+ 77.♔d2 ♖e2+ 78.♔d1 ♗b3+ 79.♔c1 ♗e6 80.♘c2 ♗c8 81.♔d1 ♗g4 82.c6 ♔f4 83.♘d4 ♖e8 84.♔d2 ♖c8 85.♔d3 ♔g3 86.♖g1+ ♔f4 87.♖f1 ♔g3

88.♖g1+ ♔f4 89.♖f1 ♔g3 90.♖g1+ ♔f4 91.♖f1 ♔g3 92.♖g1+ ♔f4 93.♖f1 ♔g3 94.♖g1+ ♔f4 95.♖f1 ♔g3 96.♖g1+ ♔f4 97.♖f1 ♔g3 98.♖g1+ ♔f4 99.♖f1 ♔g3 100.♖g1+ ♔f4 101.♖f1 ♖e8 102.♔c4 ♔g3?

102...♖c8 103.♔c5 ♖xc7 104.♖xf3+ ♗xf3 105.♘e6+ ♔g4 106.♘xc7 ♗xc6 107.♔xc6 ♔xg5=

103.♘xf3 ♗xf3

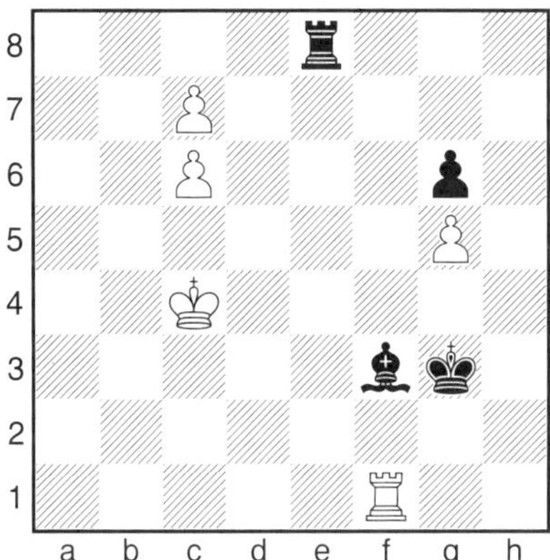

104.♖xf3+??

Dieses ungeduldige Opfer verliert, während 104.♔c5 gewonnen hätte: 104...♔g2 105.♖xf3 ♔xf3 106.♔d6 ♔f4 107.♔d7+–.

104...♔xf3 105.♔d5 ♖a8 106.♔e5 ♔e3 107.♔f6

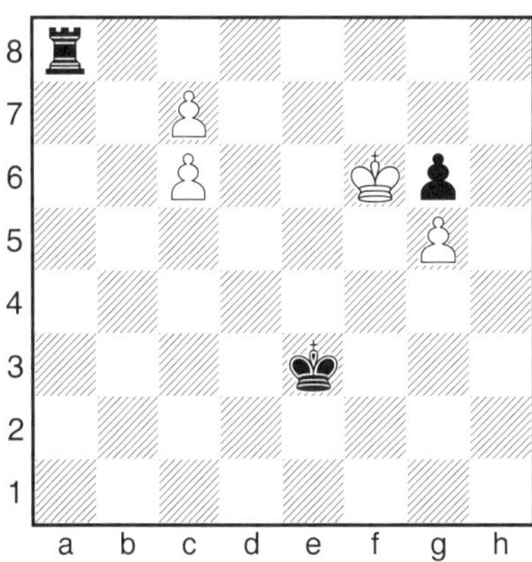

107...♖c8?

So allerdings nicht, denn zuerst hätte der König zum Damenflügel gebracht werden müssen: 107...♔f4 108.♔xg6 ♔e5 109.♔f7 ♖c8 110.g6 ♖xc7+ 111.♔e8 ♔f6–+.

108.♔xg6 ♔f4 109.♔f6 ♖xc7 110.g6 ♖xc6+ 111.♔f7 ♔f5 112.g7 ♖c7+ 113.♔f8?!

Hier und in der Folge demonstriert Schwarz schlechte Technik. Zunächst wäre die Pattverteidigung 113.♔g8 ♔g6 114.♔h8 ♖xg7 viel einfacher gewesen.

113...♔f6 114.g8♘+ ♔e6 115.♘h6 ♖h7

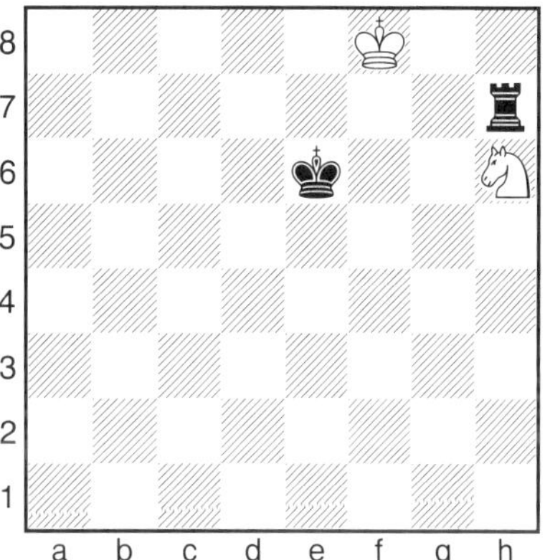

Das Endspiel Turm gegen Springer ist normalerweise remis, wenn sich der Springer in der schützenden Nähe des Königs befindet oder diese erreichen kann. Hingegen verliert die Springerpartei, wenn der Turm die gegnerischen Figuren dauerhaft voneinander trennen kann.

116.♘g4?

Nun geht der Springer früher oder später verloren, während Schwarz nach 116.♘g8 ♖f7+ 117.♔e8 nicht weitergekommen wäre.

116...♖h4

116...♖h3!? gewinnt noch schneller.

117.♘e3 ♖e4 118.♘d1 ♖f4+ 119.♔g7 ♖f3 120.♔g6 ♔e5 121.♔g5 ♔d4 122.♔g4 ♖f1 123.♘b2 ♖b1 124.♘a4 ♖b4 0-1

Das Thema 'guter Springer gegen schlechten Läufer' gehört zu den Leib- und Magenspeisen eines 'Theoretikers', weil es dabei um statische Kontrolle und langfristige strategische Pläne geht. Und diese Faktoren werden oft und mehr oder weniger direkt von der Bauernstruktur diktiert.

01.07
Wilhelm Steinitz
Moritz Porges
Nürnberg 1896

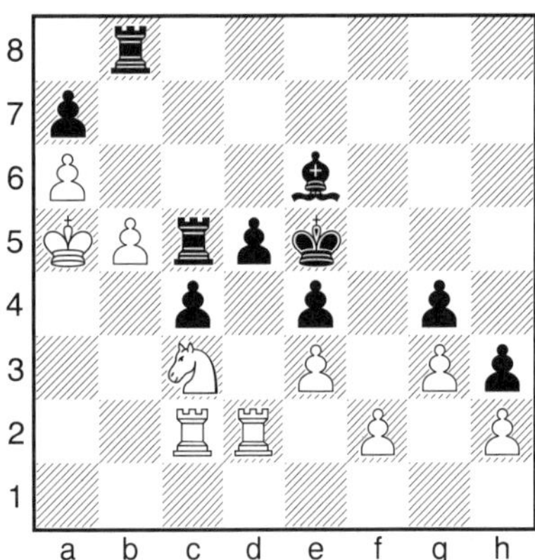

Hier kann Weiß durch Turmverdopplung gegen die Schwäche d5 eine Stellungsumformung erzwingen, aber bei bester Verteidigung sollte dennoch kein Gewinn möglich sein.

66.♔b4 ♖c7 67.♖d4 ♖c6 68.♖cd2 ♖xa6 69.♘xd5 ♖a1 70.♘c3

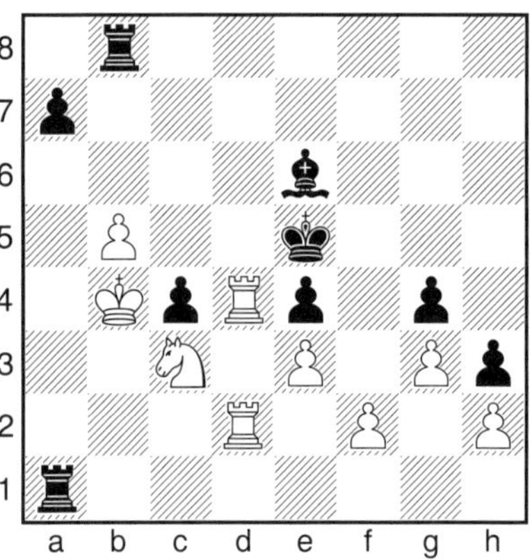

70...♗f5?

Da passive Verteidigung hier nicht ausreicht, sollte Schwarz auf Gegenangriff setzen – und zwar 70...a5+ 71.♔c5 ♖c8+ 72.♔b6 ♖a3 73.♖xe4+ ♔f5 mit der möglichen Folge 74.♖d6 ♖e8 75.♖f4+ ♔e5 76.♘e4 ♖b8+ 77.♔c6 c3 78.♖xe6+ ♔xe6 79.♘c5+ ♔e7 80.♖e4+ ♔f7 81.♖f4+ ♔e7=.

71.♖d5+

71.♖d6!? ♗e6 72.♖c6 ♖e8 73.♖d4+–

71...♔f6 72.♖d1 ♖xd1?!

⌓72...a5+ 73.♔xc4 ♖xd1 74.♖xd1 ♗e6+ 75.♔d4 a4 76.♔xe4 a3 77.♖d6 a2 78.♖a6±

73.♖xd1 ♔e6 74.♔xc4 ♔e5 75.♖d5+ ♔f6 76.♔d4 ♖e8 77.♖d6+ ♔g5 78.♘d5 ♖b8 79.♔c5 ♖c8+ 80.♖c6 ♖d8

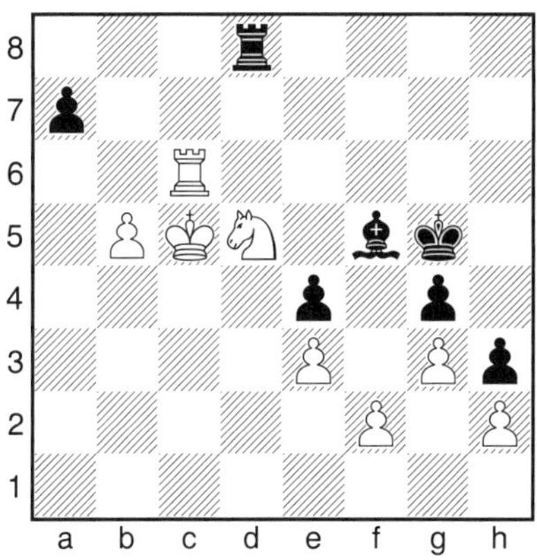

81.♔d4?!

Bisher hat Steinitz überzeugend gespielt, aber nun kommt er allmählich vom Kurs ab. Da sein König schon aktiv genug stand, war 81.♖c7 ♗e6 82.♘f4 ♗f5 83.♖xa7 ♖d2 84.b6+- angebracht.

81...♖b8 82.♖c5 ♖d8 83.♔c3 ♖d7 84.♔c2?!

84.♔b4!?

84...♔g6 85.♘f4+

85.♔c3!?

85...♔f6 86.♘e2

86.♘d5+!? ♔e6 87.♘b4+-

86...♗e6

86...♖d6 87.♘c3 ♔e6 88.♔b3+-

87.♘d4 ♗d5

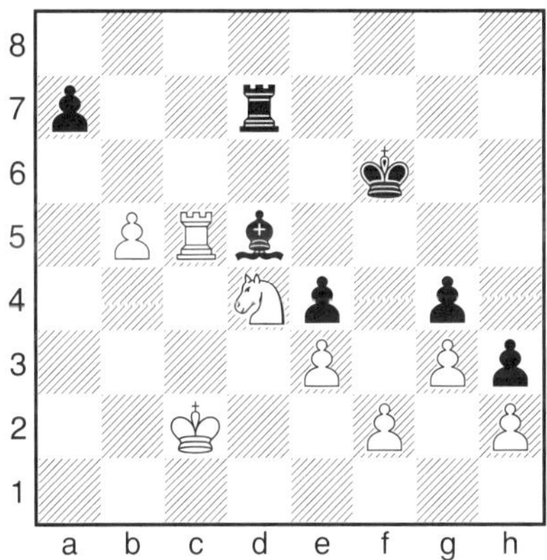

88.♖c8?

Das ist die falsche Reihenfolge, denn zuerst musste der König voran: 88.♔c3 ♔e5 89.♔b4 ♖f7 90.♘e2 ♔d6 (90...♖xf2 91.♘c3+-) 91.♘f4 ♗b7 92.♖g5 ♗c8 93.♖g6+ ♔e5 94.♖c6 ♗f5 95.♖c5+ ♔d6 96.♔c4+-.

88...♖f7?

Nach der besseren Verteidigung mit 88...♔e5! war nicht klar, ob Weiß gewinnen kann; z.B. 89.♘e2 ♗e6 90.♖c5+ ♔d6 91.♖c6+ ♔e5 92.♘c3 ♗d5 93.♖c5 ♔e6 und Schwarz kann sich halten.

89.♔d2 ♔e5 90.♔e1 ♖f6 91.♖c7 a6?!

91...♖f7 92.♖c8 ♖h7 93.♖f8 ♗f7 94.♔d2 ♔d6 95.♔c3 ♗d5 96.♖d8+ ♔c5 97.♖c8+ ♔d6 98.♔b4 ♖f7 (98...♖h5 99.♘e2+-) 99.♖d8+ ♖d7 100.♖xd7+ ♔xd7 101.♔c5+-

92.♖g7 axb5

92...a5 93.♖a7 ♖f8 94.♖xa5 ♖c8 95.b6+-

93.♖g5+ ♔d6 94.♘xb5+ ♔c5

94...♔c6 95.♘c3 ♖d6 96.♖xg4+-

95.♘c3 ♔c4 96.♘xd5 ♖a6 97.♘f6 ♖xf6 98.♖xg4 ♔d3 99.♖g8 ♖a6 100.♖d8+ ♔c3 101.g4 ♖g6 102.♔e2 ♖xg4 103.♖c8+ ♔b4 104.♖h8 ♖g7 105.♖h4 ♔c3 106.♖xh3 1-0

Bei dem folgenden Beispiel hätte sich die Springerpartei ungeachtet zweier Minusbauern durchsetzen können.

01.08
Wilhelm Steinitz
Amos Burn
Wien 1898

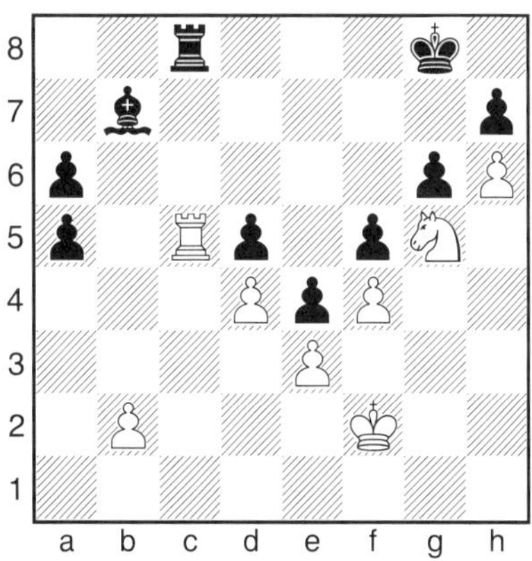

54.♔e2?

Turmtausch durfte nicht zugelassen werden, aber vermutlich hatte Steinitz eine Pointe im übernächsten Zug übersehen.

Nach 54.♖xa5 stand dem Gewinn nichts mehr im Weg.

1) 54...♖c6 55.♖a3 ♖b6 56.♖c3 ♗c6 57.b4

2) 54...♖c2+ 55.♔g3 ♖xb2 56.♖c5 ♖e2 57.♖c7 ♖xe3+ 58.♔f2 ♖b3 59.♖g7+ ♔f8 60.♘xh7+ ♔e8 61.♘f6+ ♔f8 62.♘d7+ ♔e8 63.h7 ♖h3 64.♘e5+−

3) 54...♖c7 55.♔e2 ♖d7 56.♔d2 ♔f8 57.♔c3 ♖c7+ 58.♖c5 ♖d7 59.♔b4+−

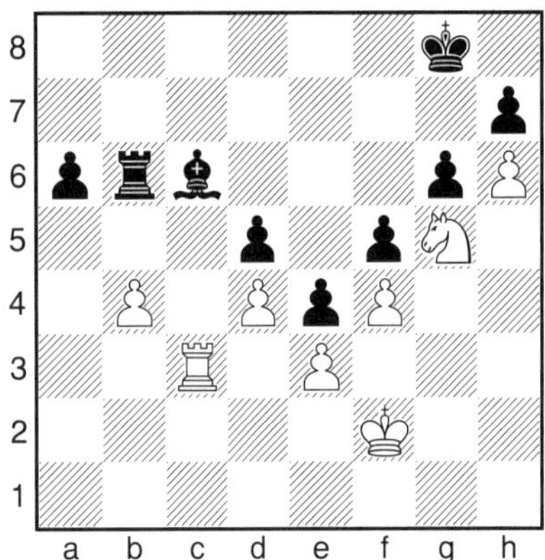

Da Schwarz komplett lahmgelegt ist, hat Weiß leichtes Spiel.

57...♔h8 58.♖c5 ♔g8 59.♔g3 ♔h8 60.♘f7+ ♔g8 61.♘e5 ♗e8 62.♖xd5 ♖xb4 63.♖d8 ♔f8 64.d5 ♔e7 65.♖a8 ♖b3 66.♔h4 ♖xe3 67.♖a7+ ♔d6 68.♘c4+

54...♖xc5 55.dxc5

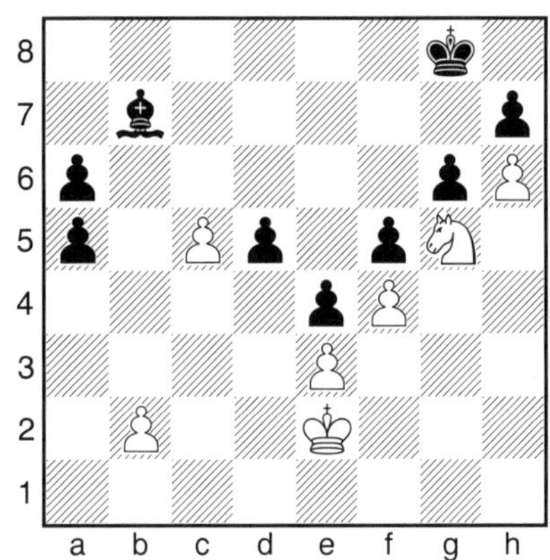

Aufgabe 4: Von welcher 'übersehenen Pointe' war die Rede?

(Lösung auf Seite 43)

Bei dem folgenden Beispiel haben beide Seiten außer einem Turm noch 2 Leichtfiguren.

01.09
Wilhelm Steinitz
Dion Martinez
Philadelphia 1882

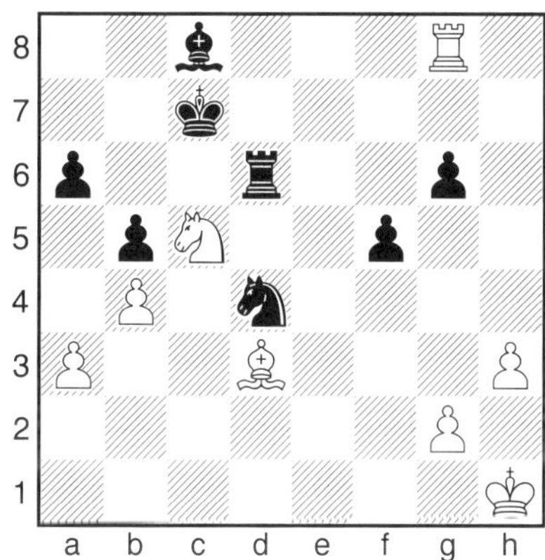

43.♔h2!?

Da die anderen Figuren bestens platziert sind, macht sich nun der König auf die Socken.

43...♘c6 44.♖g7+ ♔d8 45.♗e2 ♘e5 46.♔g3

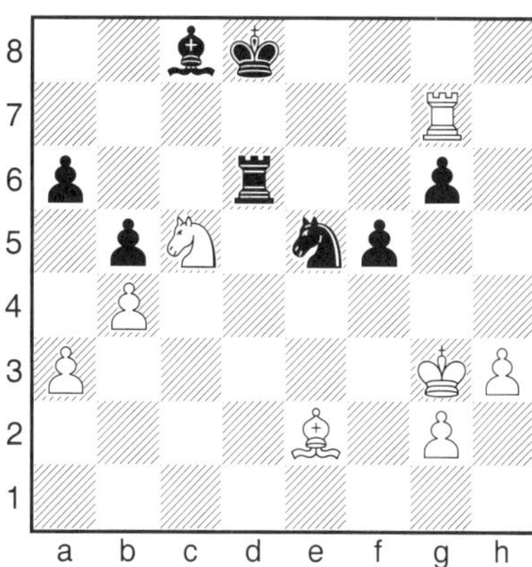

46...♖f6?

Nach diesem passiven Zug kann der König tatsächlich entscheidend eingreifen, was mit der einfachen Abschneidung 46...♖d4 leicht zu verhindern war.

47.♔f4 ♘f7 48.h4 ♔c7?!

Auch der zähere Ansatz 48...♔e7 konnte nicht mehr retten; z.B. 49.♖g8 ♗d7 50.♖a8 ♖d6 51.♖a7 (51.♖xa6!?) 51.♖d4+ 52.♔e3 ♖d6

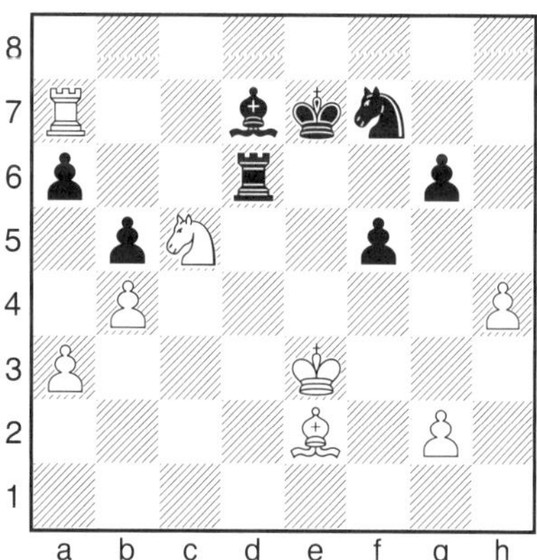

53.g4!?

Selbstverständlich gewinnt auch 53.♘xa6 oder 53.♘xd7 ♖xd7 54.♖xa6, aber da die Schwäche a6 nicht wegläuft, bietet sich eine gute Gelegenheit, das Prinzip der '*zweiten* Schwäche' zu befolgen.

53...♘h6 54.gxf5 ♘xf5+ 55.♔f4 ♘xh4 56.♔g5

♘f5 57.♗g4 ♔e8 58.♘xd7 ♖xd7 59.♖xd7 ♔xd7 60.♔xg6+−

49.♗f3 ♔d6 50.♖g8 ♔c7

50...♗d7 51.♖a8 ♔e7 52.♗d5 ♗e8 53.♖a7+ ♔d6 54.♖xa6+ +−

51.♖f8 ♗d7 52.♗d5 ♖d6 53.♖xf7 ♖xd5 54.♖xd7+ ♖xd7 55.♘xd7 ♔xd7 56.♔g5 1-0

Bei den folgenden vier Aufgaben heißt es jeweils: Steinitz zieht und gewinnt!

(Lösungen ab Seite 39)

A01.05 ***
Wilhelm Steinitz
Dion Martinez
Philadelphia 1882

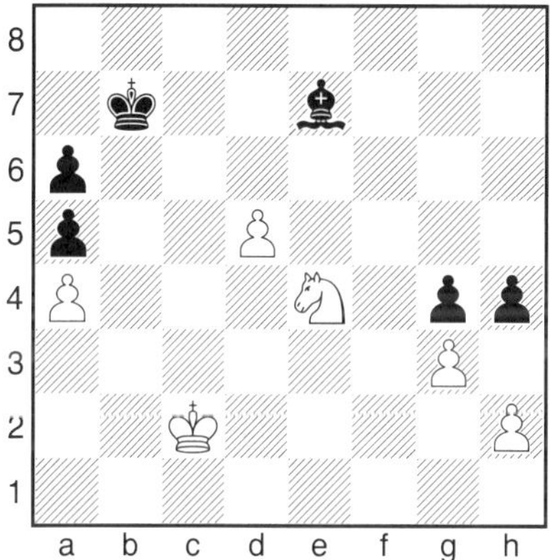

A01.06
Wilhelm Steinitz
Johannes H. Zukertort
USA 1886

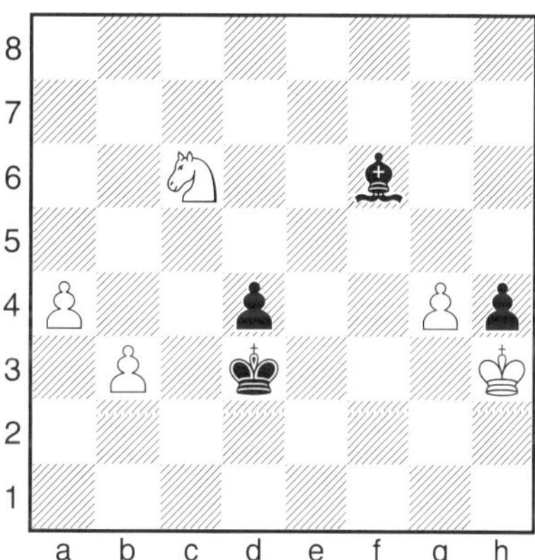

A01.07
Wilhelm Steinitz
Celso G. Zupide
Havanna 1883

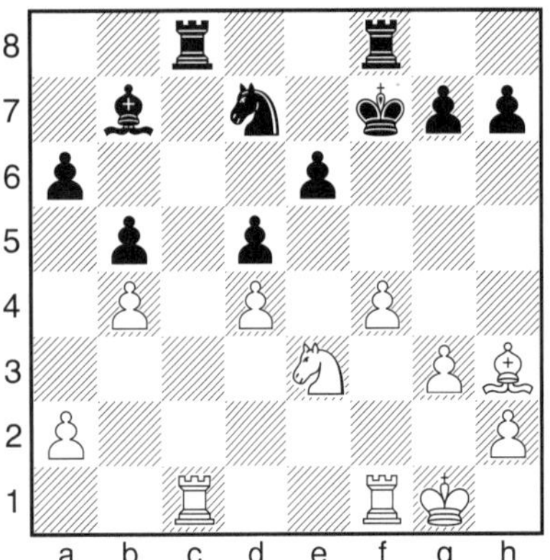

A01.08
Wilhelm Steinitz
Paul Lipke
Wien 1898

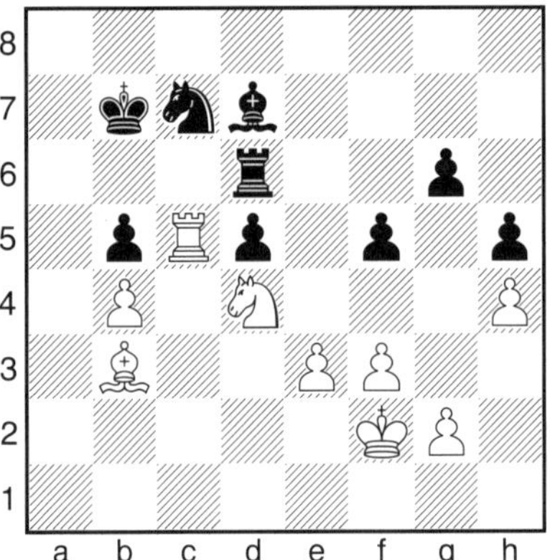

Lösungen

A01.01

29...♗d6! 30.c4

30.♗xd6?! ♖xd2+ 31.♖e2 ♖xd6−+; 30.♗e3?! f4−+

30...♖d4 31.♗e3 ♖xh4 32.♘f1 ♖h3 0-1

A01.02

17...♖xg2+ 18.♔xg2 ♖g6+ 19.♔h1

19.♔h3 ♗xf2 20.♘a3 f4 21.♖f1 e3−+

19...♗xf2 20.♘a3

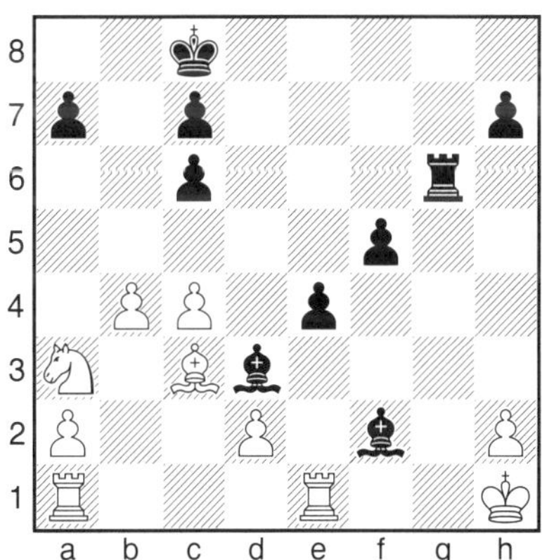

20...e3!

Erst das ist die Pointe der ganzen Kombination: Der 'grüne Läufer' d3 wird entscheidend in den Angriff einbezogen.

21.h4 e2 22.♗e5 ♖g4 23.♔h2 f4 24.♘c2 f3

Nach 24...♗e4 setzt Schwarz in wenigen Zügen matt; z.B. 25.♗f6 ♖g2+ 26.♔h3 f3 27.♘d4 ♗xd4 28.♗xd4 ♗f5#.

25.♗f6 ♗xc2 0-1

A01.03

24...f5!

Steinitz nutzt die Gunst der Stunde, um die Stellung für seine Läufer zu öffnen.

25.exf5?!

Mit 25.♘d5 fxe4 26.fxe4 ♖f8 27.♖c2 konnte Weiß mehr Widerstand leisten, obwohl der schwarze Vorteil nach 27...b5 nicht anzuzweifeln war.

25...gxf5 26.h3

26.♘xf5?! ♖xf3 27.♘d4 ♖f2−+ bzw. 27.♘e7+ ♗xe7 28.♖xe7 ♖f2 29.♘e3 ♖xa2−+

26...♖g8?

Das führt zu einer Verlangsamung der schwarzen Initiative.

Hingegen hätte Schwarz nach 26...♗a3 27.♖b1 (27.♖c2 ♖e8−+) 27...♖xc3 28.♘xf5 ♖xc4 sehr gute Gewinnchancen.

27.♘d5 ♗xd5 28.cxd5 ♖xd5 29.♖cd1 ♖xd1 30.♖xd1 f4

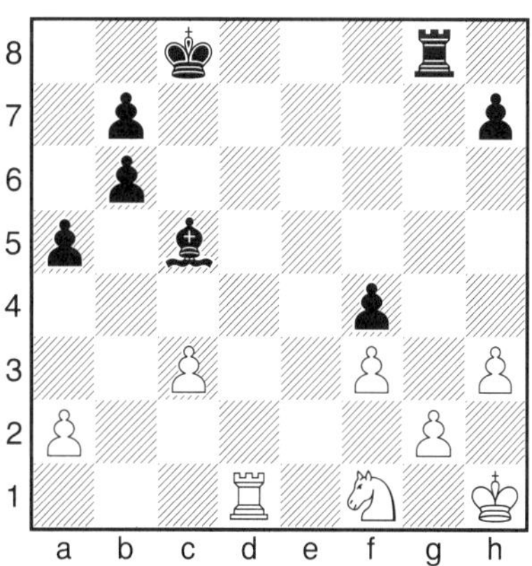

31.♔h2?

Und diesmal ist es der Weiße, der zu langsam ans Werk geht.

Ein sehr kreativer Computer-Vorschlag lautet 31.g3 fxg3 32.♔g2 und nun z.B. 32...♔c7 33.♖e1 b5 34.♘d2 mit viel besseren Remischancen dank der Figurenaktivität.

31...♖e8 32.a4?! ♔c7 33.h4 ♔c6 34.c4?!

Auch das zähere 34.♔h3 sollte nach 34...b5 35.axb5+ ♔xb5 36.♖b1+ ♔c4 37.♖xb7 a4 auf lange Sicht verlieren.

34...♗b4 35.♔h3

35.g3 ♖e1-+

35...♖e1 36.♖xe1 ♗xe1 37.♔g4 ♔c5 38.♔xf4 ♔xc4 39.♔e4 ♗xh4 40.g3 ♗d8 41.♘e3+ ♔b4 42.♔d3 ♔xa4 43.♔c2 ♔b4 44.f4 ♔c5 45.f5 ♔d6 46.g4 b5 47.♘d1 ♔e5 48.♘c3 b4 49.♘a4 ♔d4 50.♘b2 b5 51.♔b3 ♗e7 52.g5 a4+ 53.♘xa4 bxa4+ 54.♔xa4 ♔e5 55.♔b3 ♔xf5 0-1

A01.04

15.e5?!

Dieser Zug (statt 15.♖he1∓) ist fragwürdig und spielt Schwarz in die Karten, denn einerseits schwächt er die weißen Felder und stärkt somit den 'grünen Läufer' – und andererseits öffnet er Zugstraßen für die schwarzen Langschrittler.

15...fxe5 16.fxe5

16.♘xe5+ ♔c8 17.♘f3 h6 18.b3 ♖hf8 ist ebenfalls sehr angenehm für Schwarz, denn 19.g3?! kann mit 19...g5 beantwortet werden.

16...♗e7 17.♖ad1+ ♔c8 18.b3 ♖hf8 19.h4 ♗g4?!

Statt dieses etwas übereilten Zuges macht 19...h6 einen nachhaltigeren Eindruck.

20.♔g3 h5?!

Nach einem flexiblen Zug wie 20...♗h5 oder 20...♗d7 hätte Weiß das Feld g5 nicht nutzen können.

21.♖he1 ♖f5 22.♗d4?!

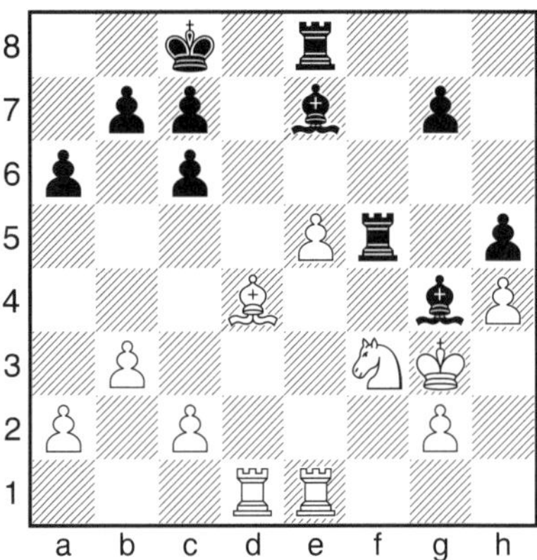

22.♗c1 war genauer.

22...♗xf3

Die Entscheidung, sich vom Läuferpaar zu trennen, fällt nie leicht. Tatsächlich galt jedoch auch nach den Alternativen 22...g5 und 22...c5: Schwarz ist eindeutig am Drücker, aber ein klarer Gewinn ist nicht nachzuweisen.

23.gxf3 ♖ef8 24.♖d3 ♖f4 25.♖h1 c5 26.♗b2 c4 27.♗c1?

Diese Abwicklung kommt Schwarz entgegen, während 27.bxc4 ♖xc4 28.♖h2 ♖a4 29.♗c1 ♖xa2 30.♗g5 bessere Remischancen geboten hätte.

27...cxd3 28.♗xf4 dxc2 29.♖c1?!

29.♗c1 war zäher.

29...♗xh4+! 30.♔xh4 ♖xf4+ 31.♔g3

31.♔xh5 ♖xf3 32.♖xc2 ♖f5+ -+

31...g5 32.♖xc2 ♖f5 33.e6 ♖e5 34.♖h2 ♖xe6?

Statt dieses Fehlers sollte 34...h4+ 35.♔g4 ♔d8 auf lange Sicht gewinnen.

35.♖xh5 ♖e2 36.♖h2?

Weiß revanchiert sich mit einem Gegenfehler; 36.a4 bot Remischancen.

36...♖xh2 37.♔xh2 c5 38.♔g3 b5 39.♔f2 ♔d7 40.♔e3 ♔e6 41.♔e4 c4 42.bxc4 bxc4

43.a4 a5 44.♔d4 ♔f5 45.♔xc4 ♔f4 46.♔b5 ♔xf3 47.♔xa5 g4 48.♔b6 g3 49.a5 g2 50.a6 g1♕+ 51.♔b7 ♕b1+ 52.♔a8 ♕e4+ 53.♔b8 ♕e5+ 0-1

A01.05

Hier standen Steinitz gleich *zwei* Gewinnzüge zur Verfügung.

1) 58.gxh4 ♗xh4 59.♔d3 ♗d8 60.♘f2 bzw. **59...♔c7 60.♔e3**

2) 58.d6 ♗f8 59.gxh4 ♔c6 60.h5 ♗h6 61.♔d3 ♗g7 62.♔e3 ♗h6+ 63.♔d4 ♗g7+ 64.♔c4 ♗h6 65.♘f6 ♔xd6 66.♘xg4

3) In der Partie folgte fehlerhaft **58.♔d3? hxg3 59.hxg3 ♔c7?**

Mit diesem viel zu passiven Zug gibt Schwarz das Geschenk zurück. Um die Stellung ausgeglichen zu halten, musste der Läufer wie folgt eingesetzt werden: 59...♗a3 60.♔e3 ♗c1+ 61.♔d4 ♗b2+ 62.♔c5 ♗a3+ 63.♔c4 ♔b6 64.♘f2 ♗d6 65.♘xg4 ♗xg3 66.♘e3 ♗f2 67.♘f5 ♔c7 68.♔d3 ♗g1 69.♔e4 ♔d7 70.♘e3 ♗xe3 71.♔xe3 ♔d6 72.♔d4 ♔d7 73.♔c5 ♔c7 74.d6+ ♔d7 75.♔d5 ♔d8 76.♔c6 ♔c8 77.♔b6 ♔d7 78.♔xa5 ♔xd6 79.♔xa6 ♔c7=.

60.♔e3 ♗d6 61.♘xd6 ♔xd6 62.♔f4 ♔xd5 63.♔xg4 ♔c4 64.♔f5 ♔b4 65.g4 ♔xa4 66.g5 ♔b5 67.g6 a4 68.g7 a3 69.g8♕ 1-0

A01.06

Hier musste Steinitz die Finger von zwei Verführungen lassen – einer simplen und einer etwas subtileren.

1) 57.♘xd4? ♔xd4 (57...♗xd4? 58.g5+−) **58.a5 ♔c5 59.b4+ ♔b5=**

2) 57.a5? ♔c3 58.a6 d3 59.a7 d2 60.a8♕ d1♕= und obwohl Weiß als erster eine neue Dame erhalten hat, kann er damit nichts Entscheidendes anfangen.

3) In der Partie folgte siegreich **57.♘b4+! ♔e2**

57...♔c3 58.♘d5+ ♔xb3 59.♘xf6 d3 60.♘e4

58.a5 ♗e7

Nach 58...d3 59.♘xd3 ♔xd3 60.a6 ♗d4 61.g5 ist der Läufer überfordert.

59.♘d5 ♔f3 60.♘xe7 d3 61.♘d5 1-0

A01.07

23.f5!+−

Der Rammbock klopft mit Macht ans Tor.

Vergleichsweise ‘harmlos’ wäre 23.♖xc8?! ♗xc8 (23...♖xc8? 24.f5+−) 24.♖c1 ♖e8 25.♖c6±.

23...e5

Nach 23...exf5? 24.♘xf5 ♖xc1 25.♖xc1 ♗a8 gewinnt Weiß quasi beliebig, z.B. durch die forcierte Herbeiführung eines Bauernendspiels mit 26.♖c7 ♖d8 27.♘d6+ ♔e7 28.♘c8+ ♔e8 29.♗xd7+ ♖xd7 30.♖xd7 ♔xd7 31.♘b6+ ♔c7 32.♘xa8+ ♔b7 33.♔f2 ♔xa8 34.♔f3 usw.

24.f6

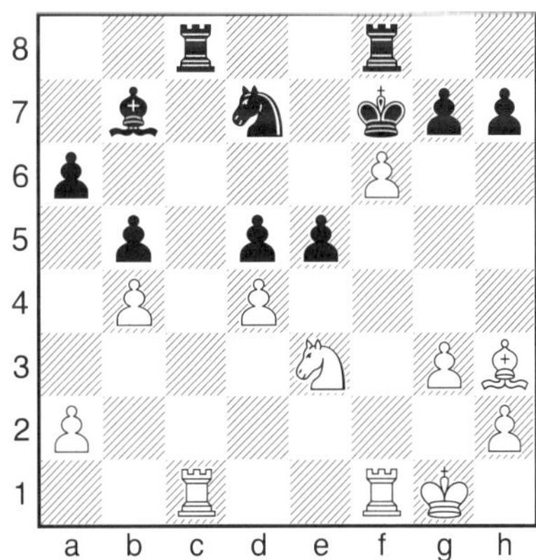

Diese offensichtliche Pointe hebt die schwarze Stellung endgültig aus den Angeln.

24...♖xc1 25.♖xc1 ♖c8 26.♖f1

26.♖xc8 ♗xc8 27.dxe5

26...♖c7 27.♗xd7 ♖xd7 28.♘g4

Steinitz wählt das ‘verspieltere’ Verfahren,

obwohl das schnörkellose 28.fxg7+ ♔xg7 29.♘xe5 wohl noch stärker war.

28...♖c7 29.♘xe5+ ♔f8 30.g4 ♗c8 31.♔g2 ♖c2+ 32.♔g3 ♗e6 33.fxg7+ Hier verdiente 33.g5 den Vorzug.

33...♔xg7 34.♖f2 ♖c3+ 35.♖f3 ♖c2 36.a3 ♖c1 37.♖e3 ♔f6 38.♔f4 ♖d1 39.♘f3 h6?

Nachdem ihm der Gegner auch noch die c-Linie überlässt (⌓39...♖c1), ist der Rest für Steinitz tatsächlich nur noch 'eine Sache der Technik'.

40.♖c3 und **1–0** im 67. Zug

A01.08

Diese Stellung hat frappierende Ähnlichkeit mit dem Beispiel 01.09: Der Gegner kann sich kaum rühren, und da alle übrigen Figuren ideal postiert sind, braucht sich nur noch der König auf die Socken zu machen.

53.♔g3! ♗c6

Das ist sicherlich nicht der beste Zug, obwohl auch die Alternativen langfristig verlieren.

1) 53...♔c8 54.♔f4 ♔d8 55.♔e5 ♖b6 56.♖c3 ♘a6 57.♘c2 und nun z.B. 57...♖e6+ 58.♔xd5 ♔e7 59.♔d4 ♖d6+ 60.♗d5 ♗e6 61.e4 usw.

2) 53...♘a6 54.♖xd5 ♖xd5 55.♗xd5+ nebst ♗f7

3) 53...♗e8 54.♔f4 ♘a6 55.♖xd5 ♖xd5 56.♗xd5+ ♔c7 57.♘c2

54.♔f4

Steinitz bleibt unbeirrbar beim einmal gewählten Thema, mit dem König als entscheidende Kraft ins gegnerische Lager einzudringen. Tatsächlich hätte er dies nach dem vorherigen Abtausch 54.♘xc6 ♖xc6 55.♖xc6 (55.♗xd5!? ♘xd5 56.♖xd5) 55...♔xc6 auch einfacher tun können: 56.♔f4 ♘a6 57.♔g5 ♘xb4 58.♔xg6 ♘d3 59.♔xf5 und nun 59...♘e1 60.g4 oder 59...♘c1 60.♗c2.

54...♘a6?!

Dies kommt der gegnerischen Absicht entgegen, obwohl auch andere Fortsetzungen scheitern; z.B. 54...♗d7 55.♔e5 ♖b6 56.♗xd5+ ♘xd5 57.♔xd5 ♗e8 58.♔e5 ♗d7 59.e4 fxe4 60.fxe4 ♗e8 61.♖d5.

55.♔e5

55.♖xc6!? ♖xc6 56.♗xd5 ♘xb4 57.♗xc6+ ♘xc6 58.♘xb5

55...♘xc5 56.♔xd6 ♘xb3 57.♘xb3 ♗e8 58.♘d4 1-0

Aufgabe 1

In 39...♘c6!, denn 40.♗xh6?? würde offenbar an 40...♔c7 nebst 41...b6# scheitern.

Aufgabe 2

44.♗e8? ist ein übereilter Fehlversuch, der nach 44...♗a6 und der konsequenten Fortsetzung 45.♗xf7 (45.♗c6 ♔e6=) 45...♔xf7 46.♗xd6 ♗e2 47.♗xb4 ♗d1 zu einer völlig blutleeren Remisstellung führt.

Aufgabe 3

1) Nach 57...bxc5? 58.♘e4+− kann Weiß das Motiv einer Springergabel zum Gewinn nutzen.

a) 58...c2 59.♘xc5 c1♘ 60.♔e3

b) 58...♔d4 59.♔e2...59...b4 60.a4 b3 61.♔d1

2) Und nach 57...c2 58.cxb6 c1♕ 59.b7= (59...♕c7? 60.b8♕+−) sichert das Motiv einer Springergabel das Remis.

Aufgabe 4

Mit **55...d4!** verstopft Schwarz das geplante Einbruchsfeld des weißen Königs und verschafft sich gleichzeitig einen Freibauern.

56.exd4 ♗d5 57.♔d2

Auch der Versuch, den Springer zu aktivieren, führt nicht zum Erfolg; z.B. 57.♘h3 ♔f7 58.♘f2 ♔f6 59.♘d1 g5 60.fxg5+ ♔xg5 61.♘e3 ♗a8! 62.d5 ♔f6 63.c6 ♔e5=.

57...♔h8 58.♔c2 ♔g8 59.♔c3 ♔h8 60.c6 ♗xc6 61.♔c4 ♗b5+ 62.♔c5 e3 63.d5 e2 64.♘f3 ♔g8 ½-½

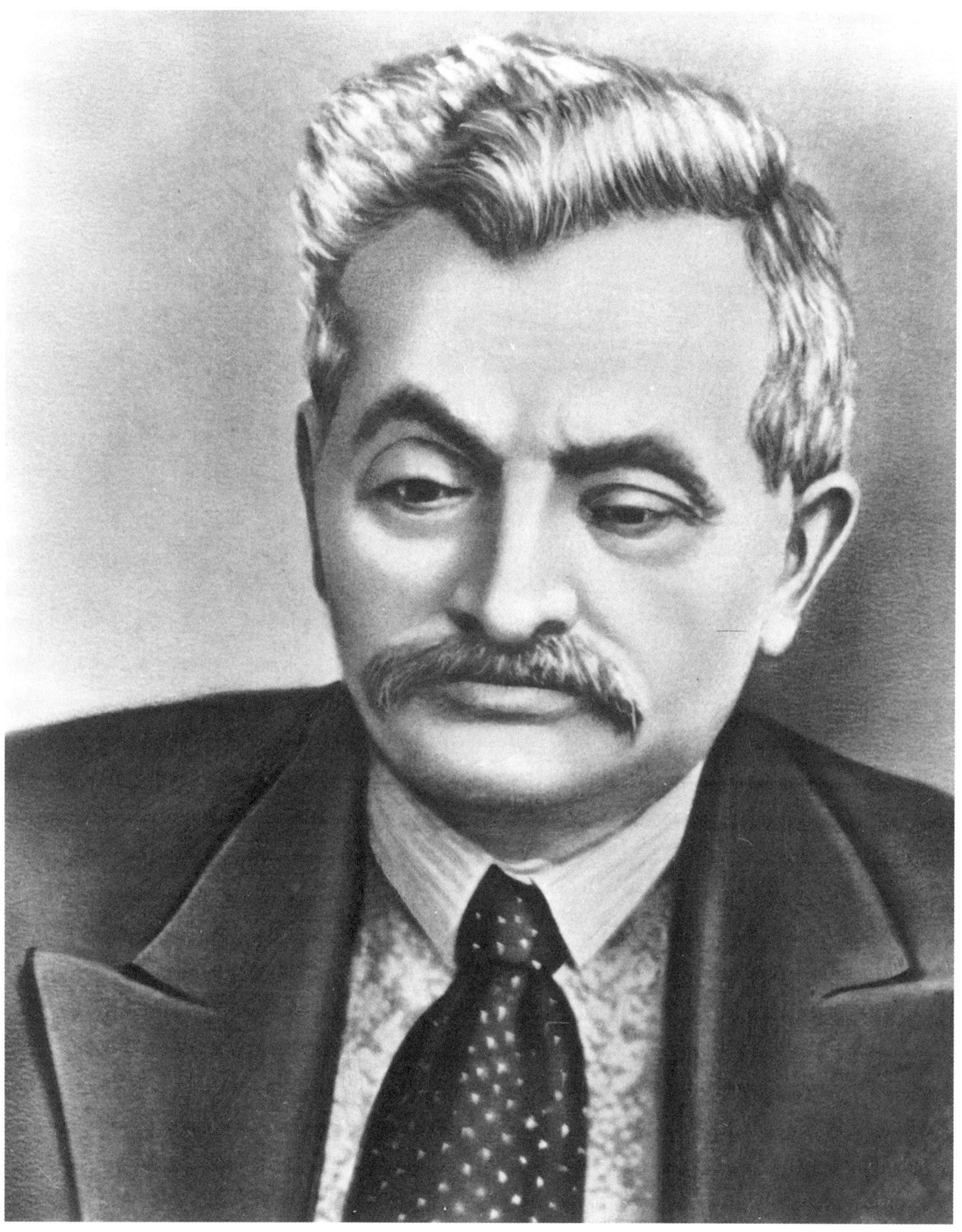

Der zweite Weltmeister – Emanuel Lasker

Emanuel Lasker (24. 12. 1886 – 11. 1. 1941), der bislang einzige deutsche Träger dieses Titels, war auch Mathematiker und Philosoph. 1894 besiegte er Wilhelm Steinitz recht deutlich (+10 =4 −5) und behauptete die Schachkrone über einen Zeitraum von 27 Jahren (bis 1921) und damit länger als jeder andere Schachweltmeister. In dieser Zeit verteidigte er seinen Titel mehrfach – 1896/97 gegen Steinitz (+10 =5 −2) – 1897 gegen den US-Amerikaner Frank James Marshall (+8 =7 −0) – 1908 gegen Siegbert Tarrasch (+8 =5 −3) – 1910 gegen den Österreicher Carl Schlechter (+1 =8 −1) sowie 1910 gegen den polnisch-französischen Meister Dawid Janowski (+8 =3 −0).

Vom Spielstil war er Pragmatiker (siehe auch 'Vorbemerkung 2' auf Seite 9). Daher möchte ich in diesem Rahmen seine zähe Verteidigungskunst unter die Lupe nehmen sowie speziell die aktive Verteidigung im Turmendspiel.

02.01
Carl Schlechter
Emanuel Lasker
Wien 1910

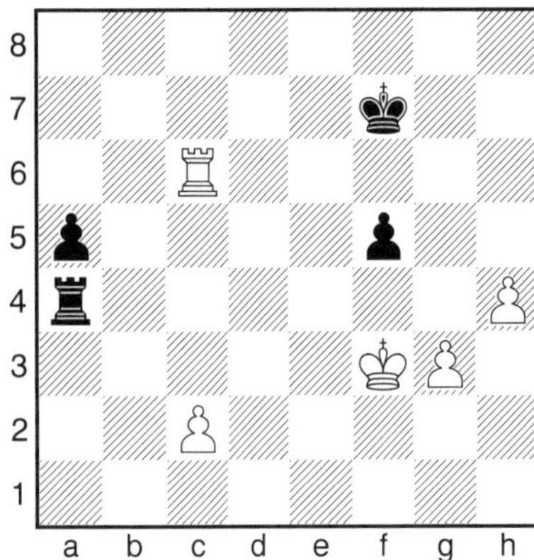

54...♖e4!?

Lasker gibt noch einen Bauern preis, um seine Figuren maximal zu aktivieren.

1) Der passive Ansatz 54...♔g7? verliert nach dem Muster 55.c4 ♖a3+ 56.♔f4 ♖c3 57.h5 a4 58.♖a6 a3 59.♔xf5 ♖xg3 60.♔e5 ♖h3 61.♖a7+ ♔h6 62.♔d4!+−.

2) 54...♖a1?! ist auch spielbar, aber nach 55.♖a6 (55.h5 a4=) darf Schwarz nicht vor der Rückkehr 55...♖a4!!= zurückscheuen (Δ56.h5 ♖c4!), denn der pseudoaktive Vorstoß 55...a4? verliert nach dem Muster 56.♔f4 a3 57.♔xf5 a2 58.♖a7+ ♔f8 59.♔g6 ♖g1 60.♖a8+ ♔e7 61.♖xa2 ♖xg3+ 62.♔f5.

55.♖c5 ♔f6 56.♖xa5 ♖c4 57.♖a6+ ♔e5 58.♖a5+ ♔f6 59.♖a6+ ♔e5 60.♖a5+ ♔f6 61.♖a2

Weiß hat einige Male die Züge wiederholt, um sich zu überzeugen, dass sein Turm nichts Besseres tun kann, als den c-Bauern zu decken.

61...♔e5

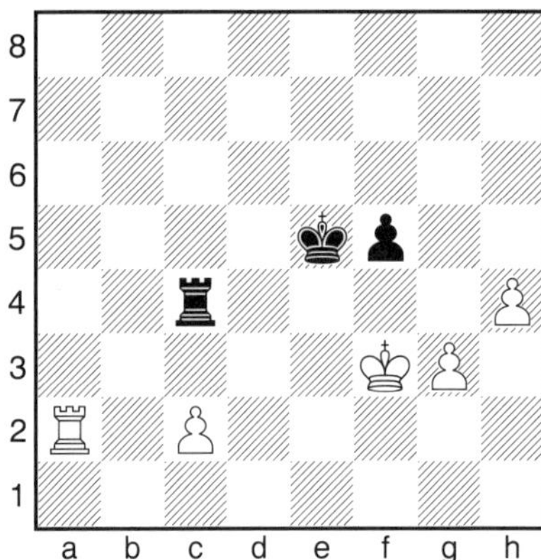

Laskers Plan ist bestens aufgegangen, denn nun sind seine beiden Figuren maximal aktiv.

62.♖b2

Oder 62.♔e3 ♖c3+ Δ63.♔d2 ♖xg3 64.♖a5+ e4 65.♖a4+

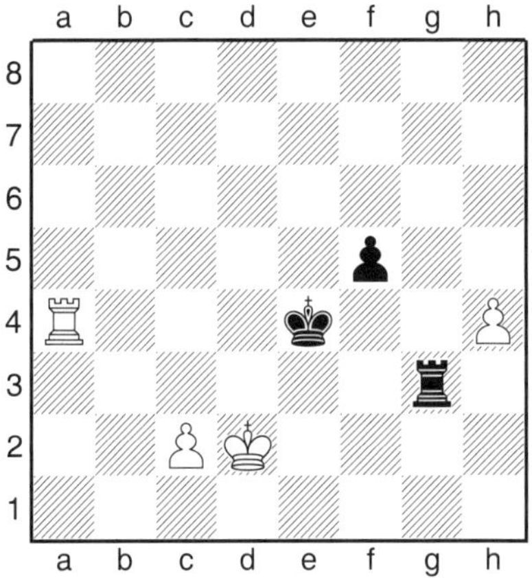

65...♔e5 und Weiß kommt nicht weiter.

Aufgabe 1: Auch 65...♔f3 führt zum Remis, weil nach eventuellem Turmtausch beide Seiten im gleichen Zug eine neue Dame erhalten. – Stimmt diese Behauptung?

(Lösung auf Seite 62)

62...♖c3+ 63.♔g2 ♔f6 64.♔h3

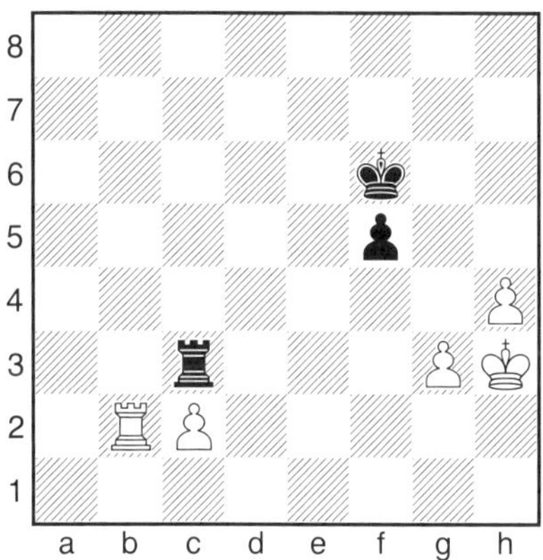

64...♖c6!?

Hier hatte Schlechter auf 64...f4? gehofft, weil er mit 65.♖b3! ♖xc2 66.♖f3 doch noch hätte gewinnen können.

65.♖b8 ♖xc2 66.♖b6+ ♔g7 67.h5 ♖c4

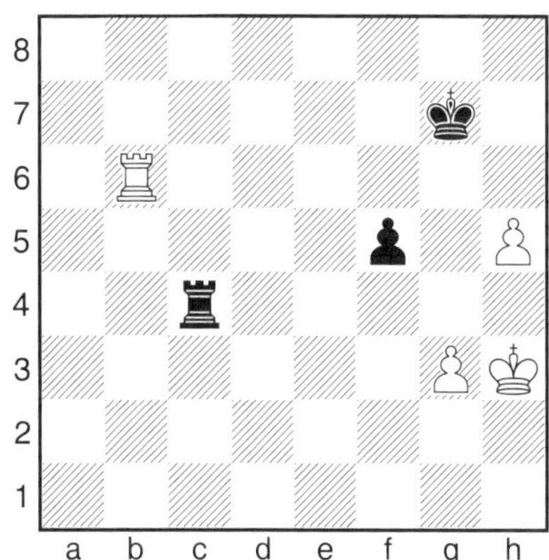

Nun ist der schwarze Turm so aktiv, dass Weiß nicht weiterkommen kann.

68.♖g6+ ♔h7 69.♖f6 ♖c5 ½-½

Es könnte noch folgen 70.♔g2 ♖a5 (70...f4? 71.g4+-) 71.♔f3 ♔g7! 72.♖g6+ ♔f7! (72...♔h7? 73.♔f4 ♖b5 74.♖f6+-) 73.♔f4 ♖b5 74.♖g5 ♔f6=.

Bei dem folgenden berühmten und tiefgründigen Beispiel geriet selbst ein großartiger Verteidiger wie Emanuel Lasker in schwieriger Stellung an den Rand einer Niederlage.

02.02
Emanuel Lasker
Edward Lasker
New York 1924

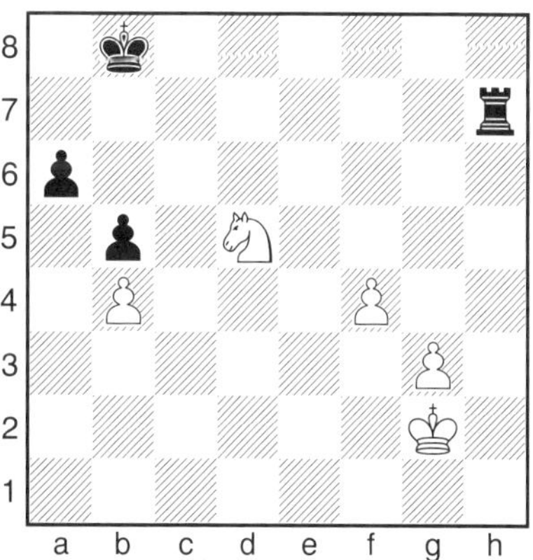

70.♔f3!

Zunächst muss der König zentralisiert werden, denn auf einen übereilten Bauernzug würde der Springer mit ♖d7 aus seiner dominierenden Stellung vertrieben und dann könnte auch Schwarz sich mit a6-a5 einen schnellen Freibauern verschaffen.

70...♔b7 71.g4?

Damit schickt Weiß allerdings den falschen Bauern ins Rennen.

Hingegen hätte die richtige Wahl 71.f5 nach folgendem Muster zum Remis geführt: 71...♔c6 72.♔e4 ♖d7 73.♘e3 a5 74.bxa5 b4 75.♘c4 und Weiß hat alles im Griff; z.B. 75...♔b5 76.♘b2 ♖d2 77.♘d3 b3 78.f6 und nun 78...b2 79.♘xb2 ♖xb2 80.♔d5= oder 78...♖f2 79.♔e5= Δ79...♔c4? 80.♘xf2 b2 81.♘e4+-.

71...♔c6 72.♔e4

Hier zwei weitere Varianten, bei denen der Durchbruch des schwarzen b-Bauern entscheidet.

1) 72.♘e3 a5 73.bxa5 b4 und nun z.B. 74.♘c4 b3 75.g5 ♖h3+ 76.♔g4 ♖c3-+

2) 72.♘f6 ♖h3+ 73.♔e4 a5 74.bxa5 b4-+

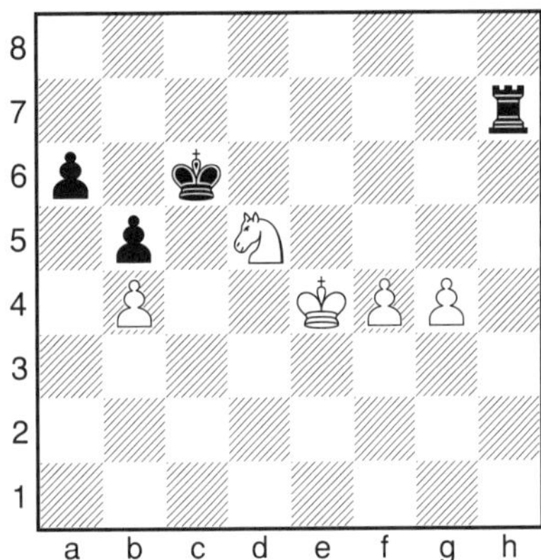

72...♖h8?

Das verliert wertvolle Zeit und die Drohung 73...♖e8+ 74.♔d4 ♖d8 ist zu durchsichtig.

Hingegen hätte 72...♖d7! zum Sieg geführt.

1) 73.♘f6 ♖d8; 73.♘c3 a5 74.bxa5 b4

2) 73.♘e3 a5 74.bxa5 b4

a) 75.♘c2 b3 75.♘a3 ♖d1

b) 75.♘c4 ♔b5 76.♘b2 ♖d2 77.♘d3 b3 78.♔e3 b2 79.♘xb2 ♖xb2 nebst ♔c6 usw.

73.♘e3 ♖e8+ 74.♔d4 ♖d8+

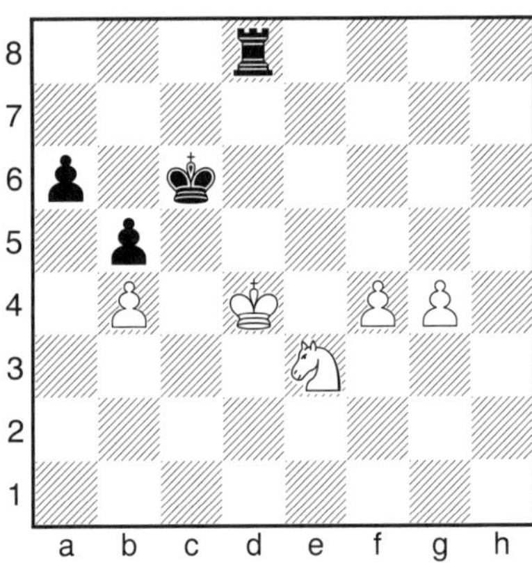

75.♔e4?

Ausnahmsweise ist Aktivität das falsche Rezept, denn in dem folgenden Wettrennen zieht Weiß den Kürzeren.

Mit 75.♔c3 hätte er den Laden indes zusammenhalten können.

1) 75...♖f8 76.f5 ♖g8 77.♔d4 ♔d6 78.♔e4=

2) 75...♖g8 76.g5 ♔d6 77.♔d4 ♔e6 78.f5+ ♔f7 79.g6+ ♔g7! (79...♔f6? 80.♘d5+) 80.♔e5 ♖e8+ 81.♔d4 ♔f6 82.♘d5+ ♔xf5 83.♘c7 ♖d8+ 84.♔c5 ♖c8 85.♔b6=

75...a5! 76.bxa5 b4

Geschwindigkeit ist Trumpf!

77.a6 ♔c5 78.a7

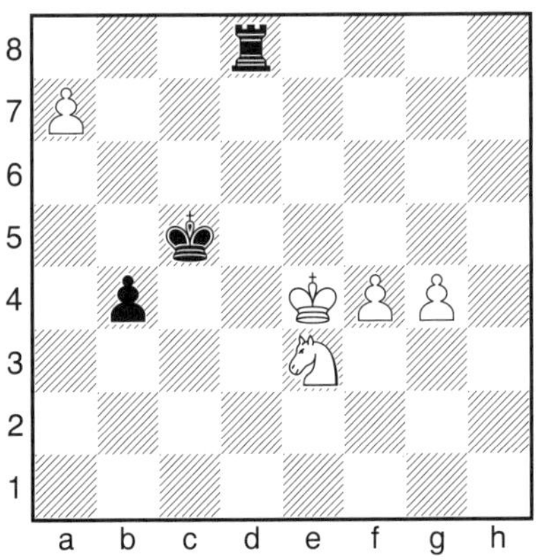

78...b3?

Und gleich noch eine weitere Ausnahme – und zwar diesmal von der Faustregel 'Kandidat voran!', denn zuerst musste der Gegenkandidat beseitigt werden; also 78...♖a8! 79.g5 ♖xa7 mit der möglichen Folge 80.g6 ♖d7! 81.f5 b3 82.g7 ♖xg7–+ (82...b2? 83.g8♕ b1♕+ 84.♔f3=) 83.f6 und nun am einfachsten 83...♖d7, obwohl sogar 83...b2 nach 84.fxg7 b1♕+ 85.♔f4 ♕g6 86.♘f5 ♔b6 gewinnt.

79.♘d1!

Das ist der einzige Remiszug, denn der b-Bauer muss gestoppt werden. Von nun an verteidigt Lasker sich ohne Fehl und Tadel.

79...♖a8 80.g5 ♖xa7 81.g6! ♖d7 82.♘b2! ♖d2 83.♔f3 ♖d8 84.♔e4 ♖d2 85.♔f3 ♖d8

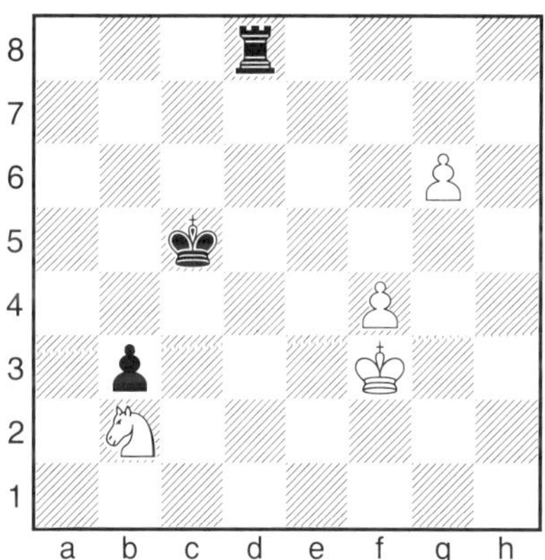

Nach dem Fehler 85...♖xb2? und der Folge 86.g7 ♖g2 87.♔xg2 b2 88.g8♕ b1♕ 89.♕f8+ ♔c6 90.♕e8+ ♔d6 91.♕e5+ kann Weiß (laut Tablebase) Matt in 53 Zügen ankündigen.

86.♔e4

Der König muss zum gegnerischen Freibauern, denn 86.f5? scheitert an 86...♔d6 87.♔e4 ♔e7! 88.♔e5 ♖d2 89.f6+ ♔f8 90.♘c4 ♖c2 91.♘d6 b2 92.g7+ ♔g8 93.♘f5 ♖c5+ 94.♔e6 ♖xf5 95.♔xf5 b1♕+.

86...♔d6 87.♔d4!

Erneut wären Bauernzüge verfehlt.

1) 87.g7? ♔e6 88.g8♕+ ♖xg8 89.♔d3 ♖c8 90.♘c4 ♖xc4 91.♔xc4 b2–+

2) 87.f5? ♔e7–+

a) 88.♔e5 ♖d2 89.f6+ ♔f8 90.♘c4 ♖e2+ 91.♔f5 b2 92.g7+ ♔g8

b) 88.♔e3 ♔f6 89.♘d3 ♖d5 90.♔e4 ♖d7

– 91.♔e3 ♔xf5 92.♔d2 ♔e4

– 91.♘c5 ♖e7+ 92.♔d3 b2 93.♔c2 ♖c7 94.♔xb2 ♖xc5

87...♖c8 88.g7 ♔e6 89.g8♕+ ♖xg8 90.♔c4 ♖g3 91.♘a4 ♔f5 92.♔b4 ♔xf4 93.♘b2 ♔e4 94.♘a4 ♔d4 95.♘b2 ♖f3 96.♘a4 ♖e3 97.♘b2 ♔e4 98.♘a4 ♔f3

Für den Rest der Partie – siehe Aufgabe **A02.04** auf Seite 54.

Hingegen verteidigt Lasker sich im folgenden Beispiel (der 7. Partie des WM-Kampfs gegen Steinitz) von Anfang an souverän.

02.03
Wilhelm Steinitz
Emanuel Lasker
Moskau 1896

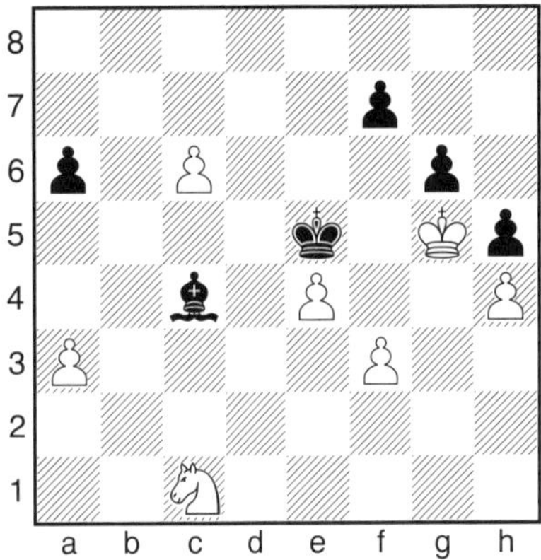

53...♔d6

Der c-Bauer muss zuerst unschädlich gemacht werden.

54.f4

Steinitz will die schwarze Bauernkette mit f4-f5 unterminieren, denn wie allen Theoretikern gehen ihm solche typischen Muster quasi vollautomatisch von der Hand.

54...♔xc6 55.f5

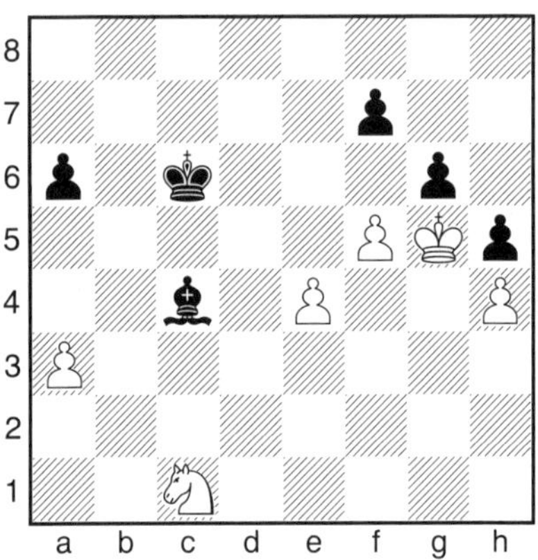

55...♔d6!

Wie so oft ist der König im Endspiel ein sehr wichtiger Verteidiger.

Hingegen verliert 55...gxf5? nach 56.exf5 ♔d6 57.♔xh5 ♔e5 58.♔g5 f6+ 59.♔g4 usw.

56.fxg6 fxg6 57.♔xg6

Aufgabe 2:

Wäre 57.♔f6!? eine siegreiche Feinheit gewesen?

(Lösung auf Seite 62)

57...♔e5 58.♔xh5 ♗f7+

58...♔xe4 reicht ebenfalls zum Remis, obwohl nach 59.♔g5 (59.♔g6 ♔e3 60.h5 ♔d2 61.h6 ♔xc1 62.♔f6) doch 59...♗f7 folgen muss.

59.♔g5 ♔xe4

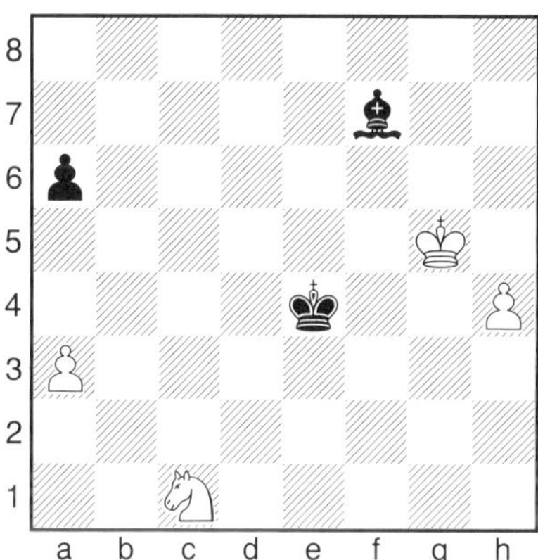

60.♘e2

Nach 60.h5 ♗xh5 61.♔xh5 ♔d4 fällt auch der letzte weiße Bauer.

60...♔e5!?

Der König muss bei der Bekämpfung des h-Bauern mithelfen, weil dieser nach dem aktiven Versuch 60...♔d3? 61.♘f4+ ♔c3 62.♘g6 ♔b3 63.h5 ♔xa3 64.h6 ♗g8 65.♔f6 a5 66.♔g7 durchgehen würde.

61.♘f4 ♗e8 62.♘g6+ ♔e6 63.h5 ♔f7! 64.♘e5+ ♔g7 65.h6+ ♔h7 66.♘g4 ♔h8 67.♘f6 ♗a4 68.♔f4 ♗b3 69.♔e3 a5 70.♔d2 a4 71.♔c3 ♗d1 72.♔b4 ♗c2 73.♘d5 ♔h7 74.♘b6 ♔xh6 75.♘xa4 ♔g7 ½-½

Nach 76.♘c5 ♔f7 77.♘b3 ♗xb3 78.♔xb3 ♔e7 ist der König schnell genug.

Normalerweise sind Läufer und Springer einem Turm überlegen, aber in der folgenden Miniatur kann Lasker sich aufgrund des stark reduzierten Materials retten.

02.04
José Raúl Capablanca
Emanuel Lasker
St. Petersburg 1914

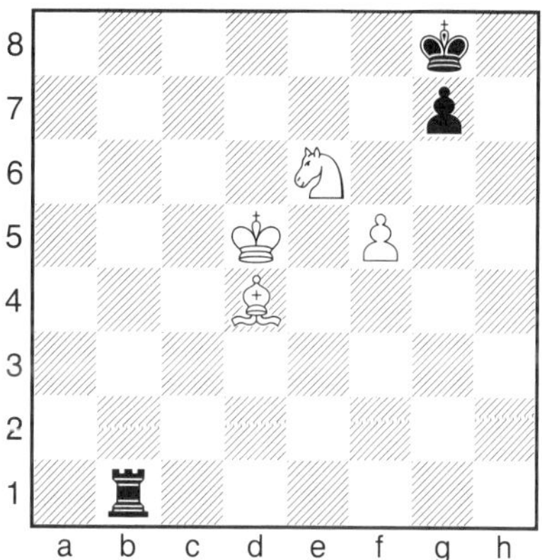

76...♖d1!?

Der Läufer wird an die Kette gelegt und g7 indirekt gedeckt, was übrigens ganz ähnlich mit 76...♖b5+ 77.♔e4 ♖b4 geschehen könnte.

77.♔e4

77.♘xg7 ♖xd4+ 78.♔xd4 ♔xg7 79.♔e5 ♔f7 80.f6 ♔f8=

77...♔f7 78.♘g5+

Nach 78.♗xg7 ♖e1+ 79.♔d5...

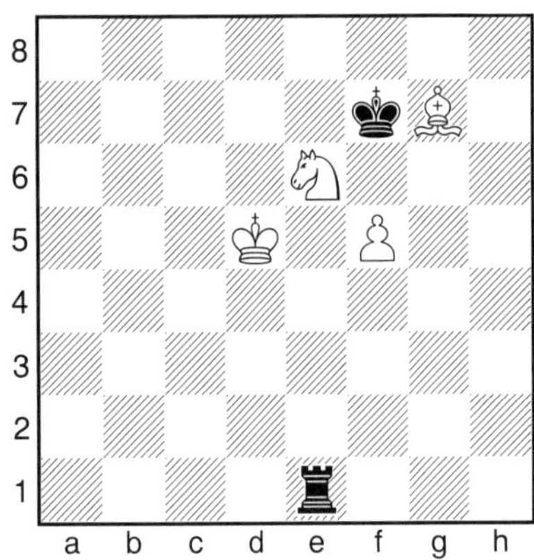

... führt 79...♖f1! zum Remis, während 79...♖d1+? nach 80.♗d4 mit der möglichen Folge 80...♖f1 81.♔e5 ♖e1+ 82.♔d6 ♖f1 83.♘g5+ ♔e8 84.♔e6 verliert.

78...♔g8 und nach einigem Schattenboxen – ½-½ im 100. Zug.

Bei den folgenden vier Aufgaben heißt es jeweils: Wie rettete sich Lasker?

(Lösungen ab Seite 60)

A02.01
Emanuel Lasker
Siegbert Tarrasch
St. Petersburg 1914

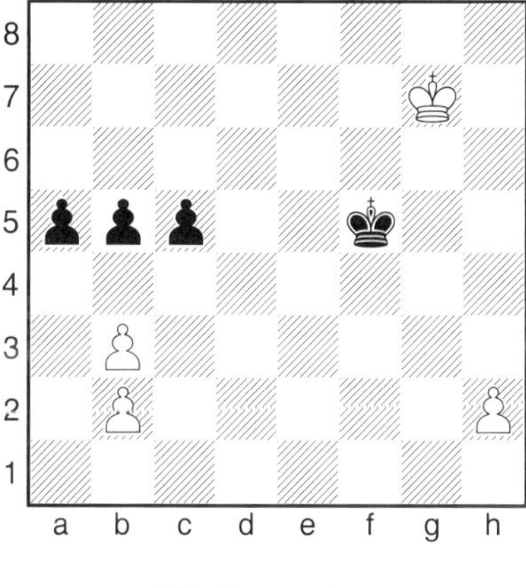

Weiß am Zug

A02.02 ***
Frank Marshall
Emanuel Lasker
New York 1924

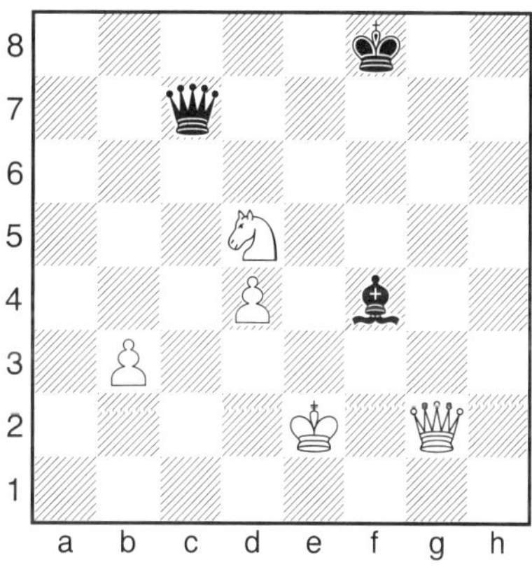

Schwarz am Zug

A02.03
Siegbert Tarrasch
Emanuel Lasker
Deutschland 1908

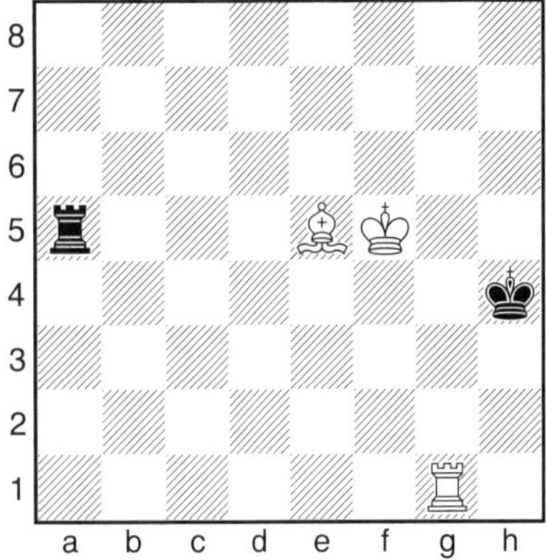

Schwarz am Zug

A02.04
Emanuel Lasker
Edward Lasker
New York 1924

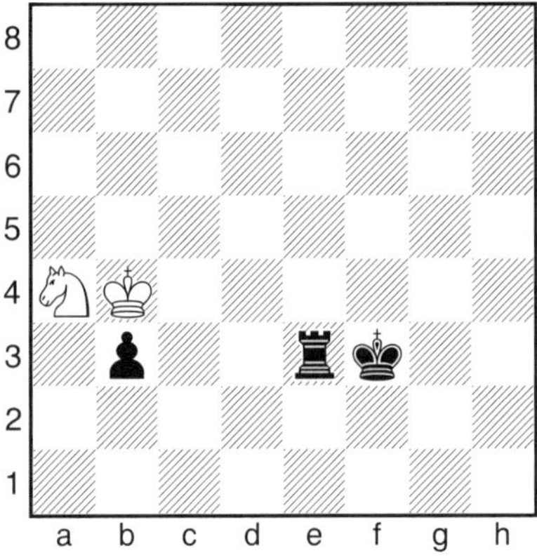

Schwarz am Zug

Die folgenden drei Endspiele sind absolute Klassiker, die hier natürlich nicht fehlen dürfen, da die Darstellung sonst unvollständig wäre.

02.05
Emanuel Lasker
José Raúl Capablanca
St. Petersburg 1914

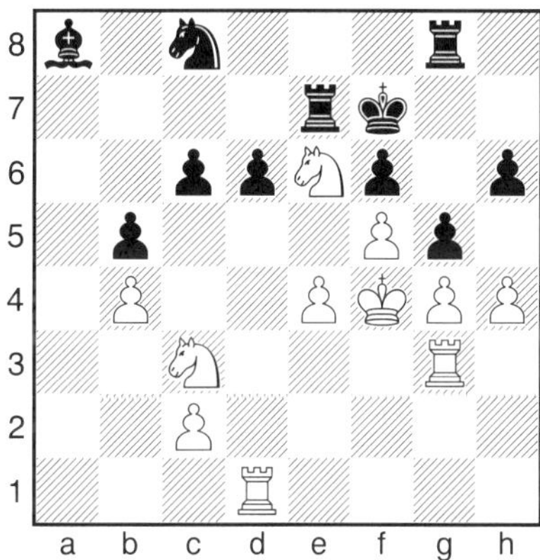

30.♔f3

Denn nach 30.hxg5? hxg5+ 31.♔f3 ♖h8 hätte Schwarz genügend Gegenspiel.

30...♘b6

Dieses Bauernopferangebot ist angesichts eines Gegners vom Schlage Laskers etwas zu naiv. Womöglich bot 30...♖xe6 31.fxe6+ ♔xe6 nebst ♘b6 bessere Chancen, dem allmählichen Erstickungstod zu entgehen.

31.hxg5 hxg5

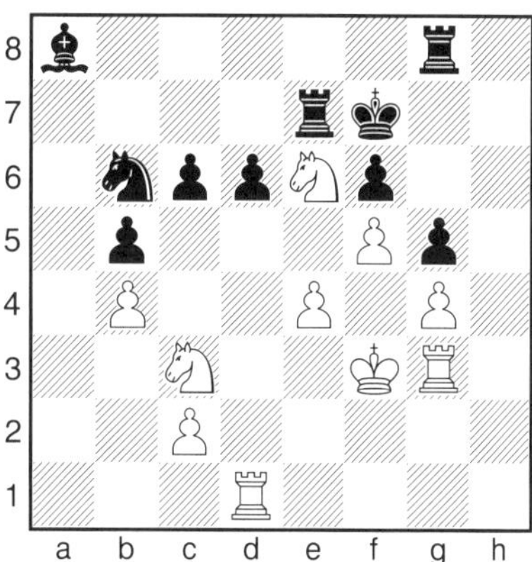

32.♖h3!

Wie eigentlich zu erwarten, setzt Lasker pragmatisch fort.

Tatsächlich erhielte Schwarz nach 32.♖xd6?! ♘c4 33.♖d1 nebst ♖h8 Gegenspiel, obwohl Weiß langfristig dennoch gewinnen sollte.

32...♖d7

Selbstverständlich wäre auch 32...♘c4 nach 33.♖dh1 hoffnungslos verloren; z.B. 33...♘e5+ 34.♔g3 ♖c8 35.♖h7+ ♔e8 36.♖7h6 ♔f7 37.♖a1 usw.

33.♔g3 ♔e8 34.♖dh1 ♗b7

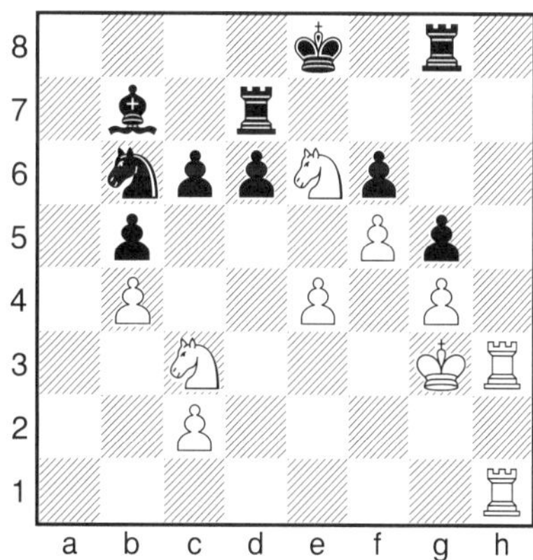

35.e5!!

Nach diesem sehr starken Feldfeger entscheidet das Eingreifen des zweiten weißen Springers über e4 den Tag.

35...dxe5 36.♘e4 ♘d5 37.♘6c5 ♗c8 38.♘xd7 ♗xd7 39.♖h7 ♖f8 40.♖a1 ♔d8 41.♖a8+ ♗c8 42.♘c5 1-0

„Der alte Schachzauberer Lasker war in dieser historischen Begegnung der Siegreiche, und die psychologische Wirkung dieser brillanten Leistung hielt lange an. So war Capablanca der-maßen erschüttert, dass er in der nächsten Runde mit Weiß gegen Dr. Tarrasch verlor." (Kasparow)

02.06
Emanuel Lasker
Akiba Rubinstein
St. Petersburg 1914

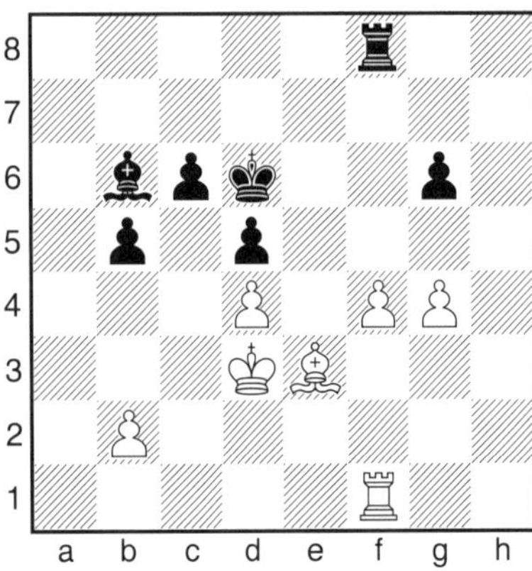

54...c5?

Häufig stellt die Abwicklung ins Turmendspiel die beste Methode zur Rettung in schlechter Stellung dar, aber das gegebene Beispiel bildet eine Ausnahme.

Ein besserer Ansatz besteht in der Turmaktivierung 54...♖h8 mit der möglichen Folge 55.f5 gxf5 56.gxf5 ♔e7 57.♗g5+ ♔f7 58.♖c1 ♖h3+ 59.♗e3 ♗d8 60.♖xc6 ♗g5 61.♖e6 b4 62.♔d2 ♖xe3 63.♖xe3 ♔f6 64.♔d3 ♗xe3 65.♔xe3 ♔xf5 66.♔f3 b3=.

55.dxc5+ ♗xc5 56.♗xc5+ ♔xc5 57.f5 gxf5 58.gxf5 ♖f6 59.♖f4 b4

Nun zeichnet sich bereits Zugzwang ab; so scheitert 59...d4 auf der Stelle an 60.♔e4.

60.b3 ♖f7 61.f6 ♔d6 62.♔d4 ♔e6

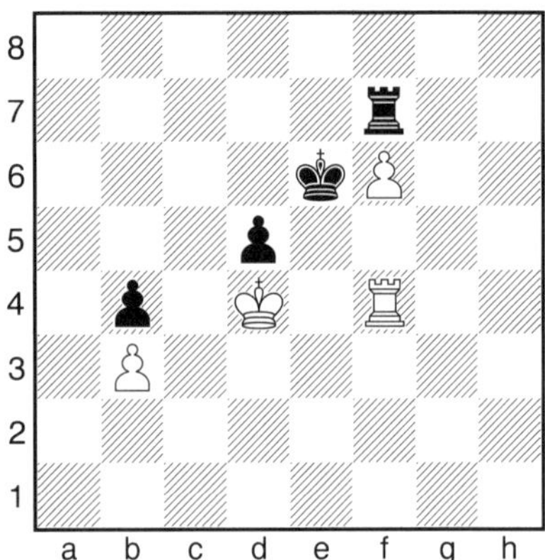

63.♖f2

Nun ist der Zugzwang perfekt. Der weiße Turm steht sehr stark hinter dem Freibauern, aber zwecks Gewinn muss er in Angriffsposition gebracht werden.

63...♔d6

63...♖xf6 64.♖xf6+ ♔xf6 65.♔xd5 führt natürlich zu einem leicht gewonnenen Bauernendspiel.

64.♖a2! ♖c7

64...♖xf6 65.♖a6+

65.♖a6+ ♔d7 66.♖b6 1-0

Den Rest wollte Rubinstein sich nicht mehr zeigen lassen; z.B. 66...♔e8 67.♔xd5 ♔f7 68.♖xb4 ♔xf6 69.♖e4 ♔f5 70.♖e1 ♖b7 71.♖f1+ ♔g6 72.♖b1 ♔f7 73.♔c6 ♖b8 74.b4.

Das letzte Beispiel ist sicher weniger bekannt als die beiden ersten, aber dennoch instruktiv.

02.07
Emanuel Lasker
Wilhelm Steinitz
Weltmeisterschaft 1894

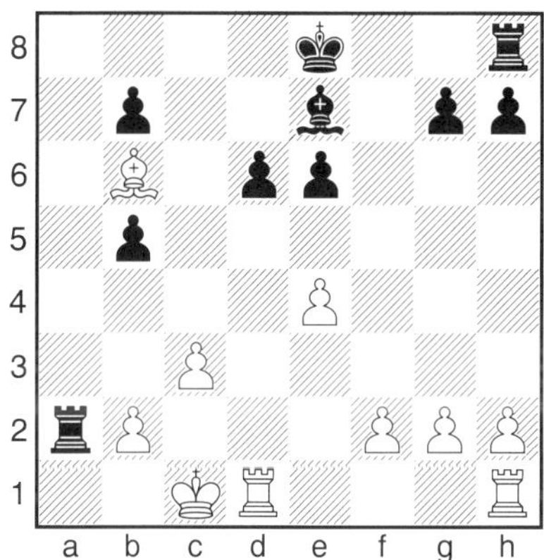

16...♔f7?!

Nach diesem zu langsamen Ansatz kann Weiß eine langfristige Initiative entfalten.

Aufgabe 3:

Welche aktivere Alternative hätte zum Ausgleich geführt?

(Lösung auf Seite 62)

17.♔c2 ♖ha8 18.♔b3 ♖2a4 19.f3 ♖8a6 20.♗d4 g6 21.♖d3 ♔e8 22.♖hd1 e5?!

Mit der Prophylaxe-Maßnahme 22...h5 hätten weiße Fortschritte am Königsflügel erschwert werden können.

23.♗e3 ♔d7 24.♗c5 ♖a1

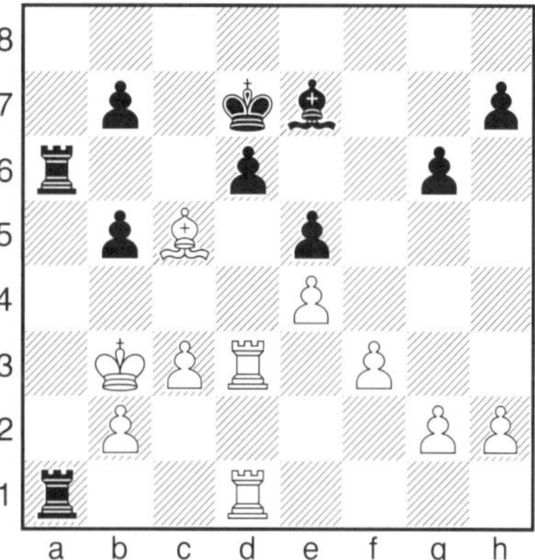

25.♖1d2!

Selbstredend werden beide Türme für den Angriff benötigt, und auf der weißen Grundreihe ist ohnehin nicht viel zu holen.

25...♔e6 26.♗a3 g5 27.♖d5 ♖b6 28.♔b4 g4! 29.♔a5 ♖a6+ 30.♔xb5

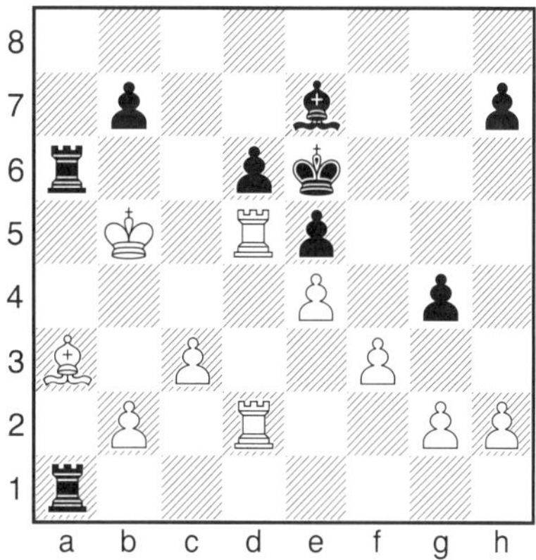

30...h5?

Nach diesem völlig sinnlosen Zug steht Schwarz augenblicklich auf Verlust.

Aufgabe 4:

Haben Sie einen besseren Vorschlag?

(Lösung auf Seite 62)

31.♖d1

31.fxg4!? hxg4 32.♖d1

31...♖xd1 32.♖xd1 gxf3 33.gxf3

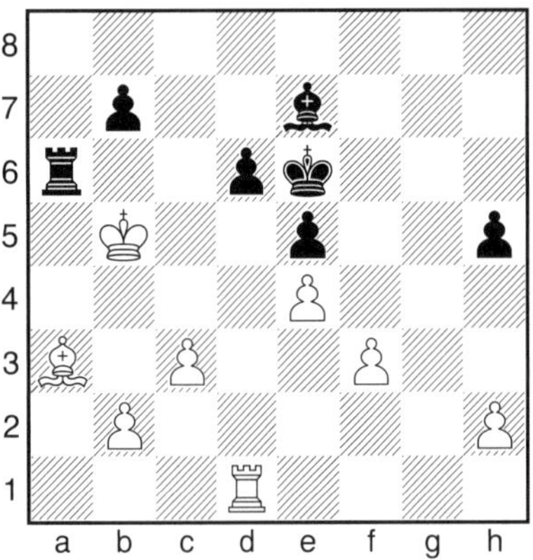

33...♖a8?

Dies gibt dem gegnerischen König freie Fahrt ins schwarze Lager.

Mit 33...h4 war deutlich mehr Widerstand zu leisten; z.B. 34.c4 ♖c6 35.♖g1 ♔f7 36.♗b4 ♗d8 usw.

34.♔b6 ♖g8 35.♔xb7 ♖g2 36.h4 ♖h2 37.♔c6 ♗xh4

Weiß ist auch nach 37...♖xh4 38.♗xd6 schneller; z.B. 38...♖h2 39.b4 ♖c2 40.♗xe7 ♔xe7 41.♖d7+ ♔e6 42.♖d3 h4 43.b5 h3 44.b6 h2 45.b7 h1♕ 46.b8♕.

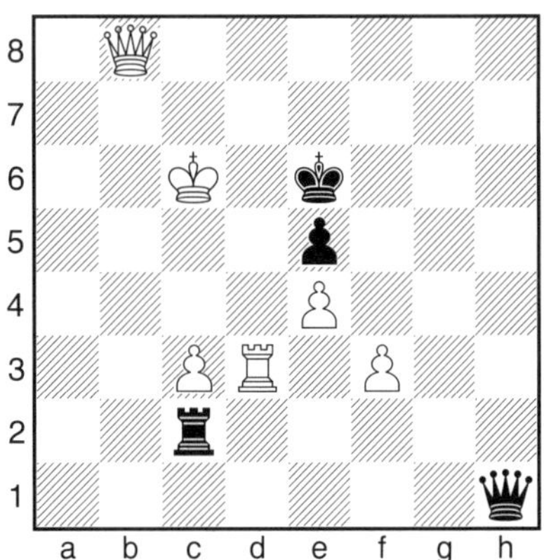

Im Gegensatz zu den beiden weißen Schwerfiguren haben die schwarzen kein einziges Schachgebot! – In der 4. Partiephase (mit neuen Damen auf dem Brett) gewinnt zumeist die Seite mit dem sicheren König – oder frei formuliert: Das erste Schach gewinnt!

Und da Lasker als Pragmatiker sehr weit und sehr genau rechnen kann, sind ihm solch weitreichende Varianten auf jeden Fall zuzutrauen.

38.♖xd6+ ♔f7 39.♔d5

39.c4!?

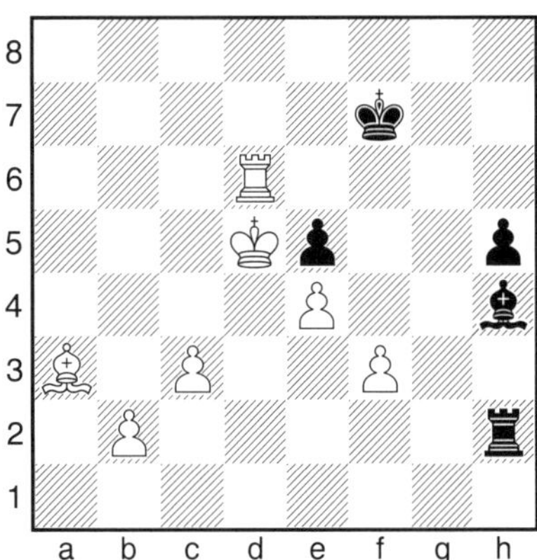

39...♗f6

39...♗g3 40.♖d7+ ♔g6 41.♔e6 ♖f2 42.♖f7 h4 43.♗f8 ♔g5 44.♖f5+ ♔g6 45.♖f6+ ♔h5 46.c4+−

1) 46...♗f4 47.♖f5+ ♔g6 48.♖f7 ♖xf3 49.c5

2) 46...♖xb2 47.♔f5 ♗f4 48.♖f7

40.♖d7+ ♔g6 41.♔e6 h4 42.♖d1 h3 43.♖g1+ ♖g2 44.♖xg2+ hxg2 45.♗c5

Lasker hat alles unter Kontrolle.

45...♗d8 46.b4 ♔g5 47.♔d7 ♗f6 48.b5 ♔f4 49.b6 1-0

Lösungen

A02.01

40.h4 ♔g4 41.♔g6!

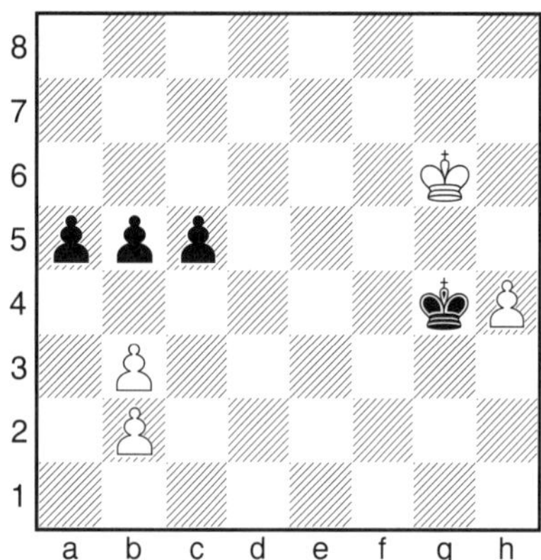

Nur nach dieser Feinheit kriegt der König (aufgrund der Drohung h4–h5) rechtzeitig die Kurve zu den gegnerischen Bauern, was nach 41.♔f6? c4 42.bxc4 bxc4 43.♔e5 c3 44.bxc3 a4 nicht der Fall gewesen wäre.

41...♔xh4 42.♔f5! ♔g3

42...c4 43.bxc4 bxc4 44.♔e4=

43.♔e4 ♔f2 44.♔d5 ♔e3 45.♔xc5 ♔d3 46.♔xb5 ♔c2 47.♔xa5 ♔xb3 ½-½

A02.02

52...♕c2+ 53.♔f3

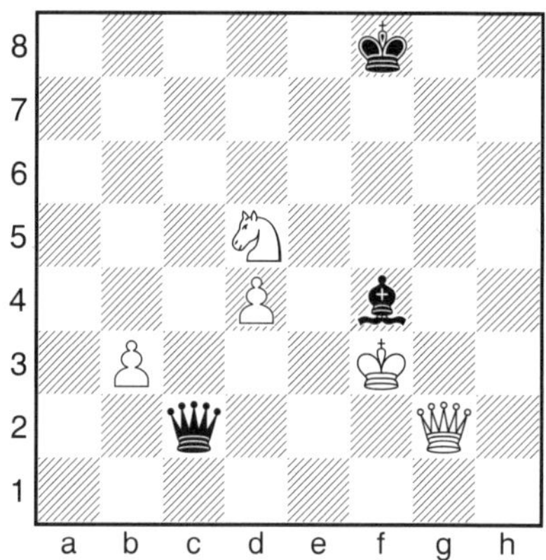

53...♗d2!

Nur dank dieser Pointe kann Schwarz das Gleichgewicht halten, wie ein Blick auf die Alternativen bestätigt.

1) 53...♕xb3+? 54.♔xf4 ♕b8+ 55.♔f3 ♕b3+ 56.♔g4 Δ56...♕d1+ 57.♕f3+

2) 53...♕d3+? 54.♔xf4 ♕xd4+ 55.♕e4 ♕d2+ ♕f3 bzw. 55...♕d2+ 56.♔f5 ♕f2+ 57.♕f4

In der Partie versucht Weiß noch sein Bestes, muss aber letztlich ins Remis einwilligen, weil sein König zu vielen Schachgeboten ausgesetzt ist.

54.♕f1 ♕xb3+ 55.♔e2+ ♔e8 56.♕f5

56.♘f6+ ♔e7 57.♔xd2 ♕a2+ 58.♔e3 ♕f7 59.♔e4 ♕e6+

56...♕c4+ 57.♔xd2 ♕xd4+ 58.♔e2 ♕c4+ 59.♔f2 ♕c5+ 60.♔g2 ♕d6 61.♔f3 ♔d8 62.♔e4 ♕e6+ ½-½

A02.03

112...♖a3!

Gegen die Drohung ♖h1# nimmt Lasker eine Stellung ein, die in der Endspieltheorie 'Széns Remisstellung' genannt wird (nach dem ungarischen Meister József Szén).

Nach dem falschen Ansatz 112...♔h3? und der Folge 113.♖g3+ ♔h4 114.♖d3 ♖b5 115.♖d8 ♔h3 116.♖d2 würde Schwarz hingegen verlieren.

113.♖g2 ♖b3 114.♖a2 ♖f3+ 115.♗f4 ♖b3 116.♖g2 ♖b5+ 117.♔e4 ♔h5 118.♗e5 ♔h4 119.♔f5 ♖b3 ½-½

A02.04

Hier lautet die entscheidende Frage: Was führt der gegnerische König im Schilde – und wie muss der eigene darauf reagieren?

Da der gegnerische König sich von hinten anzuschleichen plant – wie z.B. nach dem Fehler 99.♘b2? ♔e2 100.♔a3 ♔d2 101.♘c4+ ♔c1 102.♘b2 ♖h3 103.♘c4 b2+ bzw. 102.♘xe3 b2 – muss auch der eigene eine entsprechend andere Position anstreben.

99.♔a3! ♔e4

99...♔e2 100.♔b2 ♔d2 101.♘c5=

100.♔b4 ♔d4 101.♘b2 ♖h3 102.♘a4 ♔d3 103.♔xb3 ♔d4+ ½-½

Aufgabe 1

Nein – denn nach **66.♖a3+ ♔g4 67.♖xg3+ ♔xg3 68.h5 f4 69.h6 f3 70.h7 f2 71.h8♕ f1♕** kann Weiß mit dem Manöver **72.♕e5+ ♔h3 73.♕e3+** Damentausch erzwingen, weil auf jeden Königszug ein Schach auf e1 oder e3 folgt.

Aufgabe 2

Auch **57.♔f6!?** führt nach **57...a5 58.e5+ ♔d7** nicht zum Ziel.

1) 59.♔xg6 ♔e6 60.♔xh5 ♔xe5 61.♔g6 ♗b5! Δ♗e8+

2) 59.a4 g5! 60.hxg5 (60.♔xg5 ♔e6) **60...h4 61.g6 h3 62.♘e2!**

a) 62...♗xe2? 63.e6+ ♔c7 64.e7+– (64.g7? h2 65.g8♕ h1♕=) 64...h2 65.e8♕ h1♕ 66.♕xe2

b) 62...h2 63.♘g3 ♗d5 64.g7 ♗b3=

Aufgabe 3

Das geradezu aufdringliche Bauernopfer **16...b4!** mit der möglichen Folge **17.cxb4 ♗f6 18.♖he1 0–0 19.♖xd6 ♖c8+ 20.♗c5 ♖xb2 21.♖xe6 ♗d4** usw.

Aufgabe 4

Die Turmaktivierung **30...♖h1!?** hätte kräftiges Gegenspiel und somit bessere Ausgleichschancen geboten; z.B. **31.fxg4 ♖xh2 32.♖5d3 ♖h4 33.♖g3 ♗g5** usw.

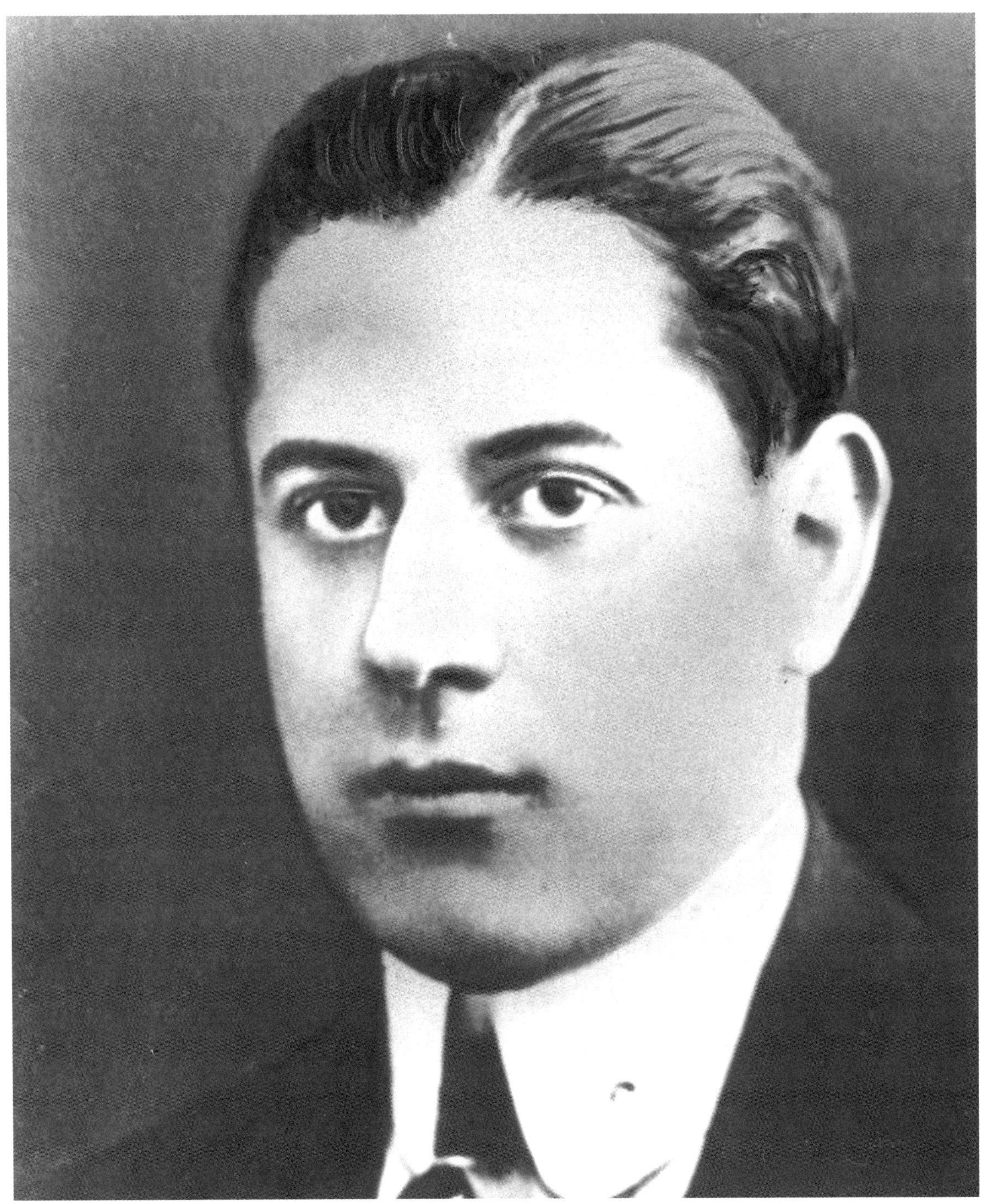

Der dritte Weltmeister – José Raúl Capablanca

José Raúl Capablanca y Graupera (19. 9. 1888 – 8. 3. 1942) galt als Wunderkind und erlernte das Schachspielen schon mit 4 Jahren. Ab 1913 stand der Kubaner offiziell im diplomatischen Dienst seines Landes, konnte sich aber de facto völlig dem Schach widmen. 1921 besiegte er Emanuel Lasker recht deutlich (+4 =10 –0) und behielt den WM–Titel bis 1927.

Als Spielertyp war er Reflektor (siehe auch 'Vorbemerkung 2' auf Seite 9) und als solcher sehr stark in strategischen Endspielen. Besonderen Wert legte er auf die Aktivität des Königs und somit auf den Faktor, den einige Autoren sogar zur Definition heranziehen, ab welchem Punkt man von einem *Endspiel* sprechen kann: Wenn die Lage auf dem Brett für die Könige so sicher ist, dass sie aktiv werden können (und dies im Prinzip auch *sollten*), ist das Partiestadium *Endspiel* erreicht.

Ich möchte mit Turmendspielen beginnen – und zwar mit einem sehr berühmten Klassiker, zu dem ich vor einigen Jahren ein langes Analyse-Duell mit dem rumänischen GM Mihail Marin hatte. Dies war zu einer Zeit, als wir bei der Analyse noch auf die Suche mit einer 'Sechssteiner Tablebase' eingeschränkt waren. Allerdings hing mein Gewinnbeweis (der auf einer Idee des russischen GM Igor Saizew beruht) ganz wesentlich von der Beurteilung einer Stellung mit *sieben* Steinen ab. Und in der Tat – und zu meinem Glück! – erwies er sich als korrekt, nachdem ich ihn mit einer später entwickelten 'Siebensteiner Tablebase' überprüfen konnte.

03.01
José Raúl Capablanca
Saviely Tartakower
New York 1924

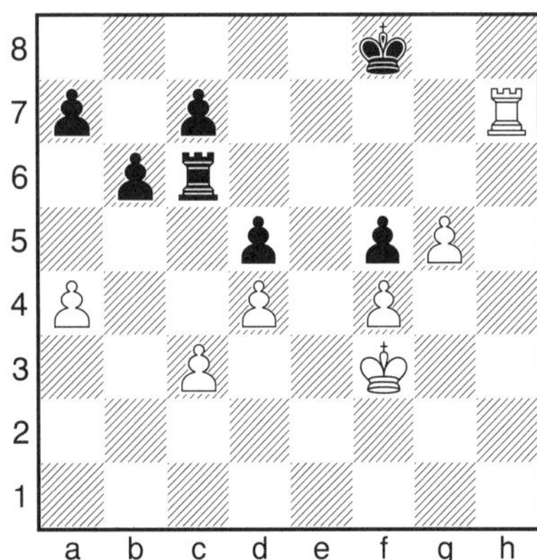

35.♔g3! ♖xc3+ 36.♔h4

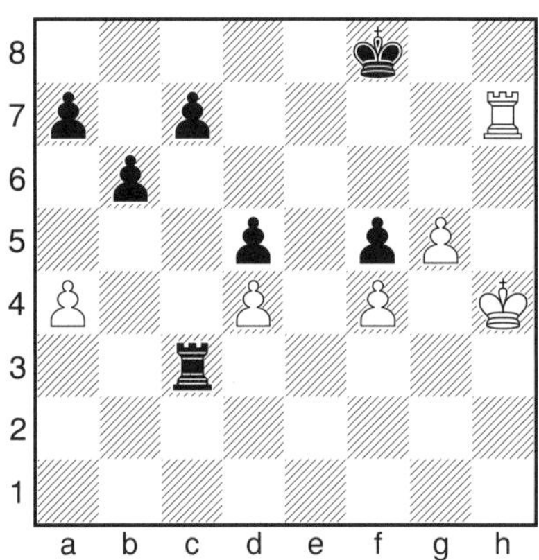

36...♖f3?!

Eine höchst menschliche Entscheidung: Schwarz gewinnt sehr schnell einen Bauern *mit Schach* und erhält dadurch *auch* einen Freibauern! – Tatsächlich ist es äußerst schwierig vorauszusehen, dass der f-Freibauer sich als harmlos herausstellt und dass stattdessen versucht werden musste, einen Freibauern *am Damenflügel* zu bilden.

Entsprechend besteht der kritische Test in 36...a6! (einem Vorschlag von GM Alexander Goldin). Nach 37.♔h5 ergeben sich folgende Varianten.

1) 37...♔g8 38.♖d7 b5 39.axb5 axb5 40.♖xd5 b4 41.♔h6 b3 42.g6 ♖h3+ 43.♔g5 ♖c3 44.♖b5 ♔g7 45.♔xf5 ♖h3 46.♖b7 ♖h5+ 47.♔e6+−

2) 37...b5 38.♔g6+−

a) 38...♔g8 39.♖g7+ ♔f8 40.♖f7+ ♔e8 (40...♔g8 41.♖f6) 41.axb5 axb5 42.♖xf5 b4 43.♖e5+ ♔d7 44.♔f6 b3 45.g6 b2 46.g7 b1♕ 47.g8♕

b) 38...b4 39.♖h8+ ♔e7 40.♔xf5 b3 41.♖b8

c) 38...bxa4 39.♔xf5 a3 40.♖h6 a2 41.♖xa6 ♖c2 42.♔e5 ♔f7 43.♔xd5 ♖e2 44.f5 ♖g2 45.♔e5 ♖e2+ 46.♔f4 ♖f2+ 47.♔e4 ♖g2 48.♖a7 ♖xg5 49.♖xa2

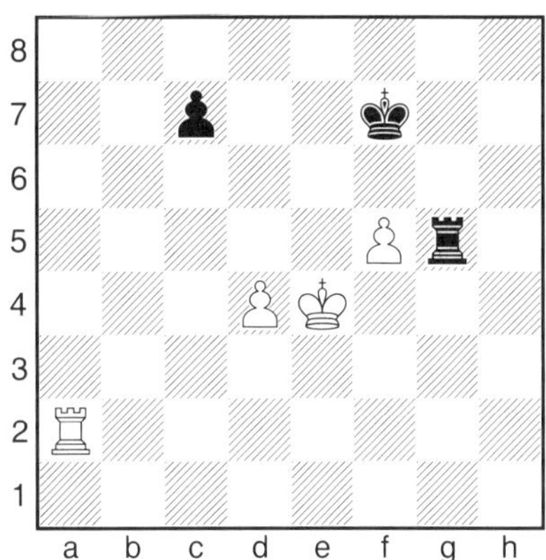

Und dies ist die besagte Stelle, an der die Tablebase nach 49...♔e7 den folgenden Gewinnweg angibt: 50.♖h2 ♖g1 51.♖h7+ ♔d6 52.♖h6+ ♔d7 53.♔d5 ♖c1 54.♖h7+ ♔e8 55.♔e6 ♖c6+ (55...♖e1+ 56.♔f6) 56.♔e5 ♖c1 57.♔f6 ♖c6+ 58.♔g7 ♔e7 59.♖h4 usw.

37.g6! ♖xf4+ 38.♔g5 ♖e4

38...♖xd4 39.♔f6 ♔g8 40.♖d7+−

39.♔f6

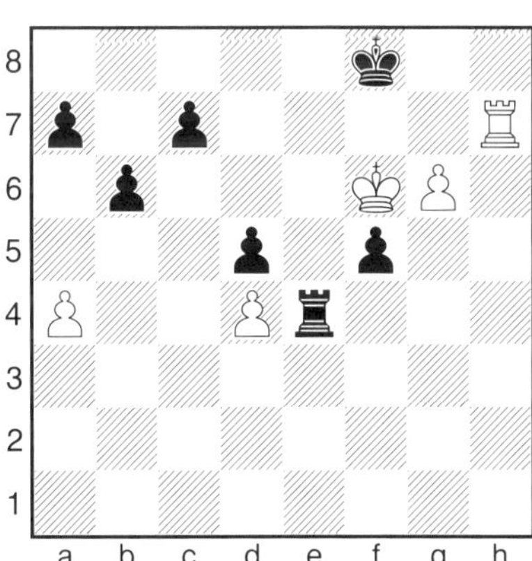

Ein Lehrbuchbeispiel für die Faustregel, dass das Zusammenkommen der Faktoren 'weit vorgedrungener Freibauer und König' auf der einen – sowie 'abgeschnittener König' auf der anderen Seite zu einer tödlichen Mattmaschine führen kann.

39...♔g8 40.♖g7+ ♔h8 41.♖xc7 ♖e8 42.♔xf5 ♖e4 43.♔f6 ♖f4+ 44.♔e5 ♖g4 45.g7+ ♔g8

45...♖xg7 46.♖xg7 ♔xg7 47.♔xd5 ♔f7 48.♔c6+−

46.♖xa7 ♖g1 47.♔xd5 ♖c1 48.♔d6 ♖c2 49.d5 ♖c1 50.♖c7 ♖a1 51.♔c6 ♖xa4 52.d6 1-0

Auch das folgende Beispiel ist ein echter Klassiker zum Thema '3 Bauern gegen 2 an einem Flügel'.

03.02
José Raúl Capablanca
Frederick Yates
Hastings 1930

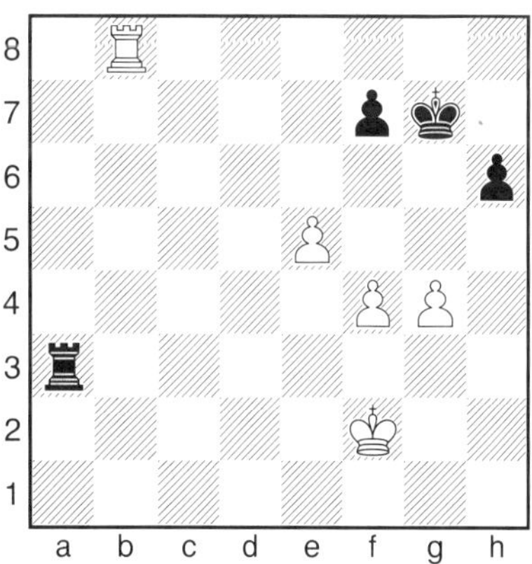

Unter anderen Umständen könnte Weiß angesichts seines abgeschnittenen Königs nur mühsam vorankommen, aber in der gegebenen Stellung kann er die Beengtheit des *gegnerischen* Königs zu einem siegreichen Durchbruch nutzen.

66.f5! ♖a2+

Nun muss Schwarz sich auf Störschachs verlegen.

Aufgabe 1

Wie würde Weiß nach 66...♖a5 gewinnen? (Lösung siehe Seite 85)

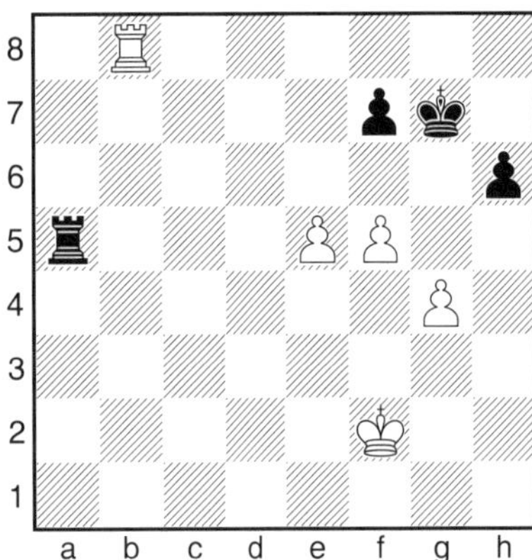

67.♔e3 ♖a3+ 68.♔e4 ♖a4+

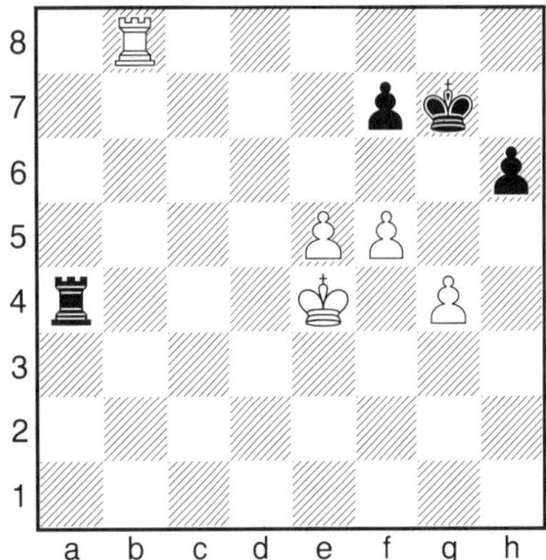

69.♔d5+−

Natürlich kann es nur aktiv weitergehen!

69...♖a5+

69...♖xg4 70.f6+ ♔h7 71.♖f8 Δ71...♔g6 72.♖g8+ usw.

70.♔d6 ♖a6+ 71.♔c7

Die Stellung ist bereits nebenlösig; so gewinnt hier auch 71.♔d7 ♖a7+ 72.♔e8 usw.

71...♔h7

71...♖a5 72.f6+ ♔h7 73.♖e8

72.♔d7 ♖a7+ 73.♔d6 ♔g7

73...♖a6+ 74.♔e7 ♖a7+ 75.♔f6

74.♖d8 ♖a5

74...♖a6+ 75.♔e7 ♖a7+ 76.♖d7 ♖a8 77.e6 fxe6 78.♔xe6+ ♔g8 79.f6 ♖a6+ 80.♖d6 ♖a8 81.♖b6 ♖c8 82.♖b5 ♖c6+ 83.♔f5 ♖c4

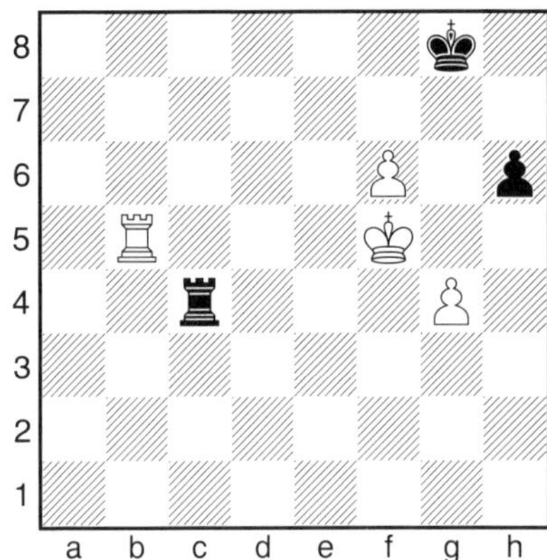

84.g5

Die Bildung eines sogenannten 'Regenschirms' ist eine Standardtechnik, um den aktiven König vor dem sonst möglichen 'Regen von Turmschachs' zu schützen. Nach 84...hxg5 85.♔g6 ist der König absolut sicher und Weiß gewinnt mühelos: 85...♖c8 86.♖b7 g4 87.♖g7+ ♔f8 88.♖h7 ♔e8 89.♖h8+ usw.

75.f6+ ♔h7 76.♖f8 ♖a7 77.♔c6 ♔g6 78.♖g8+ ♔h7 79.♖g7+ ♔h8 80.♔b6 ♖d7 81.♔c5 ♖c7+ 82.♔d6 ♖a7 83.e6 ♖a6+ 84.♔e7 ♖xe6+

84...fxe6 85.f7 ♔xg7 86.f8♕+

85.♔xf7 ♖e4 86.g5 hxg5 87.♔g6 1-0

Im folgenden Fall hätte Weiß sich noch retten können.

03.03
Oldrich Duras
José Raúl Capablanca
New York 1913

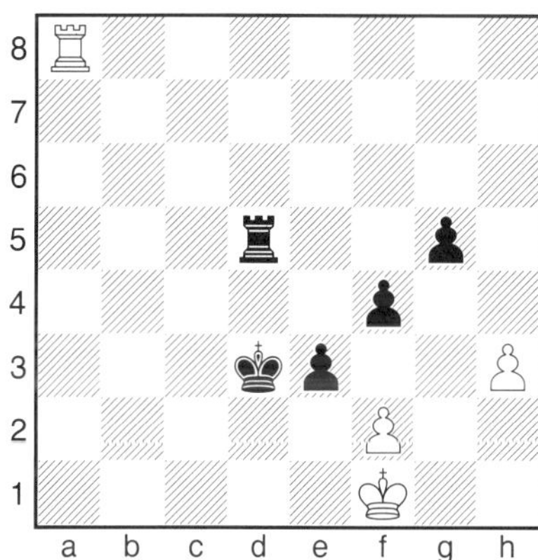

65.♖a3+?

Danach wird der schwarze König entscheidend eindringen und auf f3 (bzw. später auf g3) ein sicheres Plätzchen finden.

Hingegen hätte er nach 65.♖e8!= nicht effektiv eingreifen können, wie die folgenden Varianten zeigen.

- 65...♔d2 66.♖e7
- 65...♖d4 66.fxe3 fxe3 67.♔e1
- 65...♖a5 66.fxe3 fxe3 67.♖e8+
- 65...exf2 66.♔xf2 ♖a5 67.♔f3 ♔d4 68.h4 ♖a3+ 69.♔g4 ♖g3+ 70.♔f5 f3 71.hxg5 f2 72.♖e4+ ♔d3 73.♖f4 ♔e2 74.♖xf2+ ♔xf2 g6

65...♔e4!-+ 66.fxe3

66.♖a4+ ♔f3

66...f3!

Nach dieser (zum letzten Beispiel analogen) Pointe wird der König einen sicheren Unterschlupf auf g3 finden.

Ganz anders nach dem Fehler 66...fxe3? und der möglichen Folge 67.♖a8

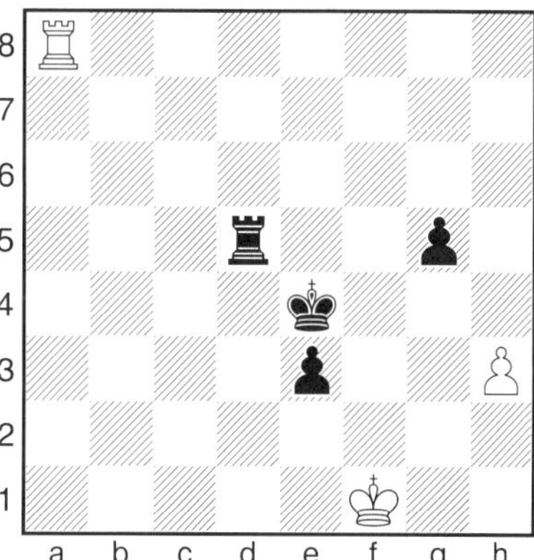

Nun kann der schwarze König nirgends Schutz vor dem Regen der Turmschachs finden; z.B. 67...♖f5+ 68.♔e2 ♖f2+ 69.♔e1 ♖h2 70.♖e8+ ♔f3 71.♖f8+ ♔g3 72.♖g8 usw.

67.♔g1 ♖d3 68.♖a8

68.♖xd3 ♔xd3 69.♔f2 ♔e4-+ 70.♔f1 ♔xe3 71.♔e1 f2+ 72.♔f1 ♔f3

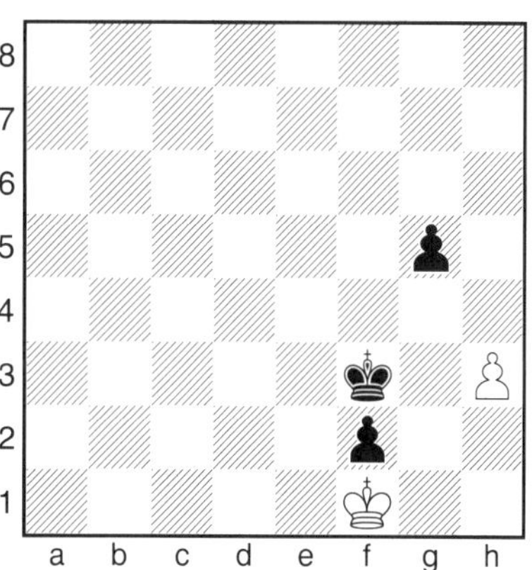

Diese Gewinntechnik wird 'Pseudo-Patt' genannt: 73.h4 g4 74.h5 g3 75.h6 g2#.

68...♔xe3 69.♖e8+

69.♖a1 ♖d4 70.♖b1 ♔f4 71.♖b5 g4

Noch einmal das typische Verfahren 'Regenschirm'!

72.hxg4 ♔g3 73.♖b1 ♖d2 74.g5 ♖g2+ 75.♔f1 ♖h2 76.♔g1 f2+ 77.♔f1 ♖h1+

69...♔f4 70.♖g8 ♖d1+ 71.♔f2

71.♔h2 f2 72.♖f8+ ♔e3 73.♖e8+ ♔d2 74.♖d8+ ♔c2 75.♖c8+ ♔b3

71...♖d2+ 72.♔f1 ♖h2 73.♔g1 ♖xh3 74.♖g7 g4 75.♖g8 ♔g3 0-1

Bei dem folgenden Beispiel setze ich kurz vor Erreichen des Turmendspiels ein.

03.04
José Raúl Capablanca
Boris Kostic
Havanna 1919

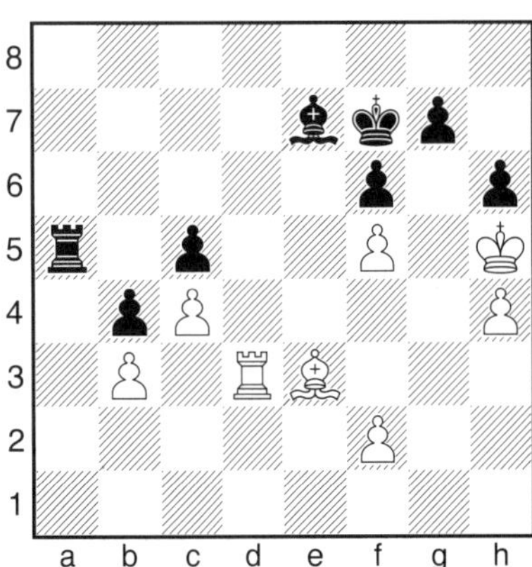

Zunächst führt Weiß mittels Zugzwang ein Turmendspiel herbei und gewinnt dann aufgrund seines aktiven Königs.

63.♖d5! ♖a3

Auch in anderen Varianten setzt Weiß sich ziemlich mühelos durch; z.B. 63...♖a2 64.♗xc5 ♗xc5 65.♖xc5 ♖xf2 66.♖c7+ ♔f8 67.♔g6 ♖g2+ 68.♔h7 ♖g3 69.c5 ♖xb3 70.♖xg7 ♖c3 71.♖c7 b3 72.♔g6 usw.

64.♗xc5 ♗xc5

64...♔e8 65.♗xe7 ♔xe7 66.♔g6 ♖xb3 67.♖b5+-

65.♖xc5 ♖xb3

65...♔e7 66.♖c7+ ♔d6 67.♖xg7 ♖xb3 68.♔xh6+-

66.♖c7+ ♔f8 67.♔g6

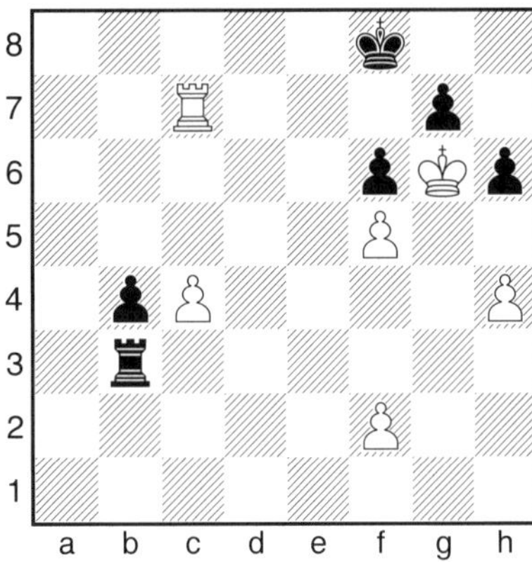

Der König kann nicht vertrieben werden.

67...♖f3 68.♖f7+ ♔e8 69.♖xg7 ♖f4

69...♖xf2 70.♖b7 ♖f4 71.c5 ♖xh4 72.♔xf6 ♖c4 73.♔e6 ♔d8 74.f6 ♔c8 75.f7+-

70.h5 ♖xc4

Hier ein Blick auf zwei andere Verlustvarianten.

1) 70...♔d8 71.♖b7 ♖xc4 72.♔xh6 ♖g4 73.f4 ♖xf4 74.♔g6

2) 70...♖g4+ 71.♔xh6 ♖xg7 72.♔xg7 b3 73.h6 b2 74.h7 b1♕ 75.h8♕+

71.♔xh6 ♔f8 72.♖b7 ♖g4 73.f3 ♖g5 74.♖xb4 ♔f7

74...♖g3 75.f4 ♖g4 76.♖b8+ ♔f7 77.♖b7+ ♔g8 78.♖a7 ♔f8 79.♔h7 ♖g1 80.h6 ♖g4 81.♖g7 ♖xf4 82.♔g6+-

75.♖g4 ♖xf5 76.f4 ♖a5 77.♖g7+ ♔f8 78.♖b7 f5 79.♔g6 ♖a6+ 80.♔xf5

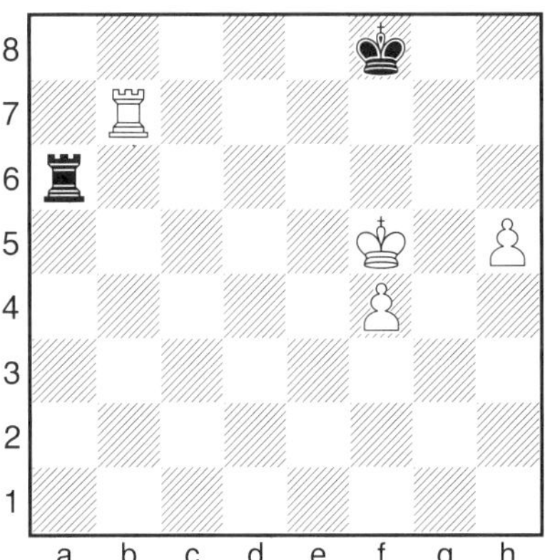

Das Turmendspiel mit h- und f-Bauer ist bei guter Postierung der verteidigenden Figuren remis. Wenn jedoch der König auf der 8. (bzw. der 1.) Reihe abgesperrt ist, gewinnt der Angreifer in der Regel. Und genau dies demonstriert Capablanca in diesem Beispiel so mustergültig, dass es sogar in einigen Lehrbüchern zur Veranschaulichung verwendet wird.

80...♖a5+ 81.♔g4 ♖a6

81...♖c5 82.f5 ♖c1 83.♔g5 ♔g8 84.♔g6 ♖g1+ 85.♔f6 ♖a1 86.♖b8+ ♔h7 87.♖e8 ♖f1 88.♔e6 ♔g7 89.h6+ ♔xh6 90.f6 ♖e1+ 91.♔f7 ♖a1 92.♔f8 ♔g6 93.f7 ♖a7 94.♖e6+ ♔h7 95.♖f6 ♖a8+ 96.♔e7+-

82.♔g5 ♖c6

82...♖a1 83.f5 ♖g1+ 84.♔f6 ♔g8 85.♖b8+ ♔h7 86.♔e6 ♖e1+ 87.♔f7 ♖a1 88.f6 ♖a7+ 89.♔f8+-

83.f5 ♔g8 84.f6 ♖c8

84...♖c1 85.♖g7+ ♔h8 86.♔g6 ♖g1+ 87.♔f7 ♖a1 88.♖g2 ♔h7 89.♖e2 ♖a8 90.♔e7 ♖a7+ 91.♔f8 ♖a8+ 92.♖e8 ♖a1 93.f7 ♖a7 94.♖e6 ♖a8+ 95.♔e7 ♖a7+ 96.♔f6 ♖a8 97.♖e8+-

85.♖g7+ ♔f8 86.h6 1-0

Natürlich kann Königs*aktivität* auch im Doppelturm-Endspiel eine wichtige Rolle spielen. Da diese allerdings wegen des größeren Mattpotenzials noch etwas mehr Mittelspielcharakter haben, fällt auch die Königs*sicherheit* noch stark ins Gewicht.

03.05
Ilja Abramowitsch Kan
José Raúl Capablanca
Moskau 1936

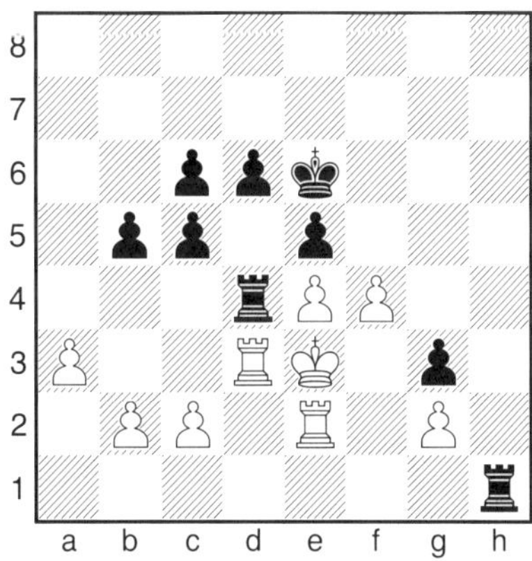

42...♖f1!-+

Dies hält nicht nur den weißen König vom Bauern g3 fern, sondern erzwingt auch die Klärung der Lage im Zentrum, so dass der schwarze König entsprechend eingesetzt werden kann.

43.f5+

Weiß setzt auf die Kraft eines gedeckten Freibauern.

Auch nach 43.fxe5 ♔xe5 44.♔d2 c4 45.♖xd4 ♔xd4 46.c3+ ♔e5 Δ♖f4 entscheidet der aktive schwarze König den Tag. So kann 47.♔e3 sogar mit 47...♖f2 Δ48.♖xf2 gxf2 49.♔xf2 ♔xe4 50.g3 d5 usw. beantwortet werden.

43...♔f6

In der gegebenen Stellung ist der König ein sehr guter Blockeur.

44.c3 ♖xd3+ 45.♔xd3 d5 46.b3 c4+ 47.bxc4 bxc4+ 48.♔e3 ♖a1 49.♔f3 ♖xa3 50.♔xg3 ♖xc3+ 51.♔h4 ♖c1 52.g4 ♖h1+ 53.♔g3 d4

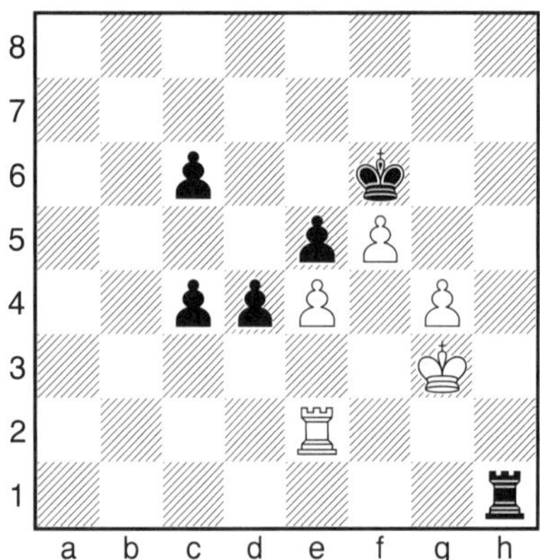

Nun wird Weiß von den schwarzen Bauern überrollt, während die eigenen vom schwarzen König kontrolliert werden.

54.♖a2 d3 55.♔g2 ♖e1 56.♔f2 ♖xe4 57.♔f3 0-1

Angesichts der Folge 57...♖d4 58.♖a6 d2 59.♖xc6+ ♔e7 (59...♔g5?? 60.♖g6+ =) 60.f6+ ♔d7.

Aufgaben zum Thema ‘aktiver König’

(Lösungen ab Seite 82)

A03.01***
José Raúl Capablanca
Kalantarow
St. Petersburg 1913 (Simultan)

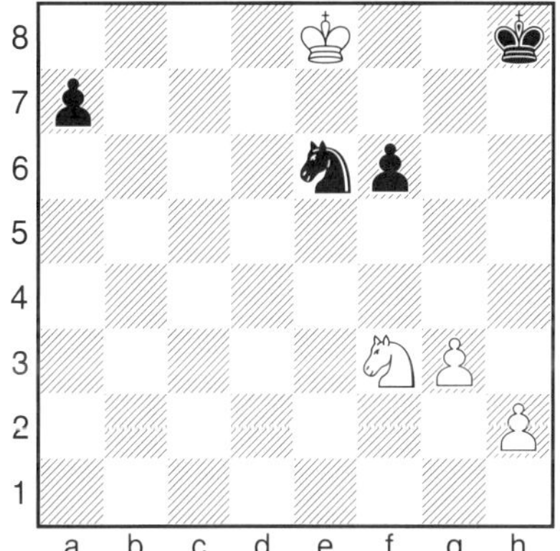

Ist 1.♔f7 ein guter Gewinnversuch?

A03.02
Juan Corzo y Prinzipe
José Raúl Capablanca
Havanna 1901

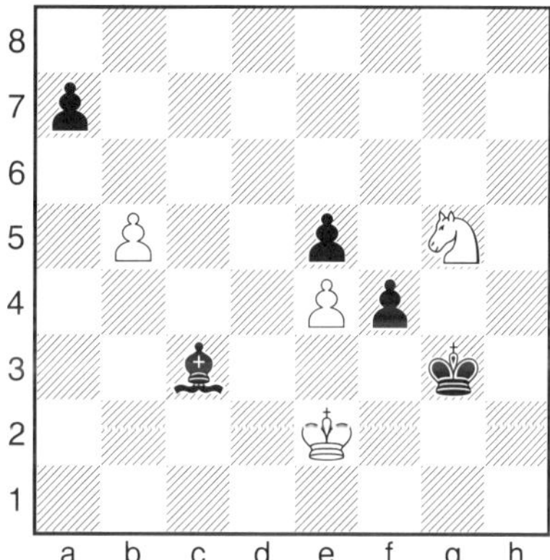

Wie überwand Schwarz die Blockade?

A03.03
Juan Blanco Jimenez
José Raúl Capablanca
Havanna 1901

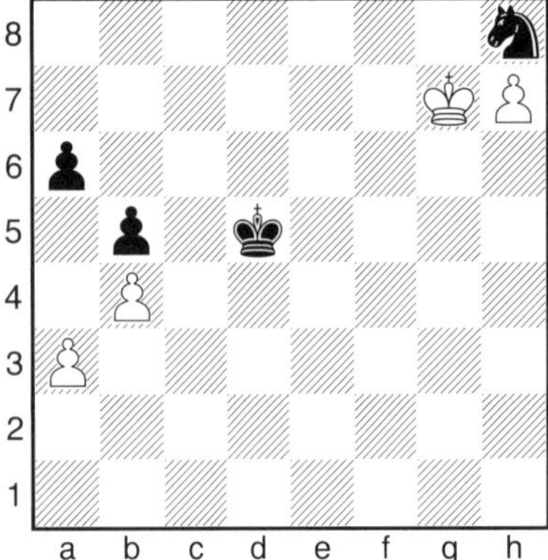

Was spielte Schwarz und wie ging die Partie aus?

A03.04
José Raúl Capablanca
L. McCudden
New York 1915 (Freie Partie)

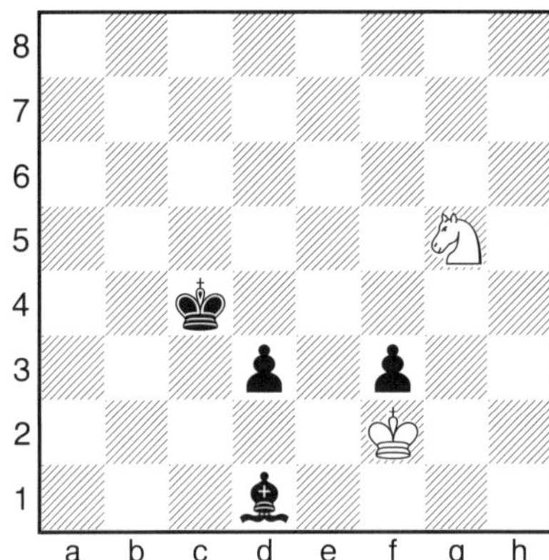

Weiß zieht und hält remis

Beim ersten der folgenden drei Klassiker setze ich etwas früher ein. Er stammt aus dem WM-Kampf, in dem der Kubaner sich mit +4 −0 =10 klar durchsetzte.

03.06
Emanuel Lasker
José Raúl Capablanca
Havanna 1921

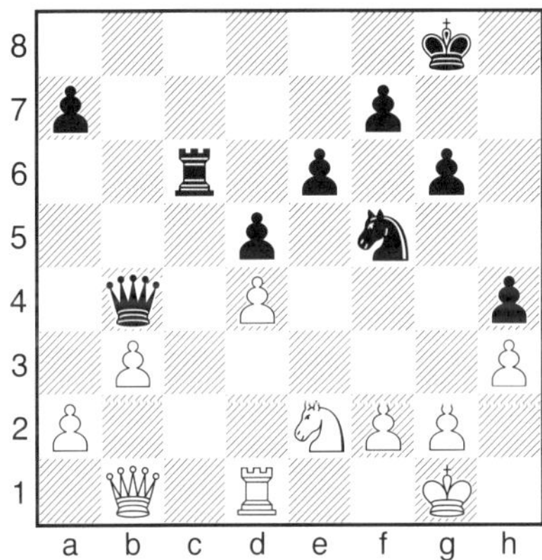

Schwarz steht deutlich aktiver und hat eine Bauerninsel weniger.

31...a5!?

Der typische Minoritätsangriff dient der Abschaffung des a-Bauern, weil Schwarz sich dann nur noch um eine einzige Bauerninsel kümmern muss, während der Gegner nach wie vor drei zu versorgen hat. Der ganze Ansatz zielt selbstredend schon auf das kommende Endspiel ab.

Übrigens konnte Schwarz mit 31...♕a5 32.♖d3 ♕c7 auch die Verwertung seines Vorteils im *Mittelspiel* anstreben.

32.♕b2 a4 33.♕d2 ♕xd2 34.♖xd2 axb3 35.axb3

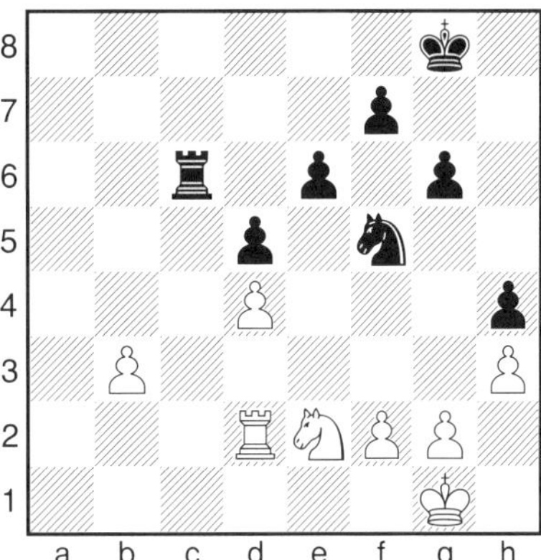

Im Endspiel 'Turm + Springer gegen Turm + Springer' lautet eine der wichtigsten Faustregeln pointiert formuliert: Eine leichte Initiative wiegt schwer! – Insgesamt gesehen bietet die Stellung also keine guten Vorzeichen für Lasker, während sie den Stärken eines Reflektors vom Schlage Capablancas sehr entgegenkommt.

35...♖b6 36.♖d3 ♖a6 37.g4

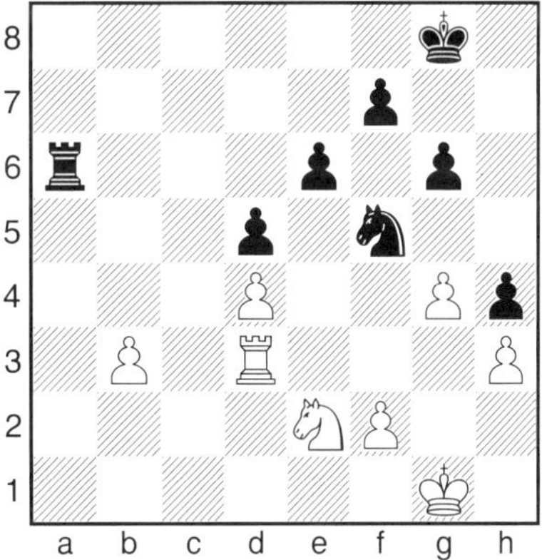

37...hxg3?!

Es war besser, das aufgrund der Einengung durch den h-Bauern gegebene Angriffspotenzial auf dem Brett zu halten. Entsprechend sollte 37...♘d6!? zu einer annähernden Gewinnstellung führen, während ein Urteil nach dem Textzug weniger klar ist.

38.fxg3 ♖a2

39.♘d6!?

39.♘c3 ♖c2 40.♘d1 ♘e7 41.♘c3 ♖c1+ 42.♔f2 ♘c6

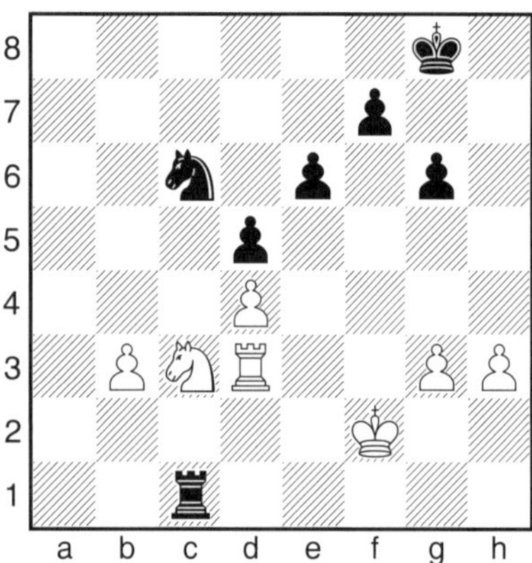

43.♘d1?

Lasker bricht unter dem anhaltenden Druck zusammen. Hingegen bot 43.♘e2! ♖b1 44.h4 weiterhin gute Remischancen.

43...♖b1

Nach dem noch besseren 43...♘b4!? 44.♖d2 ♖b1 45.♘b2 zeichnet sich siegreicher Zugzwang ab.

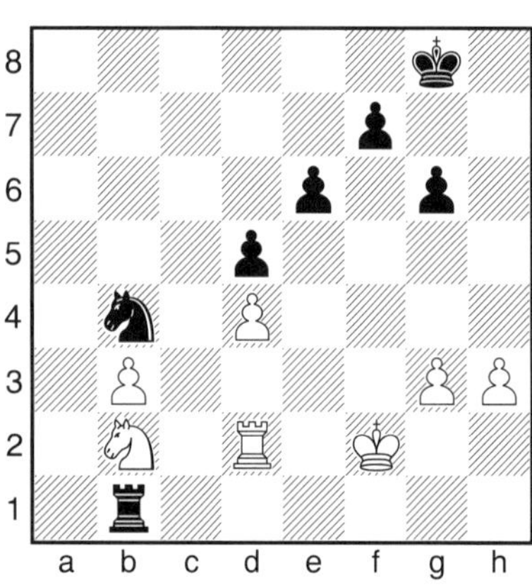

Aufgabe 2

Kann Schwarz hier unmittelbar taktisch durchdringen? (Lösung auf Seite 85)

44.♔e2?

Nach mehreren Ungenauigkeiten unterläuft Lasker ein echter Fehler, der zu Bauernverlust und einer sofortigen Verluststellung führt.

Zwar hätte Weiß auch nach dem besseren 44.♔e1 ♘a5 45.♔d2 ♖xb3 46.♖xb3 ♘xb3+ einen Bauern verloren, aber ohne Türme auf dem Brett wäre ein Gewinn wesentlich schwerer nachzuweisen; z.B. 47.♔c3 ♘a5 48.h4 ♔h7 49.♘f2 g5! 50.hxg5 ♔g6 51.♘h3 ♔f5.

44...♖xb3 45.**♔e3 ♖b4!?**

Capablanca behält den langschrittigen und aktiven Turm, obwohl auch 45...♖xd3+ 46.♔xd3 ♔g7 gewinnt.

46.♘c3 ♘e7 47.♘e2

47.g4 g5 48.♘e2 ♔g7 49.♖c3 ♖b2 50.♖c7 ♘g6 51.♖c3 ♘h4

47...♘f5+ 48.♔f2 g5 49.g4 ♘d6 50.♘g1 ♘e4+ 51.♔f1 ♖b1+ 52.♔g2 ♖b2+ 53.♔f1 ♖f2+ 54.♔e1 ♖a2 55.♔f1

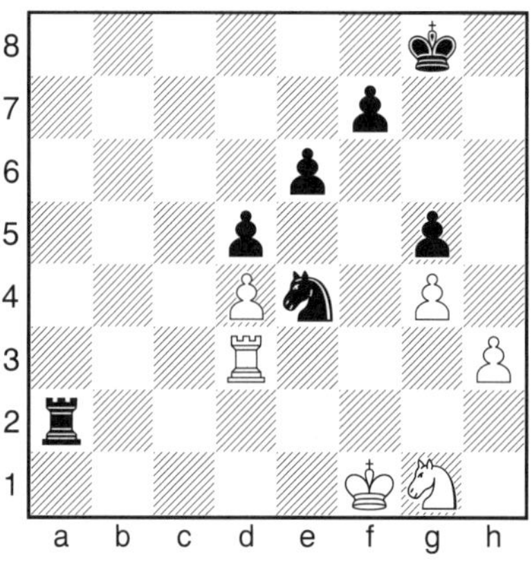

Nun fehlt nur noch der König, dessen aktives Eingreifen die Entscheidung bringen wird.

55...♔g7 56.♖e3 ♔g6 57.♖d3 f6 58.♖e3 ♔f7

59.♖d3 ♔e7 60.♖e3 ♔d6 61.♖d3 ♖f2+ 62.♔e1 ♖g2 63.♔f1

63.♘e2 f5 64.♔f1 ♖f2+ 65.♔e1 ♖h2 66.♘g1 ♔c7 67.♖e3 f4 68.♖d3 ♔b6 69.♔f1 ♔b5

63...♖a2 64.♖e3 e5 65.♖d3 exd4 66.♖xd4 ♔c5 67.♖d1 d4 68.♖c1+ ♔d5 0-1

Im zweiten Klassiker geht es darum, dass bei der sicheren Vorteilsverwertung nichts übereilt werden darf.

03.07
José Raúl Capablanca
Wjatscheslaw Ragosin
Moskau 1936

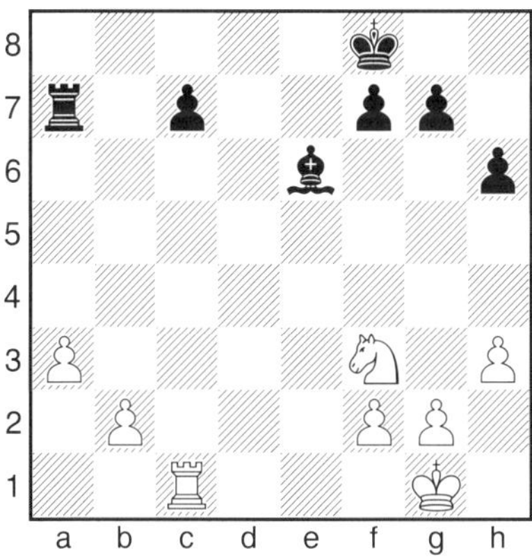

33.♘d4

Aufgabe 3

Wie ist die Alternative 33.b4 zu bewerten? (Lösung auf Seite 85)

33...♖b7

33...♗d7!? 34.♔f1 ♔e7 35.♖c3 Δb4

34.b4

34.♘xe6 fxe6 35.b4 nebst Verlegung des Königs zum Damenflügel sollte auch gewinnen, aber Capablanca hat offenbar Vergnügen daran, die Stellung nebenlösig zu halten.

34...♗d7 35.f4 ♔e7 36.♔f2 ♖a7 37.♖c3 ♔d6 38.♖d3 ♔e7 39.♔e3

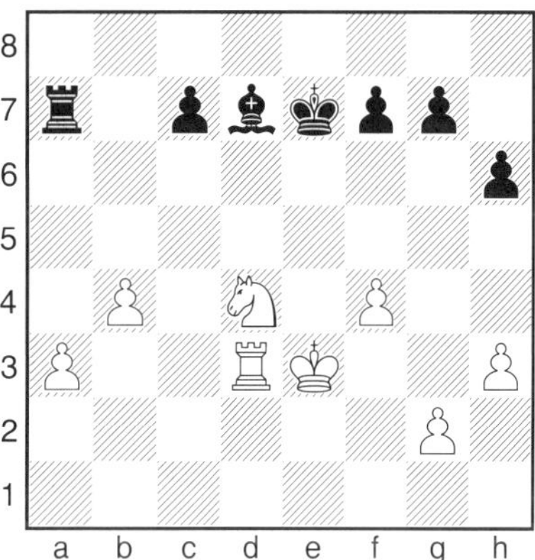

Nachdem Capablanca alle Kräfte herangeführt hat, ist die erste Gewinnphase abgeschlossen. Als nächstes sollte es an einem Flügel weitergehen, wobei dies angesichts der Bauernmehrheit am Damenflügel naheliegend ist.

39...♖a4 40.♖c3 ♔d6 41.♖d3 ♔e7 42.♖c3

Capablanca wiederholt die Züge, um zu zeigen, wer Chef im Ring ist.

42...♔d6 43.♘e2 g6 44.♖d3+ ♔e6 45.♔d4?

Hier jedoch übertreibt Capablanca seine Leichtfertigkeit und übersieht einen ziemlich einfachen Konter.

Nach dem systematischen Vorgehen 45.g4 ♖a6 46.♘d4+ ♔e7 47.♔e4 wäre er nach wie vor auf Gewinnkurs.

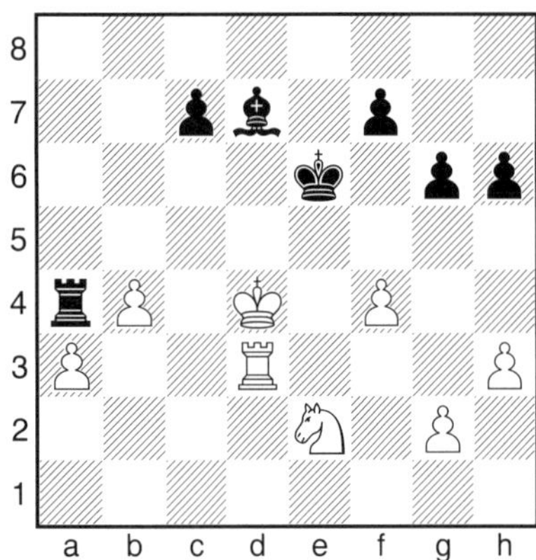

45...♖a6?

Aufgabe 4

Welche Ausgleichschance lässt Schwarz hier ungenutzt?

(Lösung auf Seite 85)

46.♖e3+ ♔d6 47.♘c3 f5

Diesen antipositionellen Zug, der ja den gesamten Königsflügel ‘verkauft’, hat Ragosin sicher nicht gerne gemacht, aber guter Rat war ohnehin teuer. So macht Weiß auch nach beispielsweise 47...♖a8 48.♘e4+ ♔c6 49.♘c5 ♔d6 50.♔c4 und der möglichen Fortsetzung 50...♗c6 51.♖d3+ ♔e7 52.g3 nebst b5, a4 usw. rasante Fortschritte am Damenflügel.

48.b5 ♖a8 49.♔c4

49.a4 Δ49...c6 50.b6! ♖a6? 51.a5

49...♗e6+ 50.♔b4

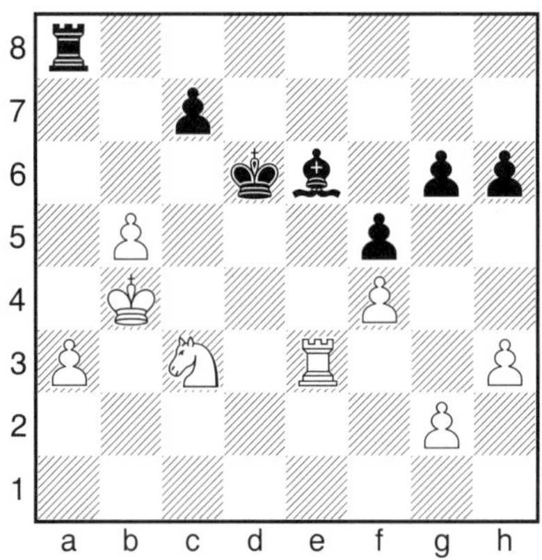

50...c5+!?

Schwarz versucht dem Gang der Dinge eine dynamische Wendung zu geben, aber das hilft letztlich auch nicht.

Weitere Passivität mit 50...♖b8 ist noch trostloser; z.B. 51.♖d3+ ♔e7 52.♔c5 ♖a8 53.a4 g5 54.♔b4 gxf4 55.♘e2.

51.bxc6 ♗g8 52.♘b5+ ♔xc6 53.♖d3 g5

Das verliert einen Bauern, aber Schwarz ist ohnehin verloren.

54.♖d6+ ♔b7 55.fxg5 hxg5 56.♖g6 ♖f8 57.♖xg5 f4 58.♘d4 ♖c8 59.♖g7+ ♔b6 60.♖g6+ ♔b7 61.♘b5 ♖f8 62.♘d6+ ♔b8 63.h4 1-0

Im dritten Klassiker (aus dem WM-Kampf gegen Aljechin) verwertet Capablanca seinen Vorteil dann doch wieder souverän.

03.08
José Raúl Capablanca
Alexander Aljechin
Buenos Aires 1927

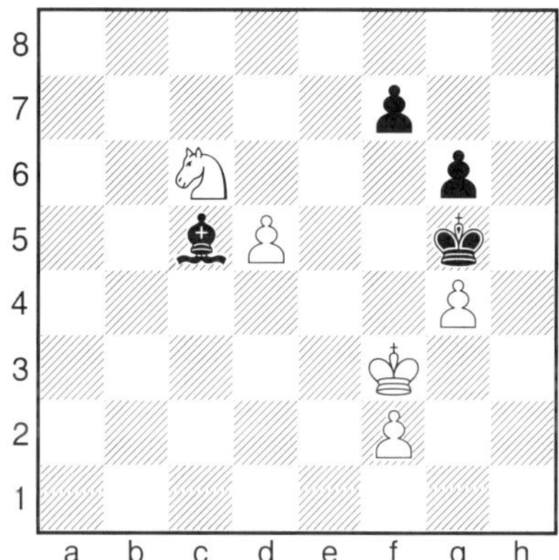

56.♘e5!+−

Mit einfachen taktischen Mitteln wird dem König der Weg zum Zentrum verbaut.

56...♗d4

Nach 56...♗a3 (56...f5 57.d6 fxg4+ 58.♔g2) gewinnt 57.d6 ♔f6 58.d7 ♔e7 59.♘xf7 ♔xd7 60.♘e5+ ♔e6 61.♘xg6 usw.

57.♘xf7+ ♔f6

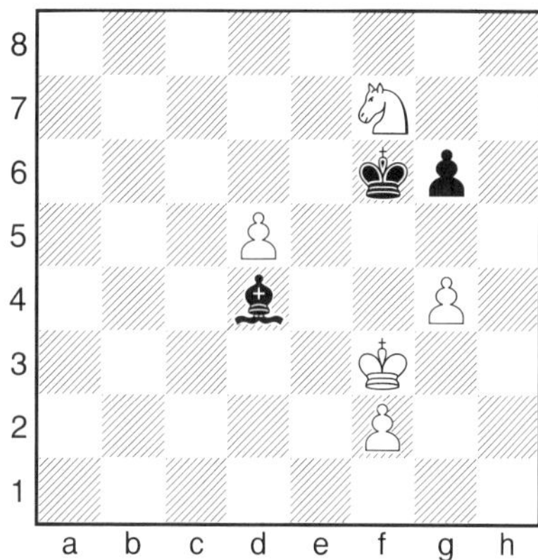

58.♘d8!

Erneut setzt Weiß einfache taktische Mittel ein, um dem König Zutritt zu den Feldern e5 und e7 zu verwehren.

58...♗b6 59.♘c6 ♗c5 60.♔f4

Natürlich reichte auch 60.♔g3, aber der f-Bauer ist zum Gewinn nicht mehr nötig.

60...♗xf2

60...g5+ 61.♔f3

61.g5+ ♔f7 62.♘e5+ ♔e7 63.♘xg6+ ♔d6 64.♔e4 ♗g3 65.♘f4 ♔e7 66.♔e5 ♗e1 67.d6+ ♔d7 68.g6 ♗b4 69.♔d5 ♔e8 70.d7+ 1-0

Aufgaben zum Thema 'Maschine oder Virtuose?'

(Lösungen ab Seite 82)

A03.05
Aaron Nimzowitsch
José Raúl Capablanca
Riga 1913

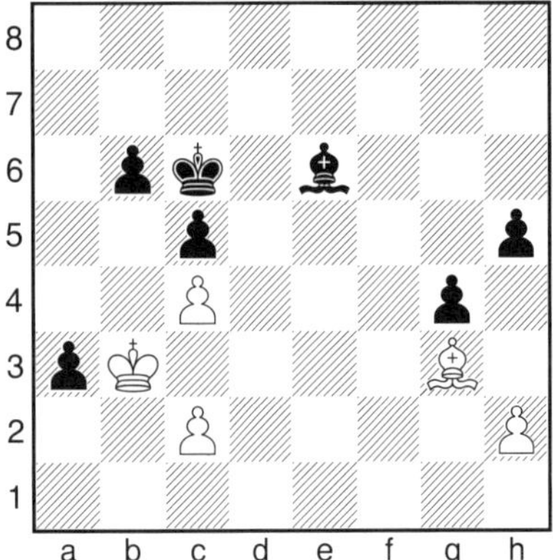

Wie gewinnt Schwarz am einfachsten?

A03.06
Frank James Marshall
José Raúl Capablanca
New York 1909

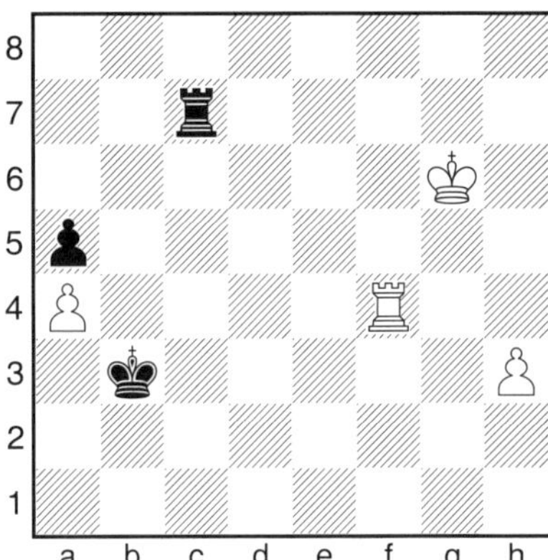

Wie rettete sich Capablanca?

A03.07
José Raúl Capablanca
Frederick Yates
New York 1924

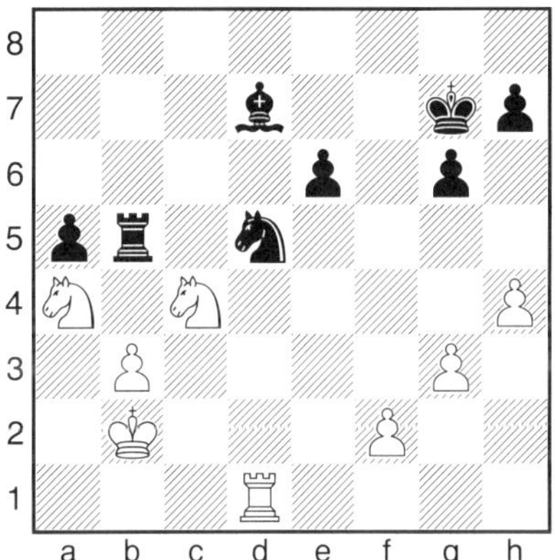

Wie kann Weiß den Bauern a5 herausoperieren?

A03.08
José Raúl Capablanca
Arthur William Dake
New York 1931

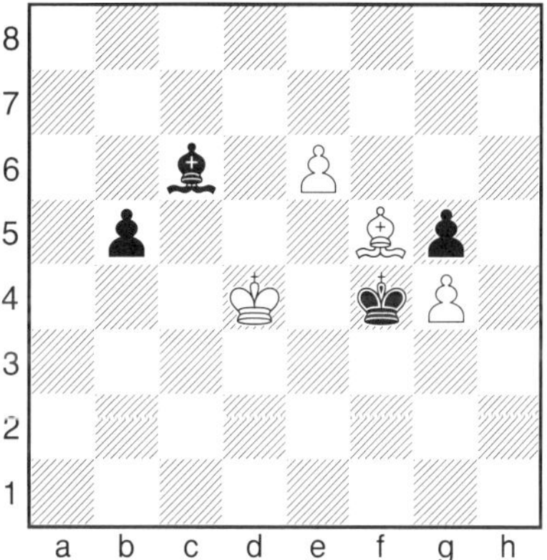

Weiß zieht und gewinnt

Lösungen

A03.01

1.♔f7!?

Capablancas inspirierter Ansatz ist sogar ein *sehr guter* Gewinnversuch.

1...♘g5+?

Das Bauernendspiel ist wegen der Feinheit im übernächsten Zug verloren.

Schwarz muss im Springerendspiel bleiben, denn dann lenkt der a-Bauer einen der Angreifer entscheidend ab; z.B. 1...♘c5! 2.♔xf6 a5 3.♘d4 a4 4.♘b5 ♘e4+ 5.♔g6 ♔g8 6.g4 ♘f2 7.g5 ♘h3 8.♔h6 ♔h8 9.g6 ♔g8 10.g7 ♘f4 11.h4 ♘e6=.

2.♘xg5 fxg5

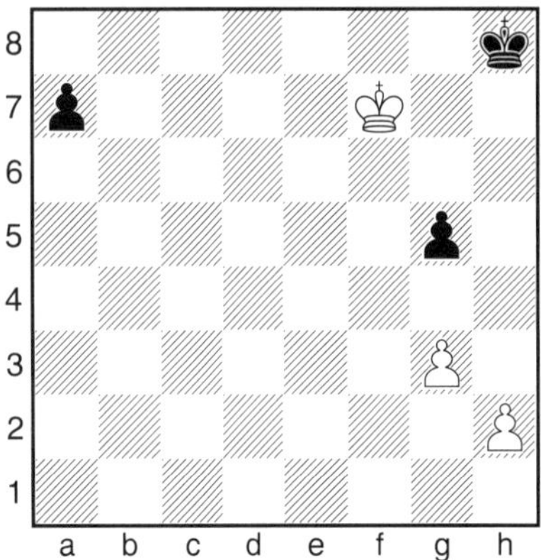

3.g4!!+-

Diese brutale Pointe hatte Schwarz übersehen.

1) Stattdessen geht 3.♔e6?? g4-+ aufgrund des entfernten a-Freibauern nach hinten los.

2) Und nach 3.h4? g4 4.♔e6 a5 5.♔d5 ♔g7 6.♔c4 ♔f6 7.♔b5 ♔e6 8.♔a4 ♔d5 9.♔xa5 ♔e5!...

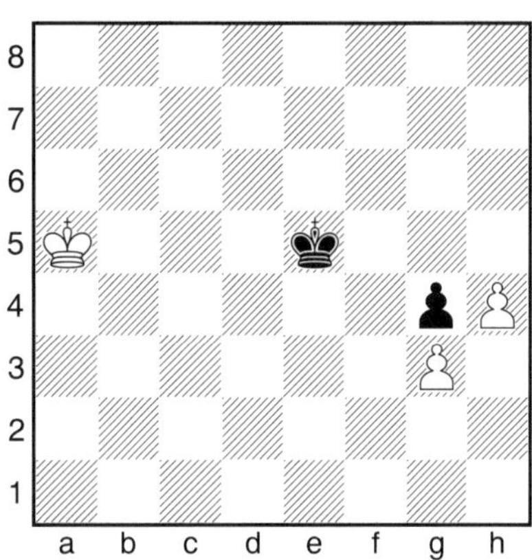

... verteidigt der schwarze König die Schlüsselfelder mittels Opposition; z.B. 10.♔a4 ♔e4 11.♔a3 ♔e5! 12.♔b3 ♔d5 13.♔c3 ♔e5 14.♔c4 ♔e4 15.♔b5 ♔d5 16.♔a6 ♔e6 17.♔a7 ♔e7 18.♔a8 ♔e8=.

3...♔h7

Nach 3...a5 entscheidet 4.h4 gxh4 (4...a4 5.hxg5 a3 6.g6 a2 7.g7+ läuft analog) 5.g5 h3 6.g6 h2 7.g7+ ♔h7 8.g8♕+ ♔h6 9.♕g6#.

4.h4

4.♔f6? ♔g8 5.♔xg5 a5-+

4...♔h6

4...gxh4 5.g5 h3 6.g6+ ♔h6 7.g7 h2 8.g8♕ h1♕ 9.♕g6#

5.♔f6 ♔h7 6.h5 a5 7.♔e5 1-0

Schwarz gab auf, weil der weiße König im Quadrat des a-Freibauern ist und zuerst diesen und danach den g-Bauern erobern wird.

A03.02

59...f3+!!-+

Das Opfer des scheinbar wichtigsten Bauern öffnet dem König den (Gewinn-) Weg.

60.♘xf3 ♔f4 61.♔f2

61.♘d2 ♗xd2 62.♔xd2 ♔xe4 63.♔e2 ♔d4 64.♔d2 ♔c4 65.♔e3 ♔xb5 66.♔e4 ♔c4 67.♔xe5 a5

61...♔xe4 62.♘g5+

62.♔e2 ♔d5 63.♔d3 e4+

62...♔d3 63.♔f3 ♔c4 64.♘e4 ♗d4 65.♘d6+ ♔c5 66.♘c8 ♔xb5 67.♔e4 a5 68.♘d6+ ♔b4 0-1

A03.03

72...♔e6!

Schwarz gewinnt – und zwar ganz gleich, was der weiße König unternimmt.

73.♔f8

1) 73.♔xh8 ♔f7 74.a4 bxa4 75.b5 a3 76.bxa6 a2 77.a7 a1♕#

2) 73.♔g8 ♔e7 74.♔g7 ♘f7 75.♔g8 ♔f6 76.♔f8 ♔g6 77.♔g8 ♘h6+ 78.♔f8 ♔xh7

73...♔f6 74.♔e8 ♔g7 75.♔d7 ♘g6 76.♔c6 ♘e5+ 77.♔b6 ♘c4+ 0-1

A03.04

71.♔e3!

Von hier aus hat der König beide Bauern unter Kontrolle.

Hingegen scheitert 71.♘e4? an 71...♔d4 72.♘d2 ♔c3 73.♔e3 ♗e2 74.♘e4+ ♔c2 75.♘d2 f2.

71...♗e2

Hier ein Blick auf andere Remisvarianten.

1) 71...d2 72.♘xf3 (72.♔xd2? f2–+) 72...♗xf3 73.♔xd2

2) 71...♔c3 72.♘e4+ ♔c2 73.♘f2

a) 73...♗e2 74.♘xd3 ♗xd3 75.♔xf3

b) 73...d2 74.♘e4 f2 75.♔xf2

72.♘e4 ♔b3 73.♘c5+ ½-½

A03.05

45...♗xc4+!–+

Diese Lösung ist nicht nur spektakulärer als 45...b5, sondern sie gewinnt auch schneller.

46.♔xa3

Nach 46.♔xc4 a2 47.♗e5 h4 läuft einer der Bauern durch; z.B. 48.♔b3 g3 49.hxg3 h3 50.g4 h2.

46...b5 47.c3

47.♔b2 ♔d5 48.♔c3 ♔e4 49.♗f2 ♔f3 50.♗xc5 h4 51.♔d2 g3 52.hxg3 h3

47...♔d5 48.♗f2 ♗e2 49.♔b3 ♗d1+ 50.♔b2 ♔c4 51.♔c1 ♗f3 52.♔d2 b4 53.cxb4 cxb4 54.♗h4 ♗e4 55.♗f6 ♗g6 56.♗h4 b3 57.♗f6

57.♔c1 ♔d3 58.♔b2 ♗f7 59.♔c1 ♔e2

57...h4 58.♔e3 g3 59.hxg3 h3

59...hxg3? 60.♔f3=

60.♔f2 ♗f5

60...♔d3? 61.g4=

61.g4 ♗xg4 62.♔g3 ♔d3 63.♔h2 ♔c2 64.♔g3 b2 0-1

A03.06

58...♖b7!

Der Turm muss den Ankerplatz b4 ansteuern, da ein eventuell entstehender b-Freibauer um ein Tempo schneller einziehen würde (siehe nächste Anmerkung).

Hier ein Blick auf zwei Fehlversuche.

1) 58...♖c6+? 59.♔g5 ♖b6 60.h4 ♖b4 61.h5+–

2) 58...♖c4? 59.♖xc4 ♔xc4 60.h4 ♔b4 61.h5 ♔xa4 62.h6+–

59.h4 ♖b4 60.♔g5

Das Damenendspiel nach 60.♖xb4+!? axb4 61.a5 (61.h5 ♔xa4) 61...♔c4 62.a6 b3 63.a7 b2 64.a8♕ b1♕+ ist theoretisch remis, aber am Brett kann Weiß seinen Gegner noch lange kneten.

60...♔xa4 61.h5 ♔a3!

Nach 61...♔b3? 62.♖xb4+ axb4 63.h6+− steht der König dem b-Bauern im Weg.

62.h6 ♖b8 63.h7 a4 64.♖h4 ♖h8 65.♔g6 ♔b3 66.♔g7 ♖xh7+ 67.♔xh7 a3 ½-½

A03.07

Mit einer eleganten Springerkapriole, die allerdings nur einen kleinen Vorgeschmack abgibt auf die Dinge, die da kommen werden.

40.♘c3 ♖c5 41.♘e4!?

Die Nebenlösung 41.♖a1 ♘b4 42.♘e4 ♖f5 43.f4 ♗c6 44.♘g5 wäre weit weniger elegant – und zudem absolut nicht amüsant. In der Folge spielen Capablancas Springer den Gegner schwindelig.

41...♖b5 42.♘ed6 ♖c5 43.♘b7 ♖c7 44.♘bxa5 ♗b5 45.♘d6 ♗d7 46.♘ac4 ♖a7 47.♘e4 h6 48.f4 ♗e8 49.♘e5 ♖a8 50.♖c1 ♗f7 51.♖c6 ♗g8 52.♘c5 ♖e8 53.♖a6 ♖e7 54.♔a3 ♗f7 55.b4 ♘c7 56.♖c6 ♘b5+ 57.♔b2 ♘d4 58.♖a6 ♗e8 59.g4 ♔f6 60.♘e4+ ♔g7 61.♘d6 ♗b5 62.♖a5 ♗f1 63.♖a8 g5 64.fxg5 hxg5 65.hxg5 ♗g2 66.♖e8 ♖c7 67.♖d8 ♘c6 68.♘e8+ ♔f8 69.♘xc7+ ♘xd8 70.♔c3 ♗b7 71.♔d4 ♗c8 72.g6 ♘b7 73.♘e8 ♘d8 74.b5 ♔g8 75.g5 ♔f8 76.g7+ ♔g8 77.g6 1-0

A03.08

56.♗g6!

Dieser Endspielwitz beruht darauf, dass die sogenannte 'Stopp-Diagonale' des schwarzen Läufers nun zu kurz ist.

Hingegen würde Schwarz nach 56.♔c5? oder 56.e7? jeweils mit 56...♗e8 remisieren.

56...b4

56...♔xg4 57.♔c5+−

57.♔c5 ♗a4 58.♔xb4 ♗c6 59.♔c5 ♗a4 60.♗h5 ♔e5 61.e7 1-0

Aufgabe 1

Weiß könnte sich forciert einen nicht zu bremsenden Freibauern verschaffen: **67.f6+ ♔g6** (67.♔h7 e6) **68.♖g8+ ♔h7 69.♖g7+ ♔h8 70.♖xf7 ♖xe5 71.♖e7 ♖a5 72.♖e8+ ♔h7 73.f7**.

Aufgabe 2

Nein – denn **45...♖xb2?** (⌓45...♘c6 46.♔e3 g5) stellt sich nach **46.♖xb2 ♘d3+ 47.♔e3 ♘xb2 48.♔d2**= als klassische Fehlkombination heraus; z.B. **g5 49.♔c2 ♘c4 50.bxc4 dxc4 51.♔c3 f5 52.♔xc4**.

Aufgabe 3

33.b4? wäre ein typisches Beispiel für übereiltes Handeln, denn nach **33...♖xa3 34.♖xc7 ♖b3 35.♖b7 ♗d5 36.♖b8+ ♔e7 37.♘d4 ♖b1+ 38.♔h2 g6** kann Schwarz sich bequem halten, weil all seine Kräfte effektiv mitwirken, während der weiße König ein buchstäblicher Eckensteher ist.

Aufgabe 4

Man möchte meinen, dass selbst ein gestandener Meister wie Ragosin aus lauter Respekt vor seinem großen und 'unfehlbaren' Gegner wie hypnotisiert spielte, denn **45...♗b5!**= war nun wirklich nicht schwer zu sehen.

1) Zunächst würde **46.♖e3+ ♔d6 47.♘c3** nach **47...c5+ 48.♔e4 ♗c6+ 49.♔d3 ♖xa3** zur Auflösung des Damenflügels führen.

2) Und nach der Abwicklung **46.♘c3 ♗xd3 47.♘xa4** ist die Furcht vor dem a-Bauern unbegründet, denn nach **47...♗f1 48.g3 ♗xh3 49.♘c3 g5** usw. kann auch Schwarz sich einen Freibauern verschaffen.

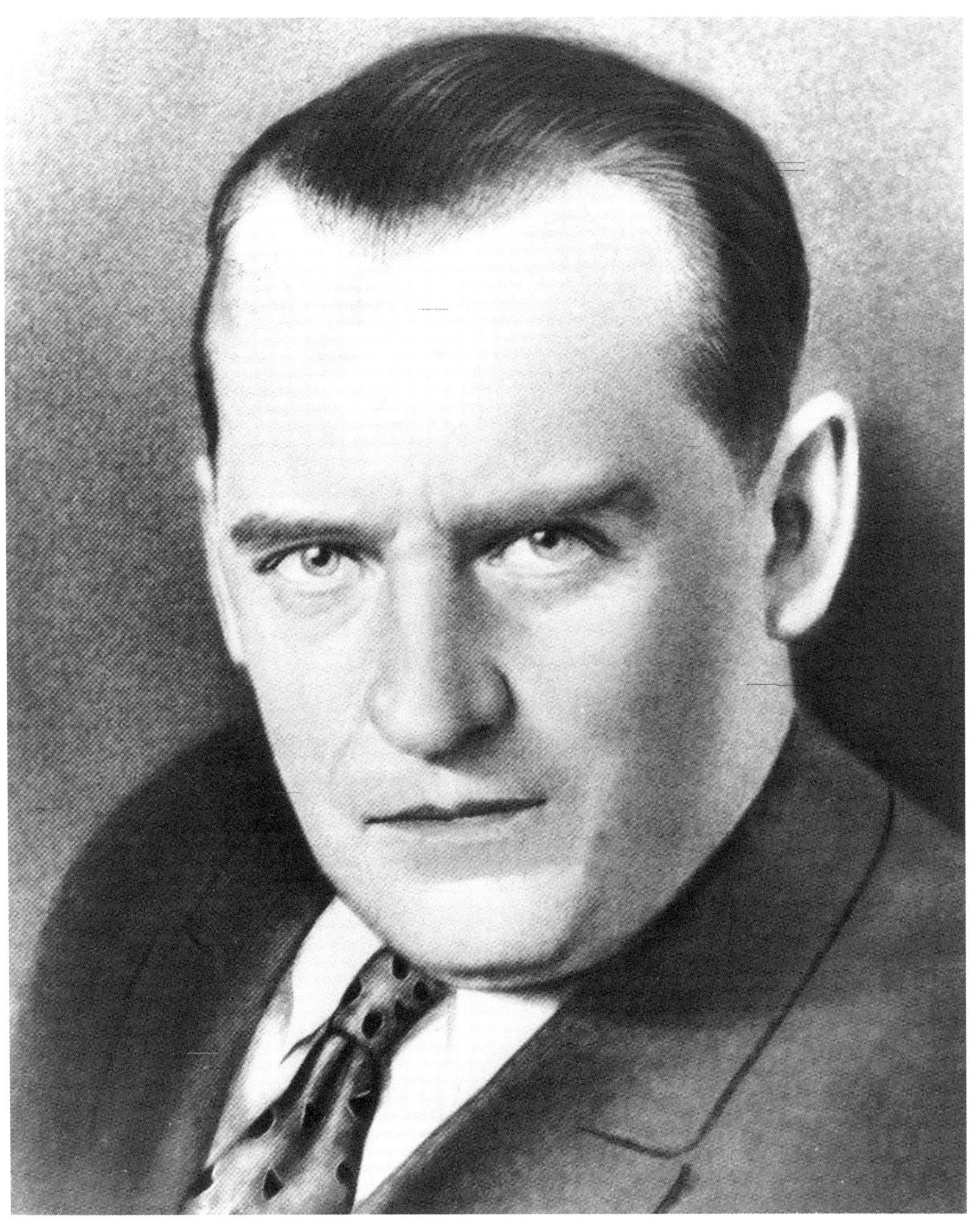

Der vierte Weltmeister – Alexander Aljechin

Alexander Alexandrowitsch Aljechin (31. 10. 1892 – 24. 3. 1946) war ein gebürtiger Russe, der 1925 die französische Staatsbürgerschaft annahm. Er stammte aus einer wohlhabenden Familie und konnte sich deshalb schon sehr früh in seinem Leben ganz auf Schach konzentrieren.

1927 besiegte er Capablanca recht deutlich (+6 =25 –3) und verteidigte seinen WM-Titel in der Folge zweimal ziemlich mühelos gegen Efim Bogoljubow – 1929 (15,5 – 9,5) und 1934 (15,5 – 10,5). 1935 verlor er den Titel denkbar knapp (14,5 – 15,5) an den Holländer Max Euwe, konnte ihn jedoch 1937 mit umso deutlicherem Resultat zurückgewinnen (15,5 – 9,5). Er war der bislang einzige Weltmeister, der den Titel noch zum Zeitpunkt seines Todes innehatte.

Als Aktivspieler (siehe auch 'Vorbemerkung 2' auf Seite 9) war Aljechin ein Angriffsgenie, und auch von seinen Endspielen sind besonders die in Erinnerung geblieben, die im Königsangriff entschieden wurden. Daher möchte ich als Spezialthema die sogenannte '4. Partiephase' betrachten, die entsteht, wenn beide Seiten (nach der Bewältigung von Eröffnung und Mittelspiel) im Endspiel mit einer neuen Dame aufrüsten. Außerdem soll in diesem Rahmen die Konstellation 'Dame + Turm gegen Dame + Turm' behandelt werden, weil diese ebenfalls sowohl Mittelspiel- als auch Endspielelemente aufweist. Doch zunächst zur 4. Partiephase, die in der Praxis am häufigsten aus einem Turmendspiel hervorgeht.

04.01
Walter John
Alexander Aljechin
Hamburg 1910

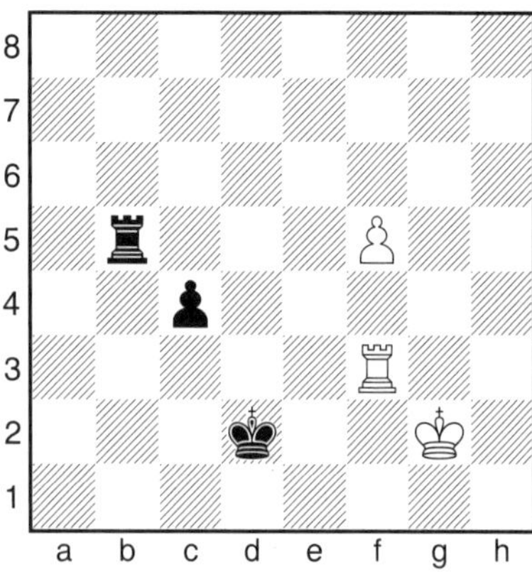

Nachdem Weiß soeben 54.♖h3–f3? (statt korrekt 54.f6 c3 55.♔g3!=) gespielt hatte, brauchte Aljechin nur noch nachzuweisen, dass dies keine zu verschmerzende Ungenauigkeit war, sondern ein tödlicher Fehler.

54...c3–+ 55.♖f2+

55.f6 c2 56.♖f2+ ♔c3 57.♖xc2+ ♔xc2 Δ♖f5

55...♔d3 56.♖f3+ ♔d4

Besser gleich 56...♔c4 – siehe nächste Anmerkung.

57.f6

Nach der Stellungswiederholung 57.♖f4+ ♔d3 58.♖f3+ käme diesmal der Korrekturzug 58...♔c4 mit der möglichen Folge 59.♖f4+ ♔b3 60.f6 c2 61.♖f1 ♔b2 62.f7 ♖b8 usw.

57...c2 58.f7

Nach 58.♖f4+ ♔c3 59.♖f3+ ♔b2 60.♖f2 ♔b1 61.f7 c1♕ (61...♖b8? 62.f8♕ ♖xf8 63.♖xf8 c1♕ 64.♖f1=) 62.f8♕ käme es zur 4. Partiephase.

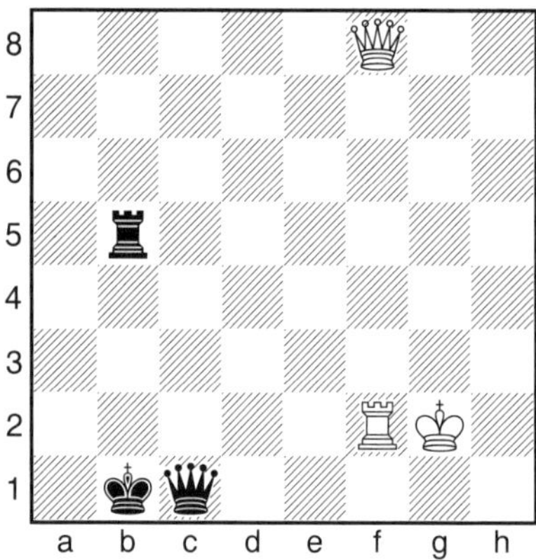

Aufgabe 1

Wie ist die entstandene Stellung zu bewerten? – Und welche Faustregel hat hier Gültigkeit? (Lösung auf Seite 115)

58...c1♕

58...♖g5+ Δ59.♖g3 ♖f3 war noch genauer.

59.f8♕ ♕d2+

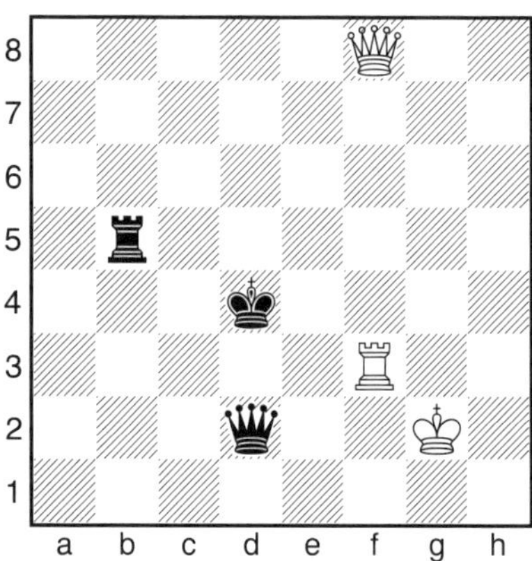

60.♖f2?!

Danach gewinnt Schwarz die 4. Partiephase durch Mattangriff.

60.♔g3!? war weit zäher, denn nach 60...♕g5+

61.♔h3 ♕h5+ 62.♔g2 ♕g4+ 63.♖g3 ♖b2+ 64.♕f2+ ♖xf2+ 65.♔xf2 hätte Aljechin den technischen Gewinn 'Dame gegen Turm' demonstrieren müssen – was ja dem Großmeister Walter Browne gegen einen Computer *nicht* gelang!

Z.B. 65...♕f4+ 66.♖f3 ♕d2+ 67.♔f1 ♔e4 68.♖g3 ♔f4 69.♖g2 ♕d1+ 70.♔f2 ♕h1 71.♖g8 ♕f3+ 72.♔g1 ♕d5 73.♖g2 ♔f3 74.♔h1 ♕h5+ 75.♔g1 ♕h4

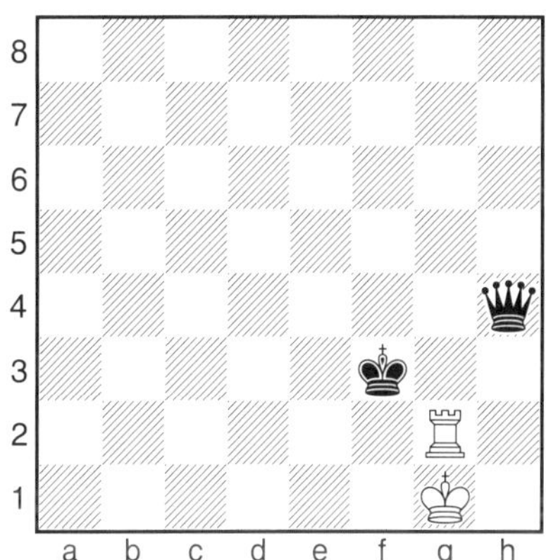

Damit ist die siegverheißende sogenannte 'Philidor-Stellung' dieses Endspieltyps erreicht.

60...♕g5+ 61.♔h3

61.♔h1 ♕h5+ 62.♖h2 ♖b1+ 63.♔g2 ♕g4+ 64.♔f2 ♖b2+ 65.♔e1 ♕g1+ 66.♕f1 ♖b1+ 67.♔d2 ♕e3+ 68.♔c2 ♕b3+ 69.♔d2 ♕b2#

61...♕h5+ 62.♔g3

62.♔g2 ♖g5+ 63.♔f1 ♕d1#

62...♖g5+ 0-1

Nun zu der Konstellation 'Dame+Turm gegen Dame+Turm', in welcher es sowohl Mittelspiel- als auch Endspielkomponenten zu berücksichtigen gilt. In diesem Stellungstyp setzte Aljechin in aller Regel auf Angriff, der auf der Mittelspielkomponente basiert. Im folgenden Beispiel gewinnt er letztlich allerdings dank guter Technik im Turmendspiel.

04.02
Alexander Aljechin
Erich Gottlieb Eliskases
Buenos Aires 1939

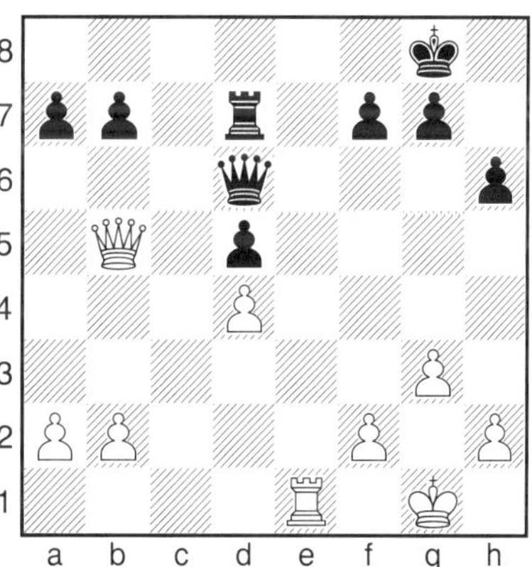

Zu dieser Stellung sei vorab gesagt, dass Weiß zwar druckvoller steht, aber zunächst nur über Minimalvorteil verfügt.

22.♖e8+ ♔h7 23.h4!?

Ein typisches und nützliches Vorgehen, um dem eigenen König mehr Spielraum zu geben, den gegnerischen jedoch mittels baldigem h4-h5 einzuengen.

23...a6

23...h5!?

24.♕e2

24.♕d3+ ♕g6; 24...g6 25.h5 ♔g7

24...♖d8 25.♖e7

25.♕e7 kann mit 25...♖d7 26.♕xd6 ♖xd6 27.♖e7 ♖b6 28.b3 ♔g6 beantwortet werden. Da Weiß auch im Turmendspiel nur minimal besser steht, behält Aljechin auch die Dame auf dem Brett.

25...♖d7 26.♖e5 g6 27.h5 ♕f6

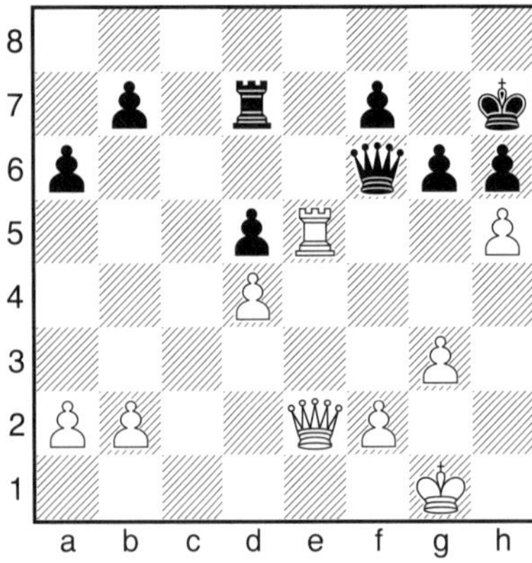

Der Computer bevorzugt 27...g5!?, aber so richtig gefallen kann das natürlich auch nicht.

28.♕e3?!

Eine Ungenauigkeit, mit der Aljechin fast den gesamten Druck aus der Stellung nimmt und somit erstes Gegenspiel erlaubt.

Besser war 28.hxg6+ Δ28...♕xg6? 29.♕f3 ♔g7 30.♔g2±; ◠28...fxg6 29.♔g2.

28...♖d6 29.♕b3

29.hxg6+ ♕xg6 30.♕f3

29...♖b6 30.hxg6+

Auch nach 30.♕c3!? gxh5 31.♖xh5 ♖d6 32.♔g2 kann Schwarz sich halten, aber leicht ist es nicht.

30...♕xg6 31.♕xd5 ♖xb2 32.♖f5

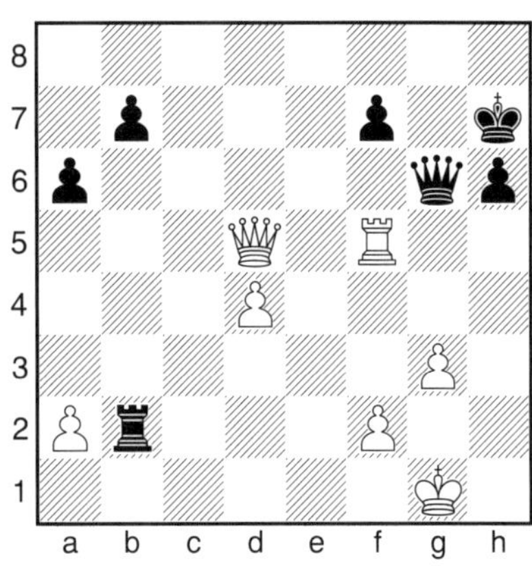

32...♖b5?

So forciert geht es nicht, denn das entstehende Turmendspiel ist verloren.

32...♔g8! war erzwungen, z.B. 33.♕e5 ♕e6 (33...♖xa2? 34.♖f6 ♖a1+ 35.♔g2 ♕g7 36.♕b8+ ♕f8 37.♕xb7+−) 34.♕b8+ ♔g7 35.♕f4 ♖b5=.

33.♖xf7+ +−

Womöglich hatte Schwarz nur mit 33.♕xf7+ ♕xf7 34.♖xf7+ ♔g6 mit guten Remischancen dank des aktiven Turms gerechnet.

33...♔g8 34.♖f6+ ♖xd5 35.♖xg6+ ♔h7 36.♖b6

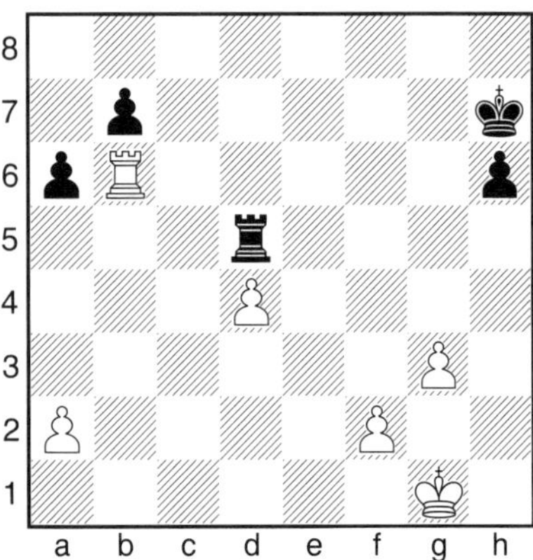

Weiß steht zu aktiv, als dass Schwarz sich halten könnte.

36...♖xd4?!

36...♖d7 war zäher, rettet aber auch nicht: 37.d5 h5 38.d6 ♔g6 39.♔g2 ♔f5 40.♔h3.

37.♖xb7+ ♔g8 38.♖b6 ♖a4 39.♖xh6 ♖xa2 40.♔g2 a5

Gegen die verbundenen Freibauern hat das schwarze Einzelstück nicht die geringste Chance; z.B. auch nicht nach 40...♖a4 41.f4 ♔g7 42.♖b6 ♖a3 43.♔h3 usw.

41.♖a6

Hinter dem Freibauern steht der Turm goldrichtig.

41...a4 42.♖a7 a3 43.g4 ♔f8

43...♖a1 44.♔f3 a2 45.♔f4

44.g5 ♔g8 45.♔g3 ♖a1 46.♔g4 ♖g1+

46...a2 47.♔f5

47.♔f5 ♖g2 48.f4 a2 49.♔f6 1-0

Im folgenden Beispiel sind sogar noch *alle* Schwerfiguren auf dem Brett.

04.03
Alexander Aljechin
Efim Bogoljubow
Weltmeisterschaft 1929

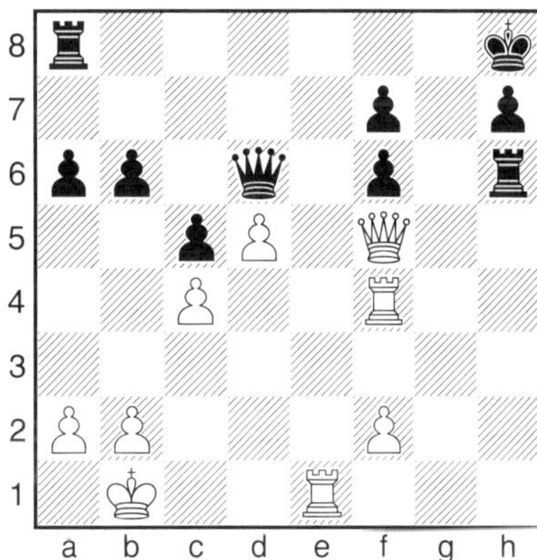

Hier gilt Ähnliches wie beim letzten Beispiel: Weiß ist eindeutig am Drücker, aber von einer Gewinnstellung kann noch nicht die Rede sein.

29.♖fe4 ♖g8?

Der Wunsch nach Hinzuziehung des zweiten Turms ist verständlich, läuft jedoch auf einen folgenschweren Tempoverlust hinaus.

29...♖g6 war besser, denn nach 30.♖e8+ ♖xe8 31.♖xe8+ ♖g8 oder 31...♔g7 steht Weiß mit leeren Händen da – und nach 30.♖e7 ♖f8 sollte sein Vorteil kaum zum Gewinn reichen.

30.♖e7+−

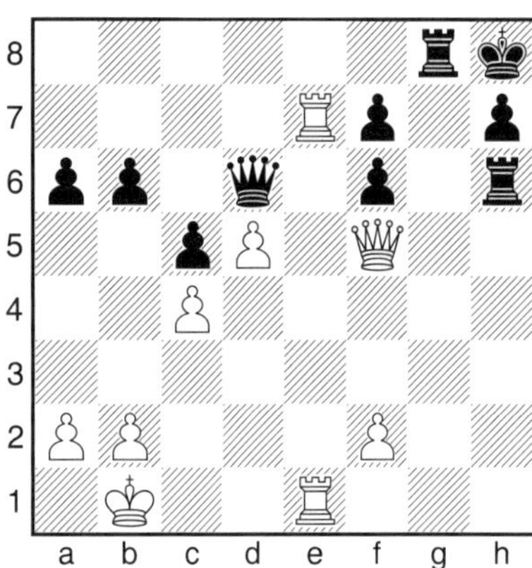

30...♖f8

Aufgabe 2

Womöglich hatte Schwarz ursprünglich 30...♔g7 oder 30...♖g5 geplant und zu spät erkannt, dass beide Ansätze ein fatales 'Loch' haben. – Wovon ist die Rede? (Lösung auf Seite 115)

31.a4?

Ganz untypisch für Aljechin verlässt ihn hier sein Gespür für Dynamik, denn der Textzug ist ein glatter Tempoverlust.

Zwar war auch 31.♖d7 sehr stark, aber der direkte Angriff 31.♖e8 gewinnt ziemlich forciert; z.B. 31...♖g8

(Die Alternativen 31...♔g7 32.♕c8 ♖xe8 33.♖xe8 und 31...♖xe8 32.♖xe8+ ♔g7 33.♕c8 laufen analog.)

32.♖xg8+ ♔xg8 33.♕c8+ ♔g7 34.♖e8

1) 34...f5 35.♖g8+ ♔f6 36.♖g1 Δ♕h8+ oder auch profan 36.♕c6

2) 34...♖g6 35.♖g8+ ♔h6 36.♕h3+ ♔g5 37.♕e3+ ♔f5/♔g4 38.♖e8; 37...♔h5 38.♖h8 Δ38...h6 39.f4 usw.

3) 34...♖h1+ 35.♔c2 ♔h6 36.♖e4... 36...♕h2 37.♕f5 ♕d6 38.♕f3 ♖g1 (38...♖h5 39.♖e6! Δ39...fxe6 40.♕xf6#) 39.♖h4+ ♔g7 40.♕h3 ♔f8 41.♖xh7

31...♖h4?

Hier steht der Turm sehr unglücklich, denn in Stellungen dieser Art ist loses Material immer verdächtig.

Nach 31...♖g6! 32.♖d7 ♕b8 33.♕d3 ♕h2 34.♖de7 ♕d6 (34...♕xf2? 35.d6+–) 35.♖a7 a5 36.♔a2 bleibt Weiß zwar am Drücker, aber Schwarz sollte sich halten können.

32.♖e8!+– 32...♖xe8 33.♖xe8+ ♔g7 34.♕c8 ♔h6 35.♖g8 ♕e7

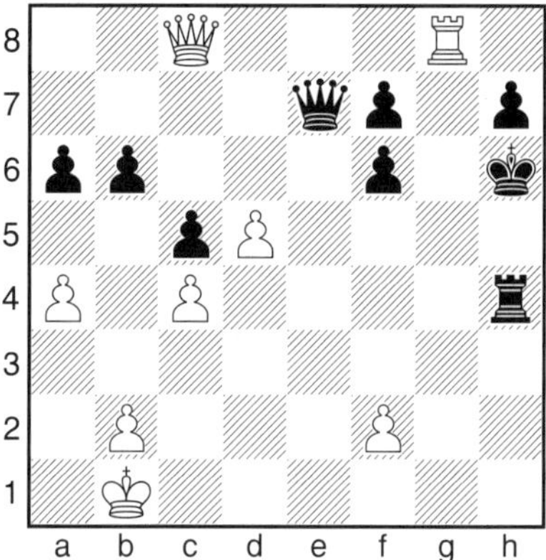

36.♔a2!?

Solch nützliche Prophylaxezüge sind das Markenzeichen großer Angriffskünstler, obwohl im gegebenen Fall 36.♖g1 Δ♕g8 wohl auch ohne Vorsichtsmaßnahme gewonnen hätte. Vielleicht wollte Aljechin aber auch psychologisch andeuten, dass er in dieser Stellung bereits Katz und Maus mit seinem Gegner spielen kann.

36...b5 37.♖g3 f5 38.♕xf5 f6 39.♖e3 ♕f7 40.♖e6 ♔g7

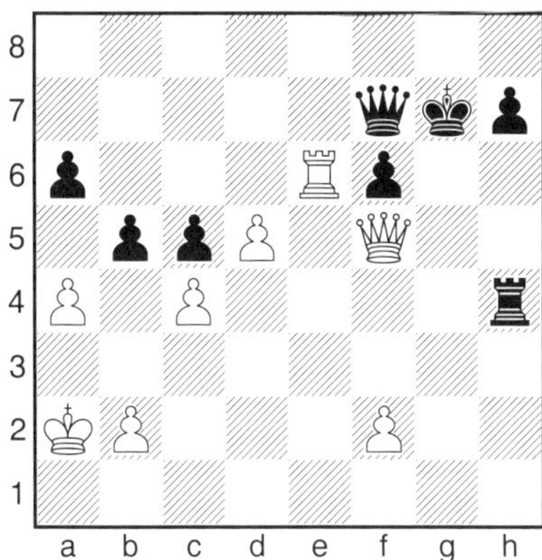

41.♖d6

Deutlich besser war 41.d6 mit den möglichen Abspielen:

1) 41...♕g6 42.♖e7+ ♔h6 43.♕xg6+ ♔xg6 44.d7 ♖d4 45.axb5 axb5 46.cxb5;

2) 41...♖f4 42.♕h3 ♖h4 43.♕g3+ ♔f8 44.d7 ♕xd7 45.♖xf6+.

41...♕g6 42.♖d7+?

Das ist allerdings zu viel Katz und Maus.

Laut Computer steht Weiß nach 42.♕d7+ immer noch auf Gewinn; z.B. 42...♔h6 (42...♕f7?! 43.♕d8) 43.♕e6

- 43...♖xc4 44.♖xa6 bxa4 45.♖a7
- 43...♖e4 44.♕h3+ ♔g5 45.♖xa6

42...♔h6 43.♕xg6+

43.♕e6 ♖xc4 44.♕h3+ ♔g5 45.♖xh7 ♖xa4+ 46.♔b3 ♖b4+ nebst Dauerschach

43...♔xg6!=

43...hxg6? wäre verfehlt, weil Schwarz nach zur Partie analogen Folge erst umständlich einen Freibauern bilden müsste, während er jetzt bereits über einen verfügt.

44.axb5 axb5 45.cxb5 ♖a4+

45...♖b4!?

46.♔b3 ♖b4+ 47.♔c3 ♖xb5 48.♖c7 h5 49.d6 ♖b8 50.♖xc5

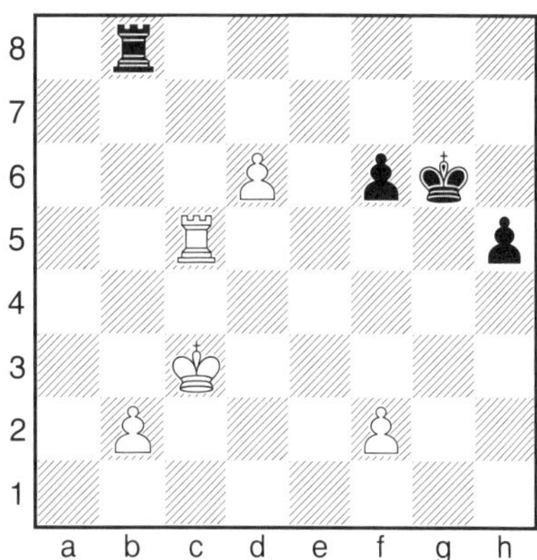

50...♖d8?

Nach diesem bösen Zeitverlust steht Weiß doch wieder auf Gewinn. Der Turm gehört zwar nicht sofort hinter den Freibauern (50...♖h8? 51.d7 h4 52.♖c8+−), sondern erst im richtigen Moment: 50...h4 51.♖d5 h3 52.♖d3 ♖h8! 53.d7 h2 54.♖d1 ♖d8 55.♖h1 ♖xd7 56.♖xh2 ♖c7+ 57.♔d4 ♖b7=.

51.♖d5 h4 52.♔c4+−

Δ52...h3 53.♖d1 h2 54.♔d5

52...♔f7

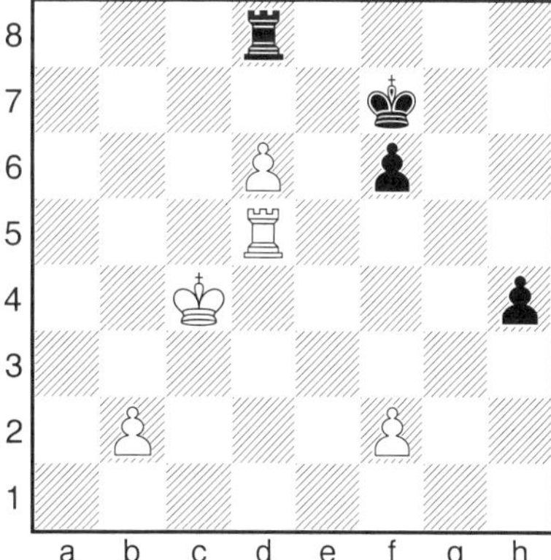

53.♔c5?

Und weiter geht es im Spiel der Irrungen und Wirrungen. Der Textzug ist erneut ein Zeitverlust, anstelle dessen der direkte Vorstoß 53.b4 gewinnt; z.B. 53...♔e6 54.♖h5

1) 54...♖xd6 55.♖xh4 ♖d8 56.b5

2) 54...♔xd6 55.♖xh4 ♖c8+ 56.♔b3 ♖b8 57.♖c4 ♔e5 58.♖c5+ ♔d4 59.♖f5 ♖b6 60.b5 ♔e4 61.♖c5 ♔f3 62.♔b4 ♔xf2 63.♖c6

53...♔e6 54.♖d4 ♖c8+! 55.♔b6 ♔d7!

Nun ist der König ein guter Blockeur.

56.♖xh4 ♖c6+ 57.♔a5

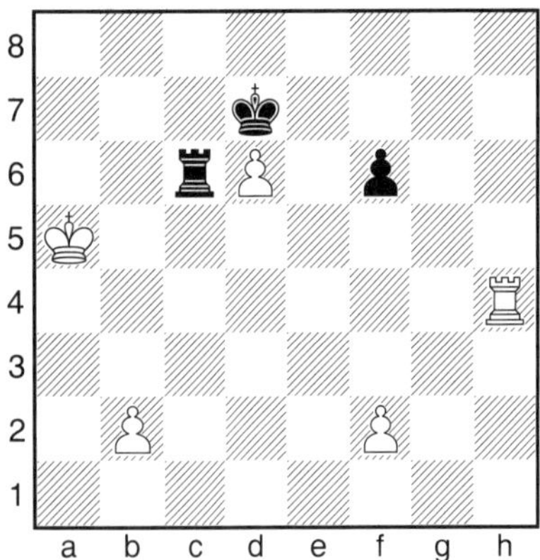

57...♖c2!?

Eine gute Aktivierungsmaßnahme, statt derer 57...♔xd6? 58.♖d4+ ♔e5 59.♖d2 ♖c8 60.b4 verliert.

58.b4 ♔xd6 59.f3 ♖c3 60.f4 ♖a3+ 61.♔b6 ♔e6 62.♖h5

62.b5 ♔f5=

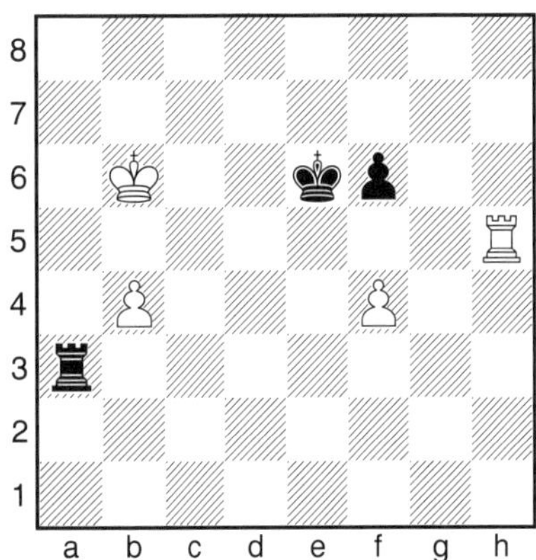

62...♖f3!

Der einzige Remiszug.

63.f5+

63.♖h4 ♔f5 64.b5 ♔e4 65.♔c7 f5 66.b6 ♖c3+ 67.♔b8 ♖b3 68.b7 ♖b1 ist ebenfalls remis.

63...♔e5 64.b5 ♔f4 65.♔c6 ♔g4 66.♖h1 ♖c3+ 67.♔d5 ♔xf5 68.♖b1 ♖d3+ 69.♔c6 ♖d8 70.b6

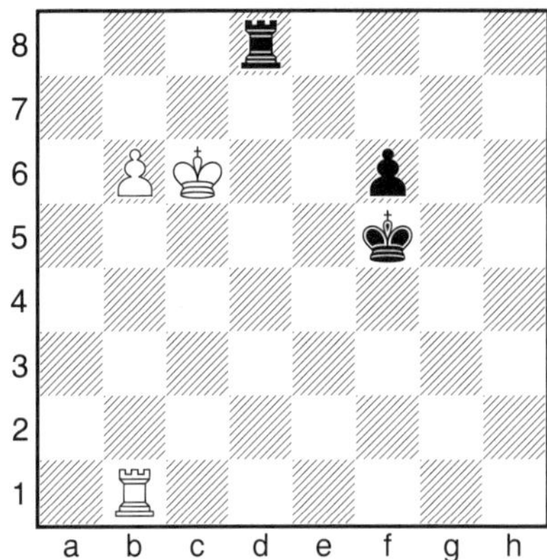

Ein berühmter Moment, der Eingang in viele Lehrbücher gefunden hat.

70...♔g4?

Das ist die falsche Seite. Schwarz muss bereits hier daran denken, dass sein König dem gegnerischen in der Folge mittels eines Bodychecks auf Distanz halten muss; z.B. 70...♔e4! 71.b7 f5 72.b8♕ ♖xb8 73.♖xb8 f4 74.♖e8+

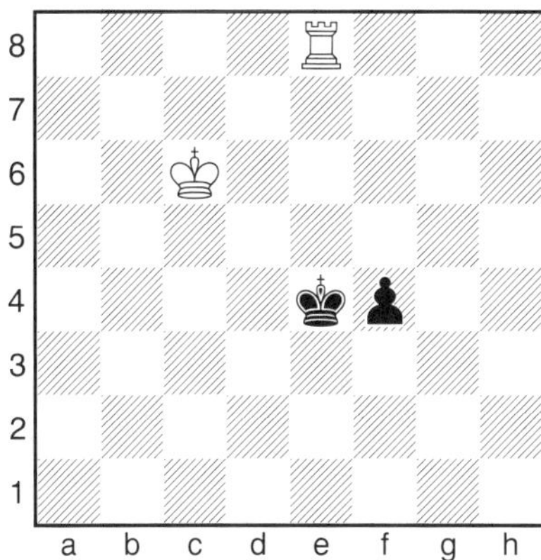

Und nach dem weiteren Bodycheck 74...♔d4 führt 75.♖f8 ♔e3 76.♔d5 f3 77.♖e8+ ♔d3 78.♖f8 ♔e2 zum Remis.

71.b7+− 71...f5

71...♔f4 72.b8♕+ ♖xb8 73.♖xb8 ♔e4 74.♖e8+ ♔d4 75.♖f8 ♔e5 76.♔c5 f5 77.♖e8+ ♔f4 78.♔d4

72.b8♕ ♖xb8 73.♖xb8 f4 74.♔d5

Nun hingegen kann der weiße König ungehindert herankommen.

74...f3 75.♔e4 f2 76.♖f8 ♔g3 77.♔e3 1-0

Aufgaben zum Thema ‘Dame+Turm gegen Dame+Turm’

(Lösungen ab Seite 110)

A04.01
José Raúl Capablanca
Alexander Aljechin
Buenos Aires 1927

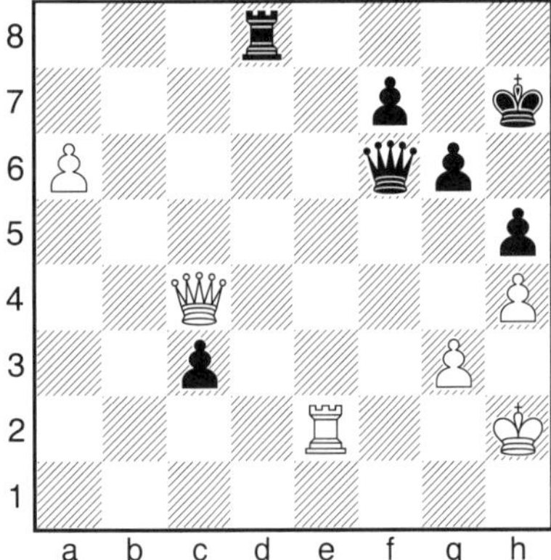

Wie leitet Schwarz den Schlussangriff ein?

A04.02
Alexander Aljechin
Max Euwe
Nottingham 1936

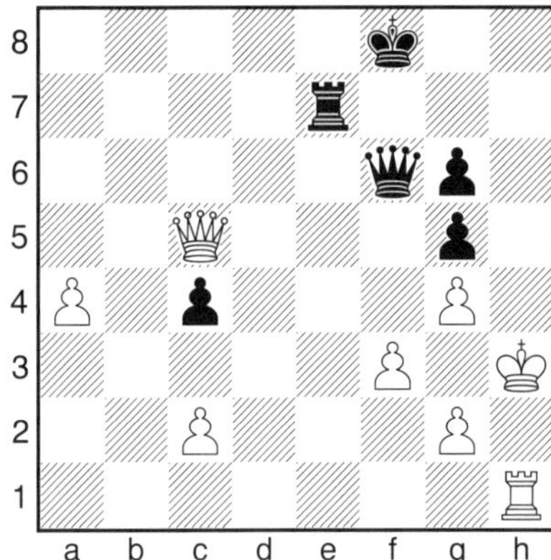

Mit welchem Manöver stellt Weiß den Gewinn sicher?

A04.03***

Alexander Ilyin Genewski

Alexander Aljechin

Moskau 1920

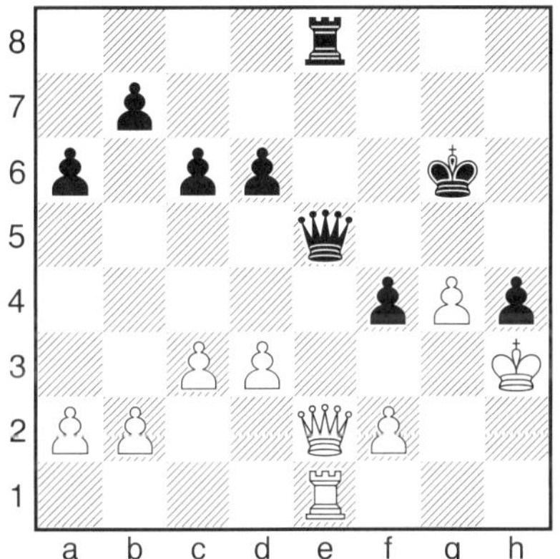

Wie sollte Weiß im Gewinnsinne fortsetzen?

A04.04

Alexander Aljechin

Edgard Colle

Paris 1925

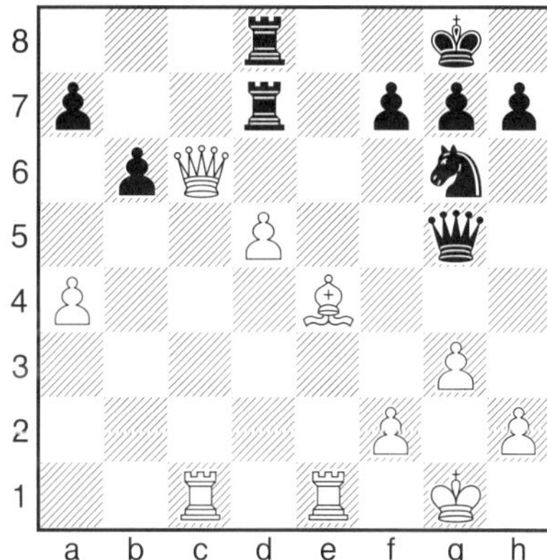

Weiß zieht und gewinnt

Stützen Sie diese Behauptung mit Varianten!

Es folgen einige von Aljechins Klassikern. Zuerst zwei Duelle 'Springer gegen Läufer' gegen Frederick Yates, einen starken englischen Meister, der Aljechin bei anderen Gelegenheiten mehrfach geschlagen hat. Da die erste Partie viel berühmter ist, zeige ich sie in ganzer Länge.

04.04
Alexander Aljechin
Frederick Yates
London 1922

1.d4 ♘f6 2.c4 e6 3.♘f3 d5 4.♘c3 ♗e7 5.♗g5 0–0 6.e3 ♘bd7 7.♖c1 c6 8.♕c2 ♖e8 9.♗d3 dxc4 10.♗xc4 ♘d5 11.♘e4

Die wohl bessere Hauptvariante geht mit 11.♗xe7 weiter.

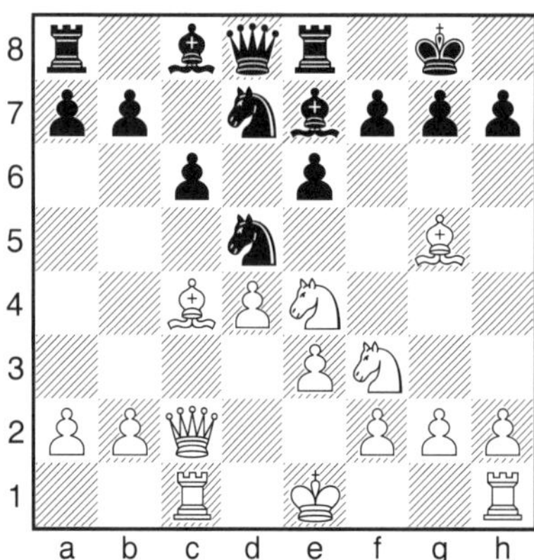

11...f5?

Statt der offenkundigen Prüfung auf Herz und Nieren mit 11...♕a5+ 12.♔f1 usw. ist der Textzug ein strategischer Fehler. Denn in dieser Art von entwerteter Stonewall-Struktur (ohne einen Bauern auf d5) wird der schwarze Damenläufer zu einem dauerhaften Sorgenkind.

12.♗xe7 ♕xe7 13.♘ed2 b5 14.♗xd5 cxd5

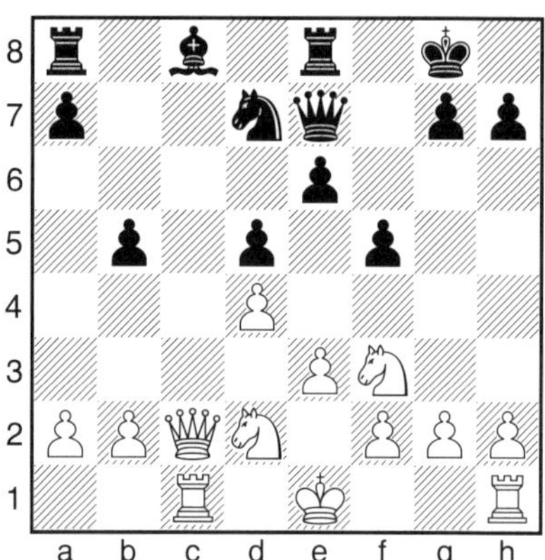

Nun hat Schwarz zwar wieder einen Bauern auf d5, aber dafür ist gewissermaßen der komplette Damenflügel entwertet.

15.0–0?!

15.♕c6 ♖b8 16.0–0± war genauer, weil die Entwicklung des Läufers dann noch mehr Zeit kosten würde.

15...a5

Nach der Notlösung 15...♗a6! 16.♕c6 ♘b6 hätte Weiß nur Minimalvorteil.

16.♘b3 a4?!

Erneut musste 16...♗a6 versucht werden; z.B. 17.♘xa5 b4 18.♖fd1 ♗b5 mit gewisser Kompensation für den Bauern.

17.♘c5 ♘xc5?!

Danach ist Schwarz strategisch so gut wie verloren. Allerdings war guter Rat teuer; z.B. 17...♘b6 18.♕e2 ♘c4 19.b3 axb3 20.axb3 ♘d6 21.♖a1 usw.

18.♕xc5 ♕xc5?!

Drei aufeinander folgende Ungenauigkeiten zählen letztlich auch wie ein echter Fehler und entsprechend ist die schwarze Stellung nun vollends heruntergewirtschaftet.

19.♖xc5 b4 20.♖fc1 ♗a6 21.♘e5

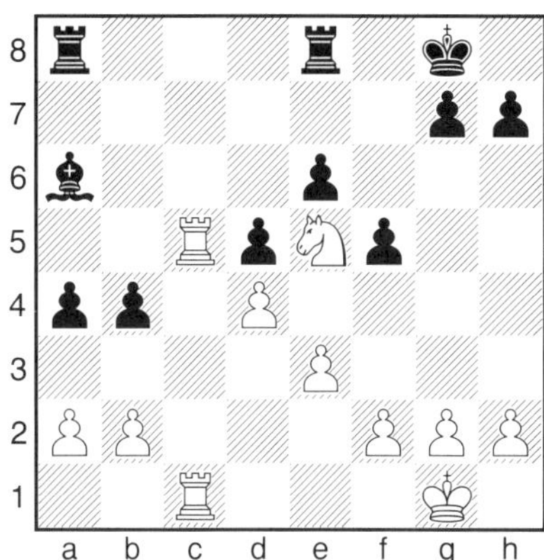

Dem schwarzfeldrigen Powerplay hat Schwarz nichts entgegenzusetzen, weil sein Läufer Löcher in die Luft schießt und leicht umspielt werden kann.

21...♖eb8

Nach 21...♖ec8 22.♖xc8+ ♖xc8 23.♖xc8+ ♗xc8 24.♘d3 b3 und nun 25.axb3 axb3 26.♘c5 oder 25.a3 Δ♘c5 geht der erste Bauer verloren.

22.f3 b3 23.a3 h6 24.♔f2

Aljechin kann sich den Luxus erlauben, betont systematisch vorzugehen und einen vielversprechenden konkreten Ansatz wie 24.♘d7!? Δ24...♖e8 25.♘b6 bzw. 24...♖b5 25.♖c6; 24...♖b7 25.♖c8+ ♖xc8 26.♖xc8+ ♔f7 27.♘c5 ♖a7 28.♖c6 links liegen zu lassen.

24...♔h7 25.h4

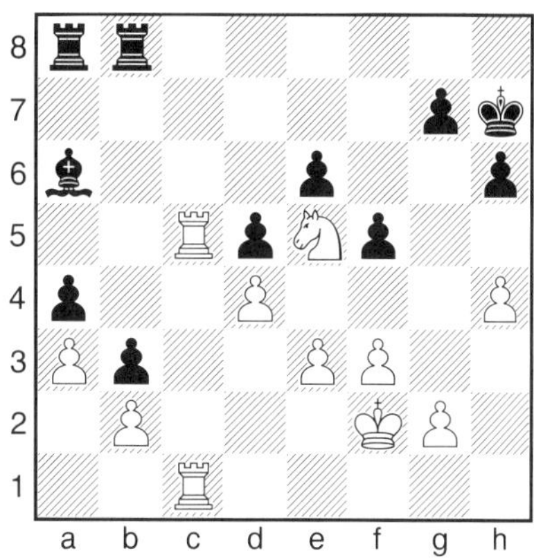

25...♖f8 26.♔g3 ♖fb8

Verständliche Ratlosigkeit.

27.♖c7 ♗b5 28.♖1c5 ♗a6 29.♖5c6 ♖e8 30.♔f4 ♔g8 31.h5 ♗f1 32.g3 ♗a6

32...♗b5 33.♖c5 ♖ab8 34.♘g6 ♔h7 35.♖a7 ♖ec8 36.♔e5 ♖xc5 37.dxc5 ♗e2 38.c6 ♗xf3 39.c7 ♖c8 40.♘e7

33.♖f7 ♔h7

33...♖ec8 34.♖xe6 ♖c2 35.♖g6

34.♖cc7 ♖g8

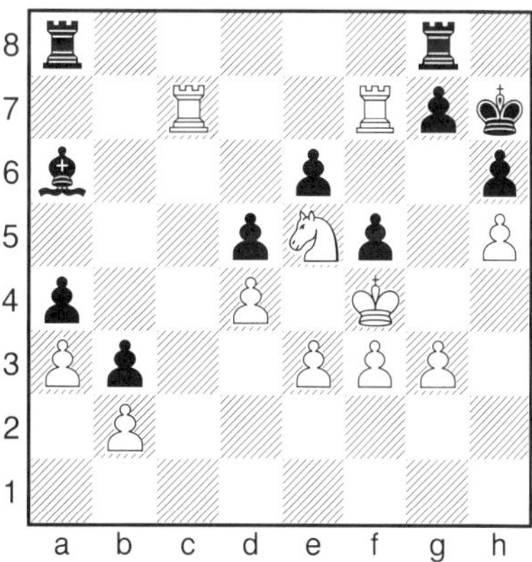

Nun folgt der sehenswerte Schlussangriff.

35.♘d7 ♔h8 36.♘f6 ♖gf8 37.♖xg7 ♖xf6 38.♔e5 1-0

Das folgende Beispiel ist weit kniffliger.

04.05
Alexander Aljechin
Frederick Yates
Hastings 1926

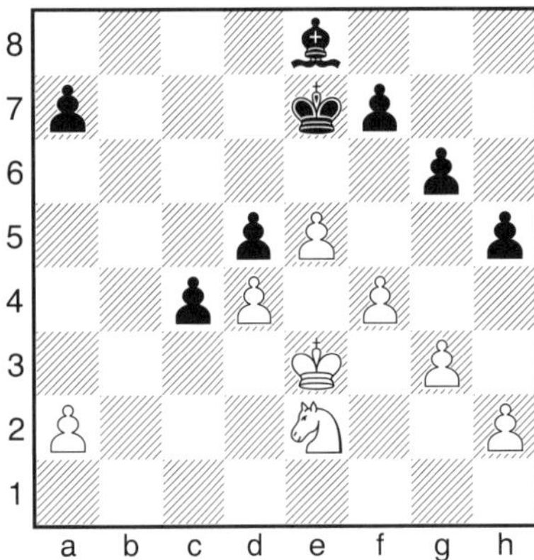

34.f5!

Eine typische Unterminierung der gegnerischen Struktur.

34...g5?!

Danach hängt die schwarze Stellung am seidenen Faden.

34...gxf5! war weit einfacher, denn nach der möglichen Folge 35.♘f4 ♗c6 36.♘xh5 ♔f8 37.♔d2 ♔g8 38.♔c3 a5 hat Schwarz eine uneinnehmbare Festung, zumal sich immer eine der weißen Figuren um den gedeckten c-Freibauern kümmern muss.

35.h4

Auch nach der Alternative 35.♘c3!? muss Schwarz sich sehr genau verteidigen; z.B. 35...♗c6 36.f6+ (36.h4 f6!) 36...♔e6 37.♔f3 (Δ38.g4! h4 39.♔e3 nebst ♘e2-g1-f3+-) 37...♔f5 38.♘d1 ♗d7! 39.♘e3+ ♔g6 40.♔f2 ♗c6 41.♔e2 a5 42.♔d2 ♗b7 43.♔c3

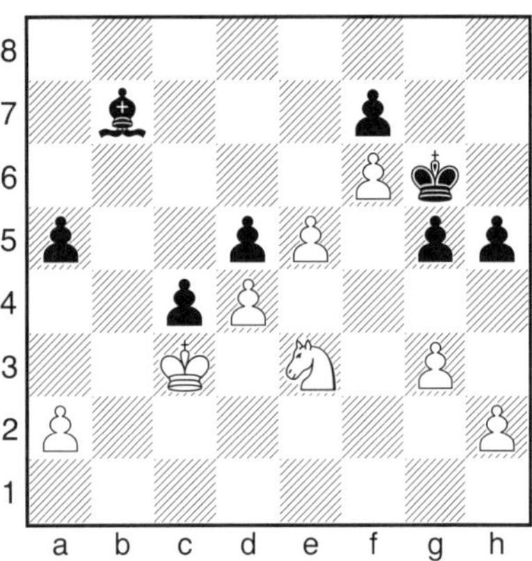

Aufgabe 3

Wohin gehört der Läufer im herrschenden Tempokampf? (Lösung auf Seite 115)

35...f6 36.hxg5

36.♘g1 gxh4 37.gxh4 ♗a4 38.♔d2 ♗d7 39.e6 ♗e8 40.♘e2 ♔d6 41.♘f4 a5=

36...fxg5 37.♘g1

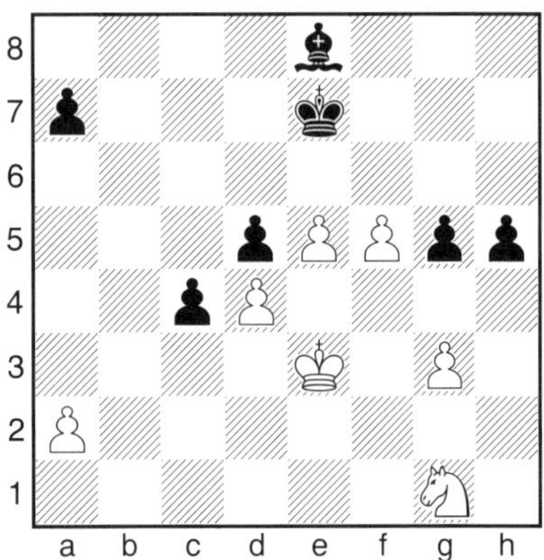

37...♗d7?

Danach bricht die schwarze Stellung schwarzfeldrig zusammen.

Derweil hätte 37...h4 überraschenderweise noch zu einem studienartigen Remis gereicht.

1) 38.gxh4 gxh4 39.f6+ ♔d7 40.♔f4 ♗h5 41.♔g5 c3 42.♔xh5 h3 43.♘xh3 c2 44.♔g6 c1♕ 45.♔f7 ♕c8 46.e6+ ♔d6 47.♘f4 ♕h8=

2) 38.g4 ♗a4 39.♔e2 (39.♔d2 c3+ 40.♔xc3 ♗d1=) 39...♔e8 40.♘h3 c3 41.♘xg5 ♗b5+ 42.♔d1 c2+ 43.♔xc2 ♗e2 44.♔d2 ♗xg4 45.♔e3 ♗xf5 46.♔f4 ♗c8 47.♘f3 h3 48.♔g3 ♔d7 49.♔xh3 ♔c6+ 50.♔g3 ♔b5 51.♔f4 ♔c4 52.♔e3 ♔c3=

38.f6+ ♔e8

38...♔e6 39.♘h3+−

39.♘f3 g4 40.♘h4 ♗e6 41.♘g6 ♗f7 42.♘f4 ♔d7 43.♔e2 a5 44.♔e3 ♗g8 45.♘xh5 ♗f7 46.♘f4 ♗g8 47.♘e2 ♗e6 48.♔f4 ♔e8 49.♔g5 ♔f7 50.♘c3 ♔f8 51.♔g6 ♔g8 52.f7+ ♔f8 53.♔f6 ♗xf7 54.e6 ♗h5 55.♘xd5 ♗e8 56.♘c3 1-0

Nun folgen Klassiker aus dem Reich der Turm-endspiele. Der erste stammt aus der letzten Partie des Weltmeisterschaftskampfs gegen Capablanca und liefert ein Musterbeispiel dafür, dass ein Turm *hinter* einen Freibauern gehört.

04.06
Alexander Aljechin
José Raúl Capablanca
Buenos Aires 1927

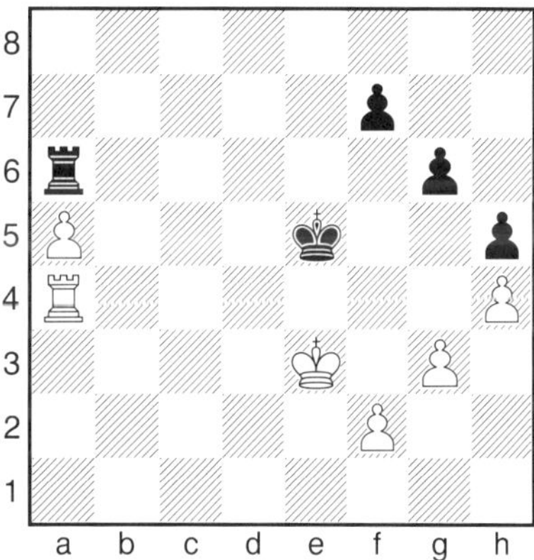

57.♔d3+−

Im bevorstehenden Tempokampf kann Schwarz nun nicht mehr verhindern, dass der weiße König früher oder später an einem der Flügel eindringt.

57...♔d5 58.♔c3 ♔c5

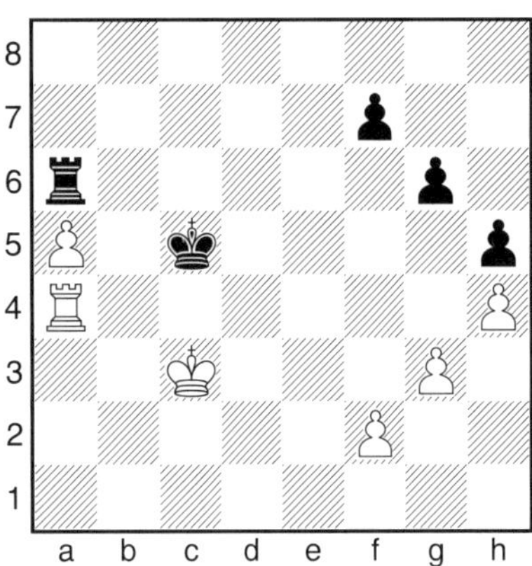

59.♖a2!

Aljechin nutzt die ideale Turmposition *hinter* dem Freibauern, denn der Gegner kann ja keine solchen Wartezüge machen.

59...♔b5 60.♔d4 ♖d6+ 61.♔e5 ♖e6+ 62.♔f4 ♔a6

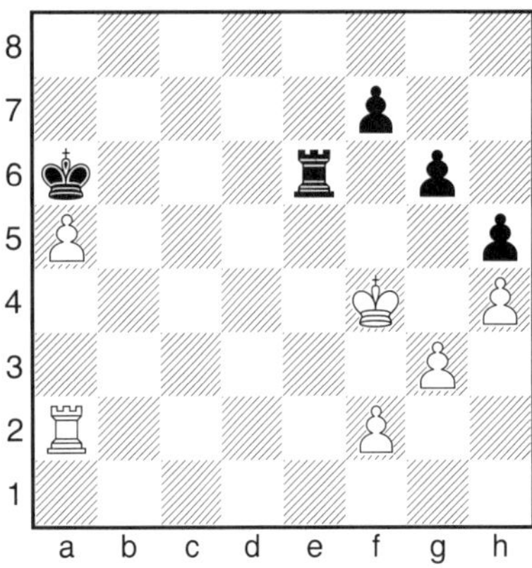

Nun gewinnt Weiß, indem er am Königsflügel eindringt, was ja das Standardverfahren bei einem entfernten Freibauern am Damenflügel darstellt.

63.♔g5 ♖e5+ 64.♔h6 ♖f5

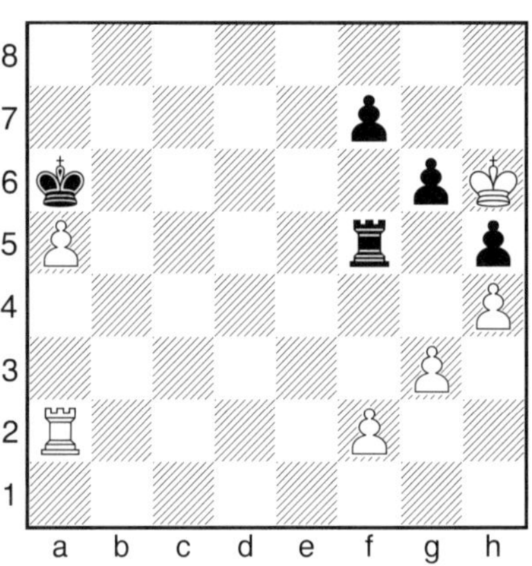

65.f4

Einfacher gewinnt 65.♔g7! ♖f3 66.♖d2! ♔xa5 67.♖d5+ und nun 67...♔b4 68.♖d4+ ♔c3 69.♖f4 oder 67...♔b6 68.♖d6+ ♔c7 69.♖f6 usw.

65...♖c5

Dieser harmlose Versuch, zu Gegenspiel kommen, kann leicht pariert werden.

66.♖a3 ♖c7

Aufgabe 4

Nennen Sie drei Gewinnwege nach 66...♖c6. (Lösung auf Seite 115)

67.♔g7 ♖d7 68.f5

68.♔f6 ♖c7 69.♖f3! ♔xa5 70.f5

68...gxf5 69.♔h6 f4 70.gxf4 ♖d5 71.♔g7 ♖f5

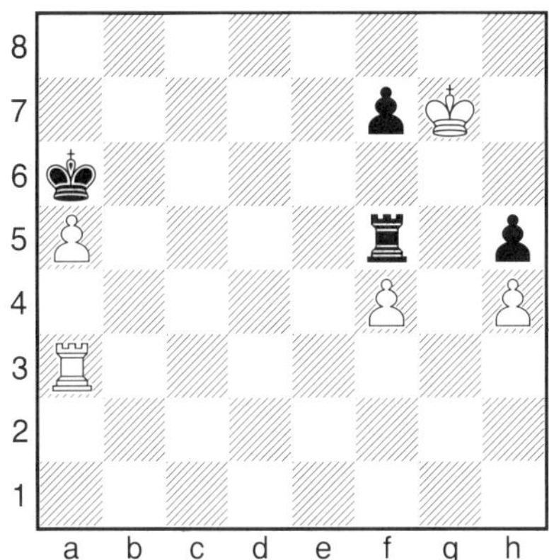

Nun hat Weiß so große Fortschritte gemacht, dass er den a-Bauern aufgeben kann, denn der schwarze König ist zu weit vom Ort des Restgeschehens entfernt.

72.♖a4 ♔b5 73.♖e4! ♔a6 74.♔h6 ♖xa5 75.♖e5 ♖a1 76.♔xh5 ♖g1 77.♖g5 ♖h1 78.♖f5 ♔b6 79.♖xf7 ♔c6 80.♖e7 1–0

Durch diesen Sieg wurde Aljechin zum 4. Weltmeister der Schachgeschichte.

Im folgenden Beispiel wird das Turmendspiel zu einem Damenendspiel – und zwar zu einem, welches häufig in Lehrbüchern vorkommt und noch bekannter als das Turmendspiel ist.

04.07
Alexander Aljechin
Gösta Stoltz
Salzburg 1942

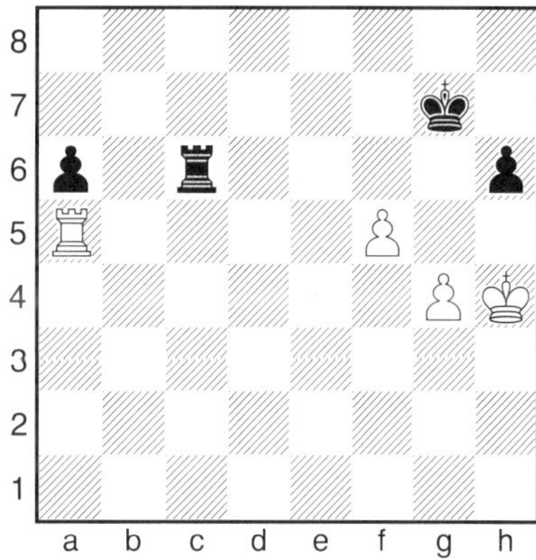

Bei bester Verteidigung könnte Weiß diese Stellung nicht gewinnen, und wie so häufig wäre die beste Verteidigung die aktive.

52.♖d5!?

52.♔h5 ♖c1=

52...♖b6?

Passivität führt im Turmendspiel bekanntlich nur selten zum Ziel.

Nach 52...♖c1 gewinnt Weiß zwar einen Bauern, aber nicht die Partie; z.B. 53.♖d7+ ♔f6 54.♖d6+ ♔g7 55.♖g6+ ♔h7 56.♖xa6 ♖h1+ 57.♔g3 und nun am einfachsten 57...h5! 58.g5 ♖g1+ 59.♔f4 ♖g4+ 60.♔e5 ♖xg5

61.♔f6 ♖g1 62.♔f7 ♖g7+ 63.♔e6 ♖b7 64.f6 ♔g6=.

53.♔h5+− 53...♖c6 54.♖d7+ ♔f8

54...♔f6 55.♖h7 ♔e5 56.♖xh6 ♖xh6+ 57.♔xh6 a5 58.f6 ♔xf6 59.g5+ ♔f7 60.♔h7

55.♖a7 ♖b6

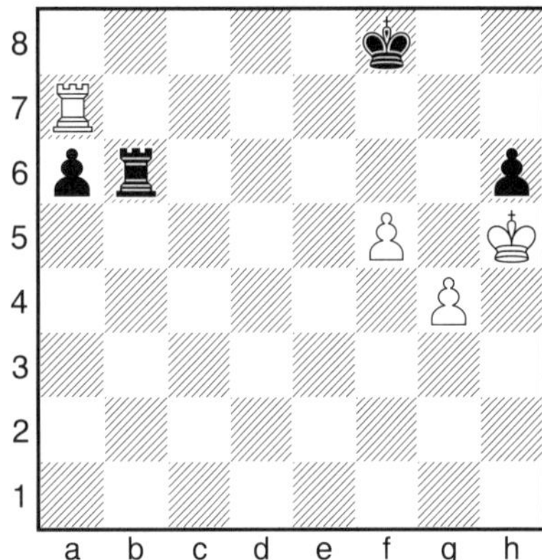

Nun folgt eine instruktive Abwicklung in ein gewonnenes Damenendspiel.

56.♖h7 ♔g8 57.♖e7 ♔f8

57...a5 58.♖a7 ♖c6 59.♖xa5 ♔g7 60.♖a7+ ♔g8 61.♖e7

58.♖e6!

Die entscheidende Gewinnidee!

58...♖xe6 59.fxe6 a5

59...♔e7 60.♔xh6 ♔xe6 61.g5 ♔f7 62.♔h7

60.♔xh6 a4 61.g5 a3 62.g6 a2 63.g7+ ♔e7 64.g8♕ a1♕ 65.♕f7+ ♔d6

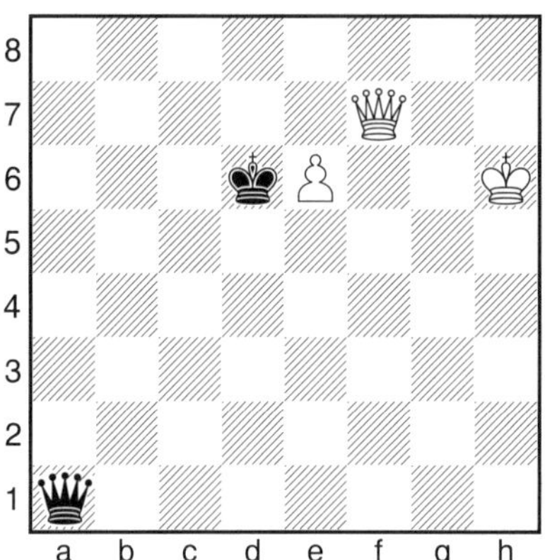

Damenendspiele mit einem freien Mittel- bzw. Läuferbauern sind in der Regel gewonnen, wenn der verteidigende König nicht vor den Freibauern gelangen kann, und in diesem Beispiel ist es nicht anders.

66.♕d7+

Mit dem direkten 66.e7! war die Sache technisch besser zu lösen; z.B. 66...♕c1+ 67.♔h7 ♕b1+ 68.♔g7 ♕g1+ 69.♔f8 ♕d4 70.e8♕ ♕h8+ 71.♕g8 ♕f6+ 72.♕ef7 ♕d8+ 73.♔g7 ♕g5+ 74.♕g6+.

66...♔c5

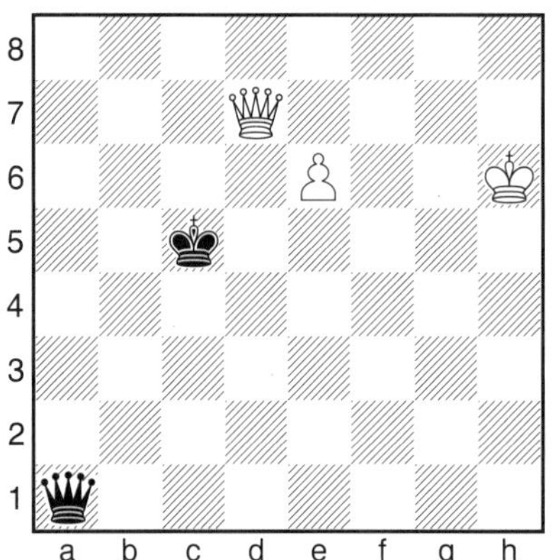

67.♔g6?

Hier steht der König ungünstig.

1) Das direkte 67.e7? ist allerdings wegen

67...♕f6+ nebst Dauerschach ebenfalls verkehrt.

2) Angesagt ist 67.♕f7 ♕h1+ 68.♔g7 ♕g2+ 69.♕g6 ♕b7+ 70.♔f6 ♕b2+ 71.♔f7 ♕a2 72.♕e4 und laut Table-base setzt Weiß in 37 Zügen matt.

67...♕g1+?

Nach 67...♕e5!= könnte Weiß seine Kräfte nicht mehr koordinieren, wie die folgenden Varianten beweisen.

1) 68.♕f7 ♔d6

2) 68.♔f7 ♕h5+ 69.♔e7 ♕h4+ 70.♔e8 ♕h8+ 71.♔f7 ♕h7+ 72.♔f6 ♕h6+ 73.♔f5 ♕h5+

3) 68.e7 ♕g3+ 69.♔f7 ♕f3+ 70.♔e8 ♕a8+ 71.♕d8 ♕c6+ 72.♔f8 ♕h6+

68.♔f7 ♕h1?!

68...♕h2 war weit zäher; z.B. 69.♕c8+ (69.e7?? ♕h5+ nebst Dauerschach) 69...♔b6 70.♕c4 ♕h5+ 71.♔g7 ♕e5+ 72.♔f8 ♕f5+ 73.♔e7 ♕f3 74.♕d4+ ♔c7 75.♕d7+ ♔b8 76.♕e8+ ♔c7 77.♕f7 ♕c3 78.♔f8+ ♔b6 79.♕f2+ ♔b7 80.♕f5 ♕c8+ 81.♔g7 ♕c3+ 82.♕f6 ♕g3+ 83.♔f7 ♕b3 84.♔f8 ♕b6 85.♕f5 ♕b4+ 86.e7

69.♕c7+ +−

69.e7?? führt nach 69...♕h5+ 70.♔f6 ♕h6+ 71.♔e5 ♕e3+ zum Dauerschach.

69...♔b5 70.♕e5+ ♔a4 71.♕d4+ ♔a3 72.♕d3+ ♔b4 73.♕f5 ♕c6 74.e7 ♕c7 75.♕e4+ ♔a3 76.♕d4 ♕h2

76...♔a2 77.♔f8

77.♕c5+ ♔a2 78.e8♕ ♕f4+ 79.♔g7 ♕g3+ 80.♔f8 1-0

Denn das Schach 80...♕f3+ wird mit dem Gegenschach 81.♕f7+ gekontert.

Den folgenden Klassiker gewinnt Aljechin in einem eher für Capablanca typischen Stil.

04.08
Alexander Aljechin
Max Euwe
London 1922

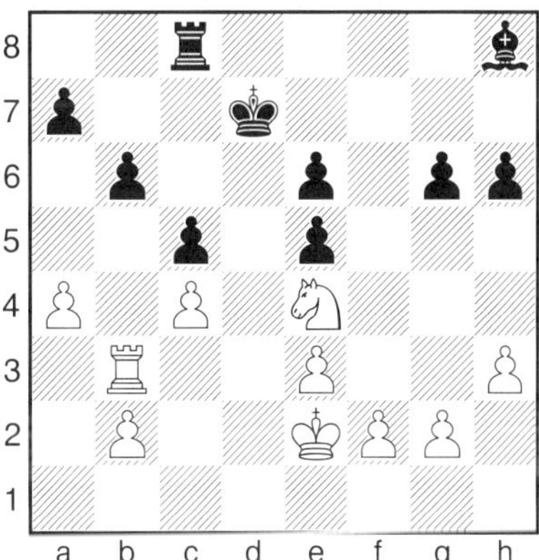

25.a5!

Der Dosenöffner. Aljechin hat erkannt, dass sein Turm nun entscheidend eindringen wird. Schwarz ist so gelähmt, dass dagegen kein Kraut gewachsen ist.

25...♔c6

25...bxa5 26.♖b5 a4 27.♖a5 ♖b8 28.♖xa4 ♖xb2+ 29.♔d3 ♔c6 30.♖xa7 ♖b7 31.♖xb7 ♔xb7 32.♘xc5+ +−

26.axb6 axb6 27.♖a3 ♗g7 28.♖a7 ♖c7 29.♖a8 ♖e7 30.♖c8+ ♔d7 31.♖g8 ♔c6 32.h4 ♔c7

32...b5?! 33.cxb5+ ♔xb5 34.♘d6+ ♔c6 35.♘e8+−

33.g4 ♔c6 34.♔d3

Der folgende Königsausflug zum Damenflügel ist nicht nötig, schadet aber auch nicht, weil Schwarz ohnehin nichts unternehmen kann.

34...♖d7+ 35.♔c3 ♖f7 36.b3 ♔c7 37.♔d3 ♖d7+ 38.♔e2 ♖f7 39.♘c3 ♖e7 40.g5

Der Bauer schränkt den Läufer weiter ein, so dass er nun fast völlig dominiert ist.

40...hxg5 41.hxg5 ♔c6 42.♔d3 ♖d7+ 43.♔e4 ♖c7 44.♘b5 ♖e7 45.f3 ♔d7 46.♖b8 ♔c6

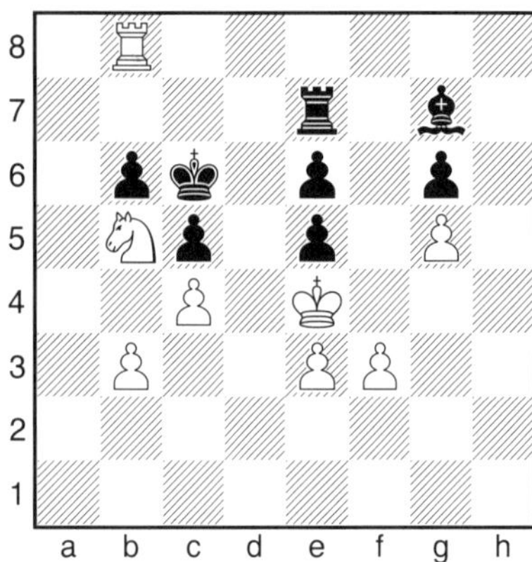

Endlich kommt der Schlussangriff!

47.♖c8+ ♔d7

47...♔b7 48.♘d6+ ♔a7 49.♖g8 ♖d7 50.♘e8+-

48.♖c7+ ♔d8 49.♖c6!

Nun endlich fällt ein Bauer.

49...♖b7 50.♖xe6 1-0

Auch das folgende Endspiel führt Aljechin auf eher technische Weise zum Erfolg.

04.09
George Alan Thomas
Alexander Aljechin
Baden-Baden 1925

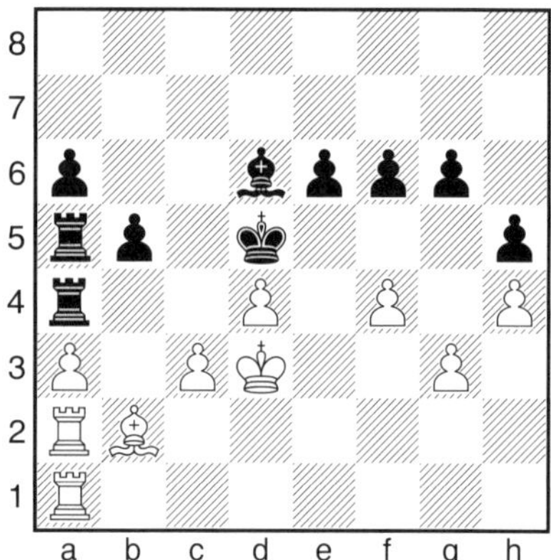

48.♗c1?

Der Bauer a3 sollte besser mit dem König überdeckt werden, was durchaus typisch für solche Strukturen ist. Nach 48.♔c2 ♖c4 49.♔b3 hat Weiß noch gute Remischancen.

48...e5!

Aljechin öffnet in typischer Manier eine zweite Front.

49.fxe5 fxe5 50.♗b2

50.dxe5 ♗xe5-+ 51.♗f4 ♗xf4; 51.♖g2 ♖g4 52.gxf4 ♖xf4 53.♖g2 ♖g4

50...exd4?!

Aljechin verstößt gegen das Endspielprinzip: Nichts übereilen!

Mit dem genaueren Ansatz 50...♖c4!? hätte er sich mehr Möglichkeiten offengehalten.

51.cxd4 b4

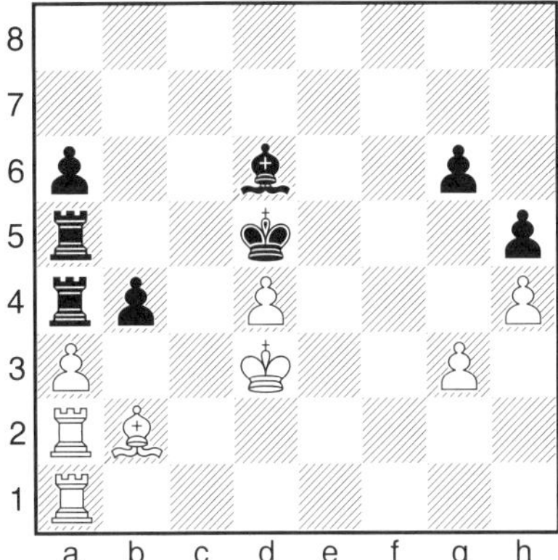

52.axb4?

Das verliert direkt eine Figur.

52.♖g1 war weit zäher, sollte allerdings nach 52...♔e6 53.g4 hxg4 54.♖xg4 ♔f7 55.♖g1 ♖f5–+ auf lange Sicht ebenfalls verlieren.

52...♖xa2 53.bxa5 ♖xb2 0-1

Aufgaben zum Thema 'Phantasie und Präzision'

(Lösungen ab Seite 110)

A04.05
Richard Réti
Alexander Aljechin
Baden-Baden 1925

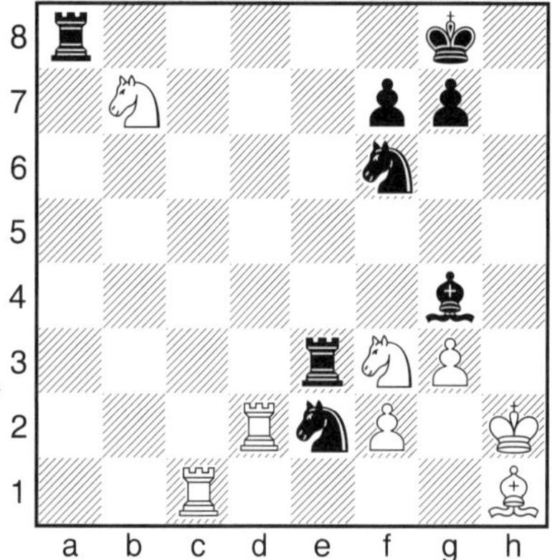

Wie legte Aljechin los?

A04.06
Movsas Feigins
Alexander Aljechin
Hastings 1936

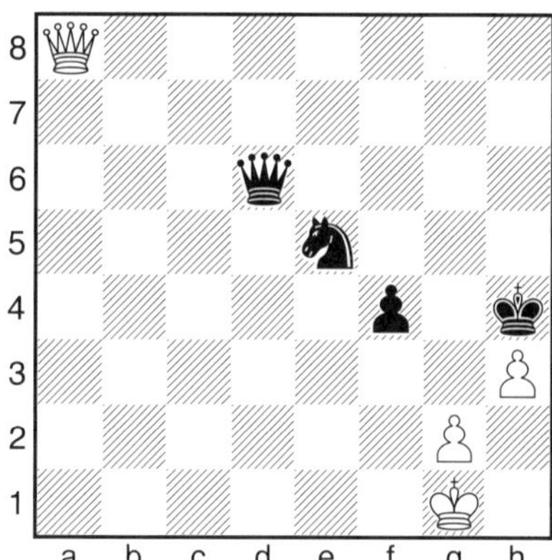

Ist 90.♕h8+ eine gute Wahl?

A04.07
Ehrhardt Post
Alexander Aljechin
Mannheim 1914

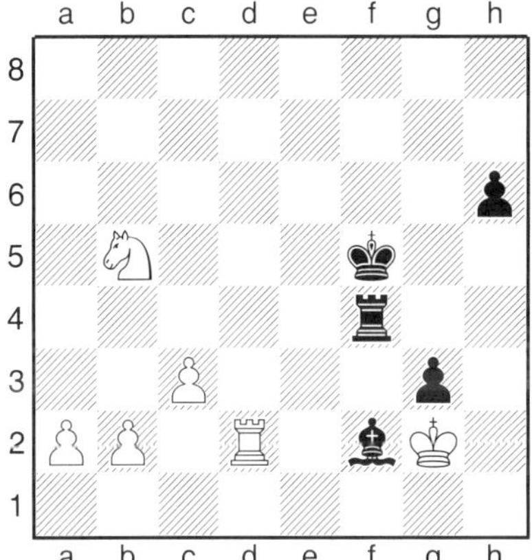

Ist 54...h5 oder 54...♔g4 die richtige Fortsetzung?

A04.08***
Alexander Aljechin
Savielly Tartakower
Wien 1922

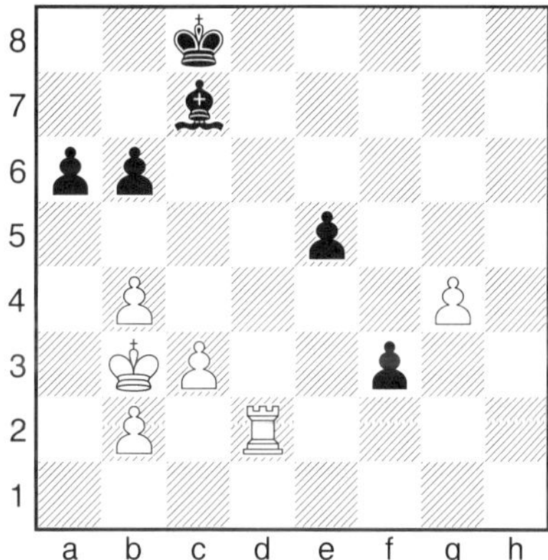

Welchen Knüller entkorkte Aljechin?

Lösungen

A04.01

61...♕f1!−+

Nach diesem einzigen klaren Gewinnzug kann die Koordination der verteidigenden Kräfte nicht mehr entknotet werden, wie es nach den fehlerhaften Alternativen der Fall gewesen wäre:

1) 61...♕f3? 62.♕e4= Δ62...♕xe2+ 63.♕xe2 ♖d2 64.♕g2

2) 61...♖d1? 62.♖g2= Δ62...♖d2 63.a7 ♕f3 64.♖xd2 cxd2 65.a8♕

3) 61...♖d2? 62.♖xd2 cxd2 63.♕e2 Δ63...♕xa6 64.♕xd2=

62.♕e4

62.a7 ♖d2; 62.♖e4 ♖d2+

62...♖d2 63.♖xd2 cxd2 64.a7 d1♕ 65.a8♕

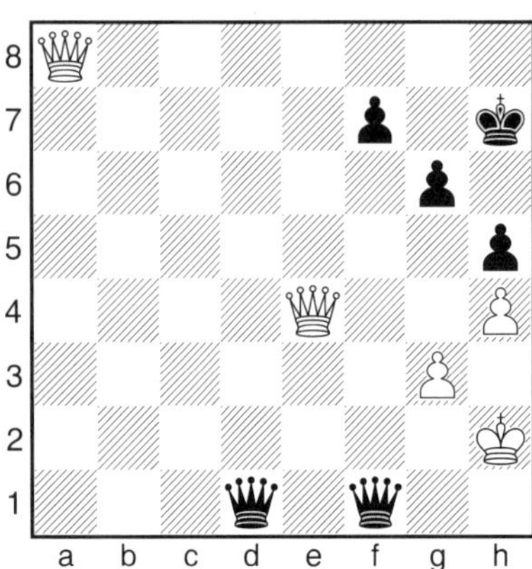

Nun ist die 4. Partiephase mit 4 Damen auf dem Brett, und entsprechend der oben erwähnten Faustregel gewinnt wieder die Seite, die das erste Schach gibt.

65...♕g1+ 66.♔h3 ♕df1+ 0-1

67.♕g2 ♕h1#

A04.02

44.g3!+−

So sorgt Weiß nicht nur dafür, dass sein Turm nach 44...♕h8+ nicht verloren geht, sondern auch dafür, dass dieser wieder ins Spiel kommt.

Hingegen würde 44.♖e1?? ♕h8+ 45.♔g3 ♕h4# zum Matt führen, 44.♔h2? ♕h8+ 45.♔g1 ♕a1+ zum Dauerschach – und nach 44.♖h2? ♕a1 mit der Doppeldrohung ♕xa4 und ♕e1 könnte Weiß seine vertrackte Stellung nie mehr entwirren.

44...♕h8+

Nach der Entfesslung mit 44...g7 führen 45.♖d1 und 45.a5 die Liste der Gewinnzüge an.

45.♔g2 ♕c3 46.♖h7

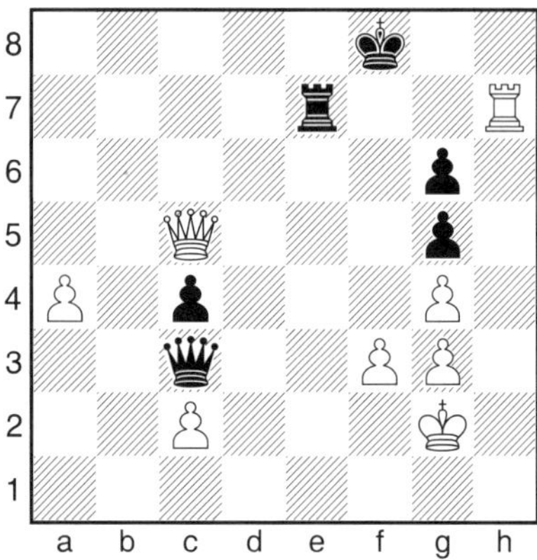

Außer dieser (sogleich mit einer zweizügigen Mattdrohung einhergehenden) Turmbefreiung reicht auch das passivere Verfahren 46.♕f2 zum Gewinn.

46...♕xc2+ 47.♔h3 ♕e2 48.♖xe7 ♕xe7 49.♕xc4 ♕e1 50.♕c5+

Um den via g2 ins Zentrum strebenden König bei Bedarf mit ♕f2 abschirmen zu können.

50...♔f7 51.♔g2 ♕a1 52.♕c2

In der Folge ist Aljechin von der fixen Idee besessen, sich auf keinen Fall von seinem Freibauern zu trennen. Tatsächlich wäre 52.♕xg5! einfacher, weil der weiße König nach Verschwinden dieses Bauern bequem vor allzu vielen Störschachs abgeschirmt werden könnte; z.B. 52...♕b2+ 53.♔h3 ♕h8+ 54.♕h4 ♕a1 55.♕h7+ ♔f8 56.♕h6+ ♔f7 57.♕f4+ ♔e8 58.♔h4.

52...♔f6 53.♕b3

Bereits hier sprach nichts gegen 53.f4 usw.

53...♔e5

53...♔g7 54.♕c2...f4

54.♔f2

Der erste Schritt in eine zwar nicht ganz falsche – wohl jedoch unpraktische Richtung.

Zum Gewinn führte 54.♕b8+!? mit der möglichen Folge 54...♔d5 55.♕b5+ ♔e6

1) 56.♕xg5 ♕b2+ 57.♔h3 ♕h8+... 58.♕h4? (⌓58.♔g2 ♕b2+ 59.♔f1 usw.) 58...♕a1 59.g5 ♕f1+ 60.♔g4 ♕c4+ 61.f4 ♕e2+ nebst Dauerschach

2) ⌓56.♕e8+ ♔d5 57.♕d7+ ♔c5 58.♕b5+ ♔d6 59.♕xg5

54...♔f6 55.♕b6+

Auch hier war wieder 55.f4 gut möglich; z.B. 55...♕d4+ 56.♕e3 ♕b2+ 57.♔f3 ♕b7+ 58.♕e4 ♕b3+ 59.♔g2 gxf4 60.gxf4 ♕b2+ 61.♔g3 ♕c3+ 62.♔h4.

55...♔g7 56.♕b4 ♕h1?!

56...♕a2+ war zäher, obwohl Schwarz nach 57.♔e3 und nun beispielsweise 57...♕e6+ 58.♔d3 ♕a6+ 59.♕c4 ♕b7 60.♕d4+ ♔h7 61.♔e2 auf lange Sicht auch verlieren sollte.

57.♕e1 ♕h2+ 58.♔e3 ♔h7 59.a5 ♕a2 60.♕d2 ♕a1 61.♔e2 ♔h6 62.f4 gxf4 63.gxf4 ♕a4 64.♔f2!? ♔h7 65.g5 ♕a3 66.♕d7+ ♔h8 67.♕c8+ ♔h7 68.♕c7+ ♔h8 69.♔e2 ♕a2+ 70.♔e3 ♕b3+ 71.♔d4 ♕b4+ 72.♔d5 ♕b5+ 73.♔d4 ♕a6 74.♕b6 ♕c8 75.♕d6 ♕c2 76.a6 ♕d2+?! 77.♔e5 ♕c3+ 78.♔e6 ♕c8+ 79.♔e7 ♔h7 80.♕d7 ♕c3 81.♔e6+ 1–0

A04.03

35.♕e4+?

Das entstehende Bauernendspiel ist nur remis.

35.♕xe5! führt dagegen zum Gewinn: 35...dxe5 (35...♖xe5? 36.♖xe5 dxe5 37.♔xh4 ist zu einfach.) 36.♖e4 ♖d8 37.d4 exd4 38.cxd4 ♔g5 39.f3 ♖d7

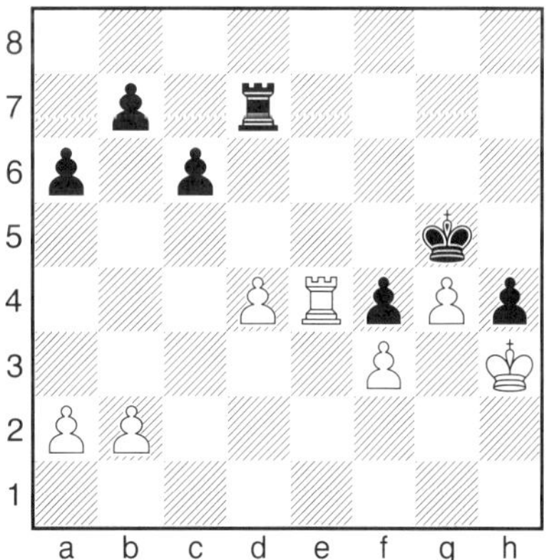

Und nun wird Schwarz mittels eines Dreiecksmanövers des Turms in Zugzwang gebracht: 40.♖e5+ ♔g6 41.♖e6+ ♔g5 42.♖e4 Zugzwang 42...a5 43.♖e5+ ♔g6 44.♔xh4 ♖xd4 45.♖g5+ ♔f6 46.♖xa5.

35...♕xe4 36.♖xe4 ♖xe4 37.dxe4 ♔g5 38.f3

38.a4 a5 39.f3 b5 40.b3 bxa4 41.bxa4 d5 42.exd5 cxd5 43.♔g2=

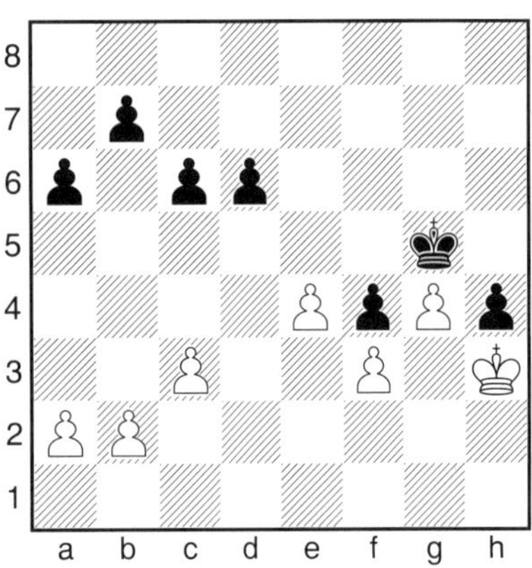

38...a5!

Danach gewinnt Schwarz den Kampf um die Reservezüge am Damenflügel, welches hingegen nach 38...b5? 39.b4+– oder 38...c5? 39.a4 b5 40.axb5 axb5 41.b3 c4 42.b4+– verloren gegangen wäre.

39.c4 b5

39...a4 40.b3 axb3 41.axb3 c5=

40.cxb5 cxb5 ½-½

A04.04

29.♗xg6!+–

1) 29...fxg6!? ist am zähsten (29...♕xg6? 30.♕xd7), rettet aber letztlich auch nicht.

30.♕e6+ ♖f7 31.♖c8 ♖xc8 32.♕xc8+ ♖f8 33.♕e6+ ♖f7 34.d6

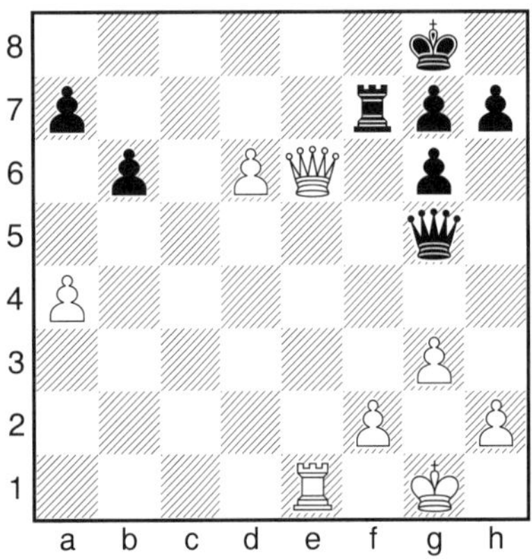

Nun entscheidet der Freibauer den Tag, denn dieser fällt hier noch mehr ins Gewicht als in einem reinen Turm- oder Damenendspiel; z.B. **34...♕d8 35.♖c1** oder **34...♕c5 35.♖e2 ♕c1+ 36.♔g2 ♕c6+ 37.♖e4 ♔f8 38.♔g1 ♕c1+ 39.♖e1 ♕c6 40.♕e5 ♕c8 41.♕d5 h6 42.♖d1 ♕d7 43.♖c1 ♕d8 44.♖c3 g5 45.♕e4 ♖d7 46.♕h7 ♖xd6 47.♖f3+ ♖f6 48.♕h8+ ♔e7 49.♖e3+**.

2) In der Partie folgte **29...hxg6?! 30.♕xd7 ♖xd7 31.♖e8+ ♔h7 32.♖cc8 ♖d8 33.♖exd8 1-0**

A04.05

31...♘e4!!–+

„Was für ein Zug! Dieses Mitglied der schwarzen Kavallerie wird die weiße Auffangstellung pulverisieren.“
(Aljechin)

Hingegen würden die Alternativen 31...♖xf3 32.♖xe2 und 31...♘xc1 32.fxe3 nicht durchdringen.

32.♖c4

32.fxe3 ♘xd2 33.♘xd2 ♘xc1

32...♘xf2 33.♗g2 ♗e6 34.♖cc2

34.♖b4 ♘g4+ 35.♔h3 ♘f6+ 36.♔h2 g6

34...♘g4+ 35.♔h3 ♘e5+ 36.♔h2 ♖xf3 37.♖xe2 ♘g4+ 38.♔h3 ♘e3+ 39.♔h2 ♘xc2 40.♗xf3 ♘d4 41.♖f2 ♘xf3+ 42.♖xf3 ♗d5 0-1

A04.06

90.♕h8+?

Nach diesem Fehler kann der schwarze König entscheidend eindringen.

Richtig war 90.♕e4 ♕c5+ (90...♔g3?? 91.♕e1#) 91.♔h2 und nun 91...♔g5 92.♕b7 bzw. 91...♕e3 92.♕h7+ usw.

90...♔g3–+ 91.♕g8+ ♕g6 92.♕a2

92.♕b3+ f3! (92...♕d3 93.♕g8+ ♘g6)

Δ93.gxf3 ♘xf3 nebst Matt in wenigen Zügen nach 94.♔f1 ♕a6+ oder 94.♔h1 ♕e4 usw.

92...♕b6+ 93.♔h1

93.♔f1 ♕e3 94.♕g8+ ♔h2

93...♘d3 94.♕g8+ ♔f2 95.♕a2+ ♔f1 0-1

A04.07

54...h5?

Das ist die falsche Reihenfolge.

Die richtige sah wie folgt aus: 54...♔g4!−+ 55.♖d6 h5 56.♖g6+ ♔h4

1) 57.♘d6 ♗c5 58.♖xg3 ♖f2+ 59.♔h1 ♗xd6 60.♖g2 ♖f3

2) 57.♘d4 ♗xd4 58.cxd4 ♖f2+ 59.♔g1 ♔h3 60.d5 ♖xb2 61.♖f6 ♖b1+ 62.♖f1 ♖xf1+ 63.♔xf1 ♔h2

55.♖d8?

In der Folge unterschätzen beide Seiten die Bedeutung der weißfeldrigen Blockade, die Weiß errichten kann; z.B. hier mit 55.♔h3! Δ55...♖g4 56.♔g2 ♖f4 57.♔h3=.

55...h4?

⌓55...♔g4 56.♖g8+ ♔h4 57.a4 ♗e3−+

56.♖f8+ ♔g5 57.♖g8+ ♔h5 58.♖h8+ ♔g6

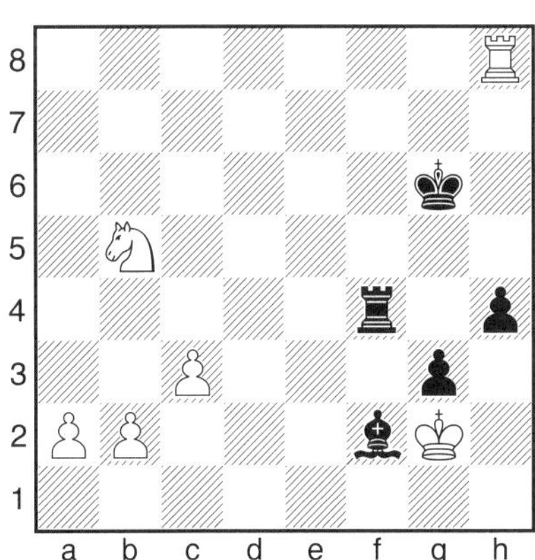

59.♖e8?

⌓59.♔h3 ♗c5 60.♘d4 ♗e7 61.♘e2 ♖f2 62.♘xg3 hxg3 63.♔xg3=

59...♗c5−+ 60.♖e2

60.♔h3 ♖f2 61.♔xh4 g2 62.♔h3 ♔f7 63.♖e1 ♖e2

60...♔f5 61.b4 ♗b6 62.♔h3

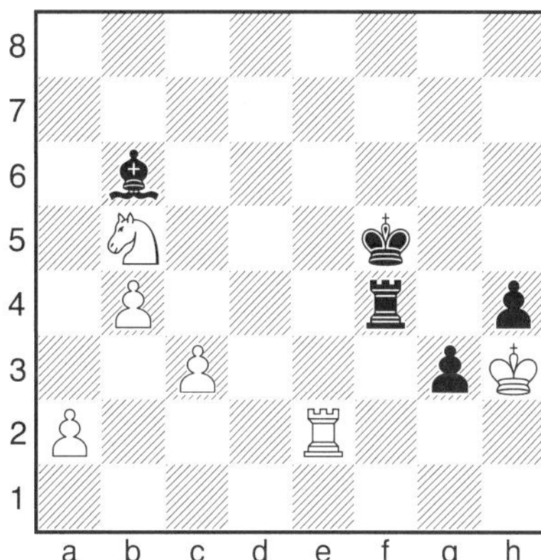

Nun hält diese Blockade nicht mehr.

62...♖f2 63.♘d6+ ♔f4 64.♖e4+

64.♖xf2+ gxf2 65.♔g2 h3+ 66.♔f1 h2

64...♔f3 65.♔xh4 ♗d8+ 66.♔h5 ♖h2+ 67.♔g6 0-1

A04.08

36.♖d5!!+−

Nun kann der Turm die Bauern stets solange aufhalten, bis entweder der g-Bauer durchläuft oder der König den Königsflügel erreicht.

Hingegen reicht keine der folgenden Alternativen aus.

1) 36.g5? e4 37.g6 ♗e5 38.♖f2 ♔d7

2) 36.♖f2? e4 37.g5 ♔d7 38.g6 ♗e5 39.♔c2 ♔e6 40.♖f1 ♔f5 41.♖g1 ♗g7 42.♔d2 ♔f4

3) 36.♖h2? e4 37.♖h8+ ♔d7 38.♖f8 ♗g3 39.g5 ♔e7 40.♖f6 ♗e5 41.♖f5 ♔e6 42.♖f8 ♔e7

36...e4

36...f2 37.♖d1 e4 38.♔c2 e3 39.♔d3 ♗f4 40.♔e2

37.♖f5 ♗g3 38.g5 ♔d7

38...e3 39.♖xf3 e2 40.♖e3 e1♕ 41.♖xe1 ♗xe1 42.g6

39.g6

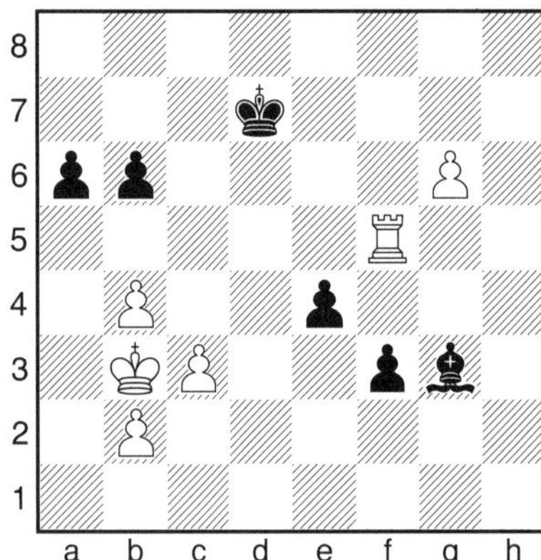

39...♔e6

Eine letzte wichtige Alternative besteht in 39...e3 mit folgenden Abspielen.

1) 40.g7 e2 41.♖f7+ ♔c6 42.g8♕ e1♕ 43.♕a8+ und Weiß gewinnt im für ihn typischen Stil in der 4. Partiephase.

2) Allerdings reicht auch das prosaische 40.♖xf3 e2 41.♖e3 e1♕ 42.♖xe1 ♗xe1 43.g7.

40.g7 ♔xf5 41.g8♕ ♗f4

41...f2 42.♕c4 ♔f4 43.♔c2 ♔f3 44.♕f1 (44.♔d1? ♔g2 45.♕xe4+ ♔g1=) 44...e3 45.♔d3 e2 46.♕h1+ ♔f4 47.♔xe2

42.♕f7+ ♔g4 43.♕g6+ ♗g5 44.♕xe4+ ♔g3 45.♕g6 ♔g4 46.♕xb6 1-0

Aufgabe 1

In dieser lautet die wichtigste Faustregel: Wer das erste Schach gibt – gewinnt! – So auch hier: **62...♖g5+ 63.♔h3 ♖h5+ 64.♔g4 ♕g5+ 65.♔f3 ♖h3+ 66.♔e4 ♖e3+ 67.♔d4 ♕e5+ 68.♔c4 ♖e4+ 69.♔b3 ♕d5+ 70.♔c3 ♕c4+ 71.♔d2 ♕d4#**.

Aufgabe 2

1) 30...♔g7 31.♖1e6+– (oder auch 31.♕e6 ♕xe6 32.dxe6)...**31...♕h2 32.♖xb6**; **31...♕d8/♕b8 32.d6**

2) 30...♖g5 31.♖xf7!+– (noch besser als 31.♕c8+ ♖g8 32.♕xa6)...**31...♔g8 32.♕c8+ ♔xf7 33.♕e8+ ♔g7 34.♖e7+**

Aufgabe 3

In den folgenden Varianten wird veranschaulicht, worauf es bei diesem Spiel mit Zugzwang ankommt.

1) 43...♗c6? 44.♔b2+–

a) 44...g4 45.♘g2 und nun z.B. 45...♔f5 46.♔c3 ♔g5 47.♘f4 ♗b7 48.♘e6+! ♔g6 49.♘d8

b) 44...h4 45.♔c3 hxg3 46.hxg3 ♗b7 47.♔b2 ♗c6 48.♔a3 ♔h5 49.♘f5

c) 44...♗b7 45.♔a3 ♗c6 46.h4 g4 47.♔b2 ♗b7 48.♔c3 ♗c6 49.♘g2 ♔f5 50.♘f4 ♔e4 51.♘xh5

2) 43...♗a8! Nur so herum wird Schwarz nicht auf dem falschen Fuß erwischt. **44.♔b2 ♗c6 45.h3 h4 46.g4 ♔h7 47.♘f5 ♗d7 48.♘e7 ♗e6 49.♔a3 ♔h6 50.♔a4 ♗d7+ 51.♔a3 ♗e6**=

Aufgabe 4

Nach **66...♖c6** gewinnt **67.f5!** am einfachsten (67.♖f3 Δf5+–; 67.♔g7 f5 68.♔h6+–); z.B. **67...gxf5+ 68.♔xh5 ♖g6 69.♖f3 ♔xa5 70.♖xf5+ ♔b6 71.g4** usw.

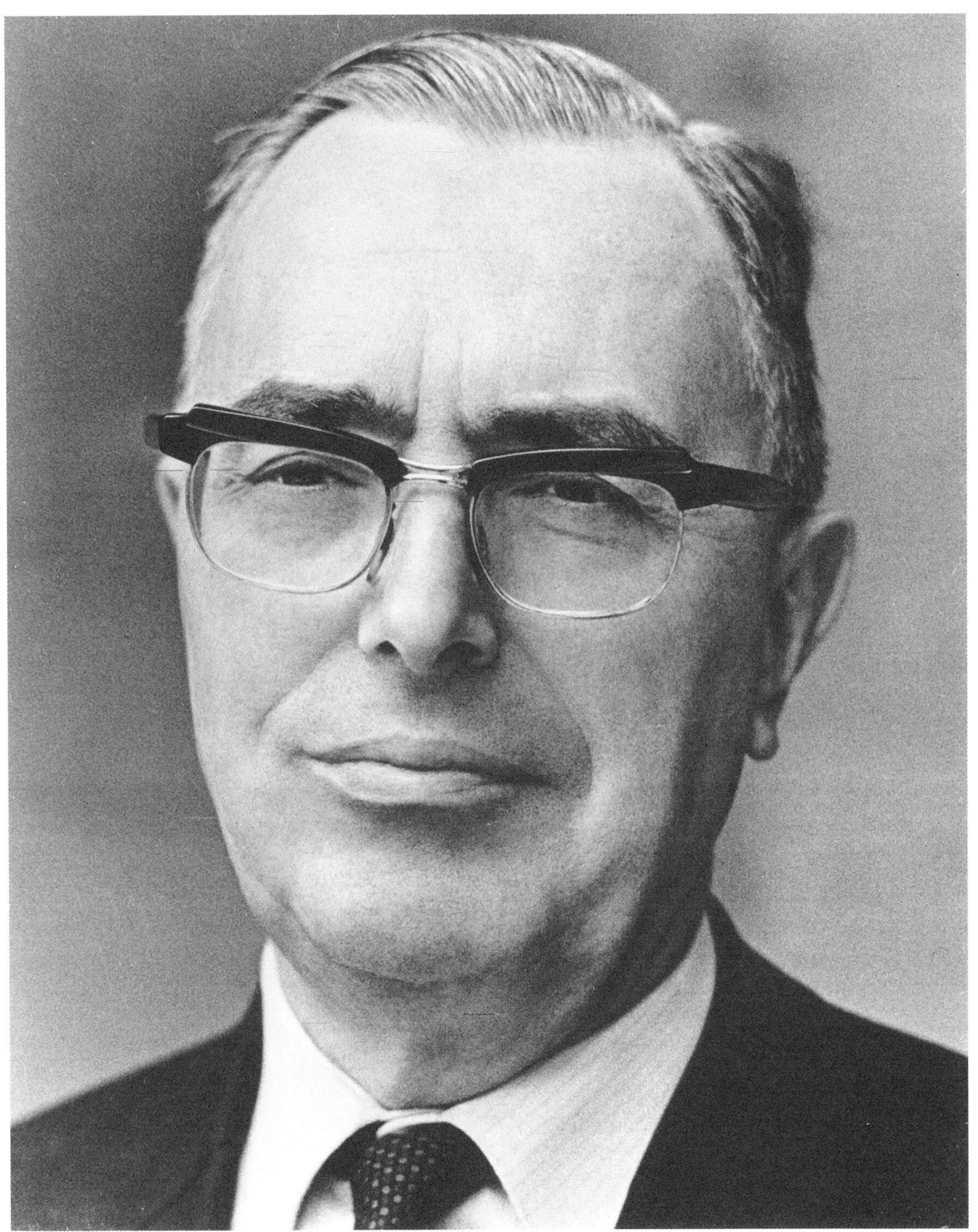

Der fünfte Weltmeister – Max Euwe

Der Niederländer **Machgielis (Max) Euwe** (20. 5. 1901 – 26. 11. 1981) errang den Titel 1935 durch seinen (seinerzeit höchst überraschenden und in der Tat recht knappen) Sieg über Aljechin (+9 =13 -8). Er war der bislang einzige Weltmeister, der während seiner gesamten Schachkarriere einem bürgerlichen Beruf nachging, denn als promovierter Mathematiker arbeitete er zunächst als Lehrer und wurde später zum Professor für Kybernetik. Besondere Bekanntheit erlangte Euwe auch durch sein umfangreiches schachschriftstellerisches Werk sowie durch die Tatsache, dass er von 1970 bis 1978 als Präsident des Weltschachbundes FIDE fungierte.

Euwe war vom Spielstil her Pragmatiker (siehe auch 'Vorbemerkung 2' auf Seite 9) und in seinen Endspielen ist mir besonders die Bedeutung von Freibauern aufgefallen, die in einigen seiner Klassiker eine absolut zentrale Rolle spielen. Die beiden ersten Beispiele stammen aus dem WM-Kampf, der seinerzeit in 13 Städten der Niederlande ausgetragen wurde.

05.01
Max Euwe
Alexander Aljechin
Niederlande 1935

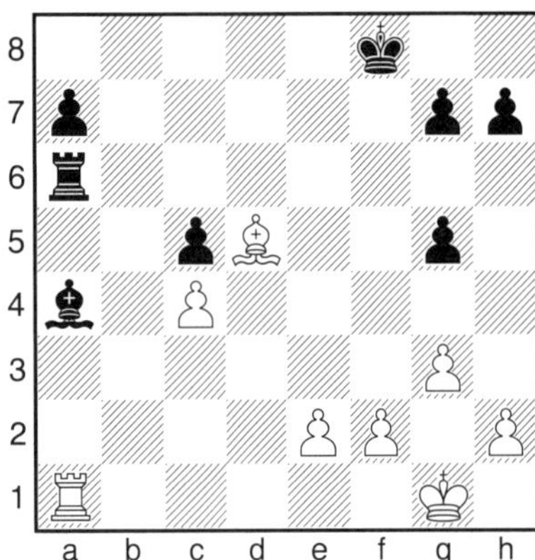

30.♖a2!+–

Nach diesem harmlos wirkenden Zug geht Schwarz sang- und klanglos unter, denn da nun die Fesselung auf der a-Linie vorerst nicht abgeschüttelt werden kann (30...♗b5? 31.cxb5 ♖xa2 32.♗xa2), kann Weiß ungestört seine Bauernmehrheit am Königsflügel mobilisieren.

30...♔e7?!

Auch nach dem zäheren Ansatz 30...g4! kann Schwarz sich auf Dauer nicht halten; z.B. 31.f4 gxf3 32.exf3 ♔e7 33.♔f2 ♔d6

(33...♔f6 34.♔e3 Δf4; Δ34...g5 35.♔e4)

34.♔e3 ♔e5

(Der Abseilversuch 34...♔c7 35.g4 34.♔b6 scheitert an 36.♖b2+ 34.♔a5 37.♖b7 usw.)

35.f4+ ♔f5 (35...♔f6 36.g4) 36.♔f2

(Δ37.♗b7 ♖b6 38.♗c8+; 37...♖a5 38.♗c6; 36.♗b7!? ♖e6+ 37.♔d3 ♖d6+ 38.♔c3)

36...♔f6 g4 usw.

31.f4 gxf4 32.gxf4 ♔f6

32...♖g6+ 33.♔f2 ♗d7 34.♖xa7

33.e4 g5 34.f5

34.fxg5+! ♔xg5 35.e5

34...h5

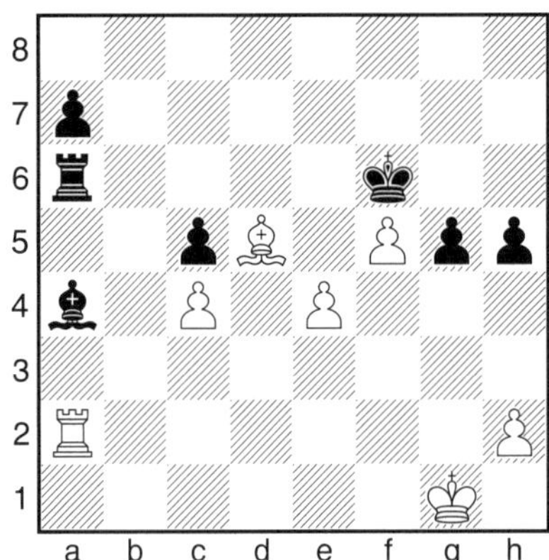

35.h4!

Nach diesem Seitenhieb zerbröckelt die schwarze Blockadestellung.

35...gxh4

35...g4 36.♔g2 ♔e5 37.♔g3

36.♔h2 ♔g5 37.♔h3 ♖a5 38.♗b7! ♔f6 39.♗d5

Weiß will die Hängepartie erreichen.

39...♔g5 40.♗b7 ♔f6 41.♗c8!? 1-0

Statt dieses Abgabezuges hätte selbstredend auch schlicht 39.♔xh4 leicht gewonnen. Wie auch immer gab Aljechin ohne Wiederaufnahme auf, da er vollkommen hilflos steht und mindestens eine Qualität verliert.

Das folgende Endspiel stammt aus einem Meisterwerk, das von Euwe-Fans ‘Perle von Zandvoort’ genannt wird.

05.02
Max Euwe
Alexander Aljechin
Niederlande 1935

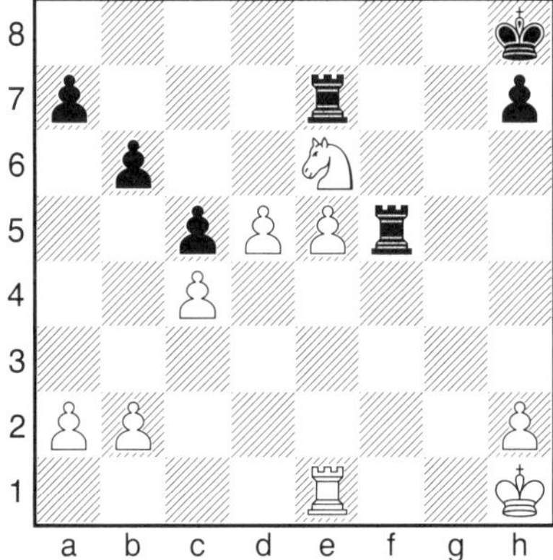

Aljechin hat aus der Eröffnung heraus unter konstantem Druck gestanden und sich präzise verteidigt, übersieht jedoch hier eine entscheidende taktische Feinheit.

38...h6?

Danach bricht die schwarze Stellung rasch zusammen, denn Euwes Freibauern sind nicht mehr zu bremsen.

1) Auch nach 38...♔g8? 39.♖g1+ ♔h8 40.♖g5+– bleiben diese extrem gefährlich; z.B. 40...♖f2 41.♔g1

a) 41...♖xb2 42.♖f5 h6 43.♔f1 ♖xh2 44.♘f4

b) 41...♖ef7 42.d6 ♖e2 43.♘d8 ♖f8 44.♘c6

2) Schwarz hatte kaum eine andere Wahl als das Rückopfer 38...♖xe6! 39.dxe6, um sein Heil in einem Turmendspiel zu suchen, weil es dort ja bekanntlich eine große Remis-Tendenz gibt; z.B. 39...♔g7 40.♖e3 ♔f8 41.♖a3 a5 42.♖b3 ♖xe5 43.♖xb6 ♔e7 44.♔g2 ♖e4 45.b3 ♖e2+ 46.♔g3 ♖xa2=.

39.♘d8 ♖f2 40.e6 ♖d2

In dieser hoffnungslosen Stellung wurde die Partie abgebrochen und Aljechin war Masochist genug, um sich auch noch den traurigen Rest zeigen zu lassen.

41.♘c6 ♖e8 42.e7 b5 43.♘d8 ♔g7 44.♘b7 ♔f6 45.♖e6+ ♔g5 46.♘d6 ♖xe7 47.♘e4+ 1-0

Nach den beiden Siegen gegen Aljechin nun zwei Remis gegen Capablanca. Zu diesen ist zu sagen, dass es sich um einen eindeutigen Fall von ausgleichender Gerechtigkeit handelt, zumal Euwe die erste Partie eigentlich hätte gewinnen – die zweite hingegen verlieren müssen.

05.03
Max Euwe
José Raúl Capablanca
Karlsbad 1929

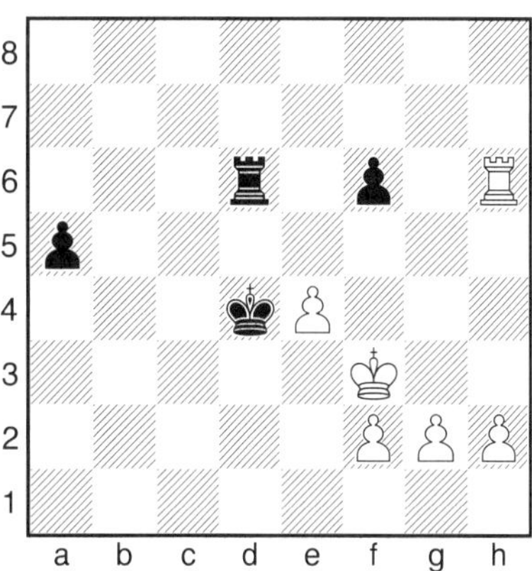

Ungeachtet seiner zwei Mehrbauern muss

Weiß sehr präzise vorgehen, um das Freibauernrennen zu gewinnen.

42.♔f4

1) Zu dieser Stellung schreibt der holländische GM L'Ami: „Das Turnierbuch gibt 42.e5 ♔xe5 43.♖h5+ f5 44.g4 ♖f6 45.♔e3 als Gewinnvariante an, aber nach den weiteren Zügen 45...a4 46.♔d3 ♖d6+ 47.♔c3 ♔f4 kann Schwarz remisieren, worauf auch Euwe selbst hinweist."

2) Allerdings kann Weiß auch gewinnen, wenn er dem h-Bauern unverzüglich freie Fahrt gibt; z.B. 42.♖h8+-

(42.h4 a4 43.♖h8 ist Zugumstellung und auch 43.h5 ♖a6 44.♖h8 läuft letztlich auf das gleiche Ergebnis hin-aus – nämlich den Übergang zur 4. Partiephase.)

42...♖a6

(42...♔c4 43.♖a8 ♔b4 44.h4 a4 45.g4)

43.h4 a4 44.h5 a3 45.h6 a2 46.♖d8+ ♔c4 47.h7 a1♕ 48.h8♕

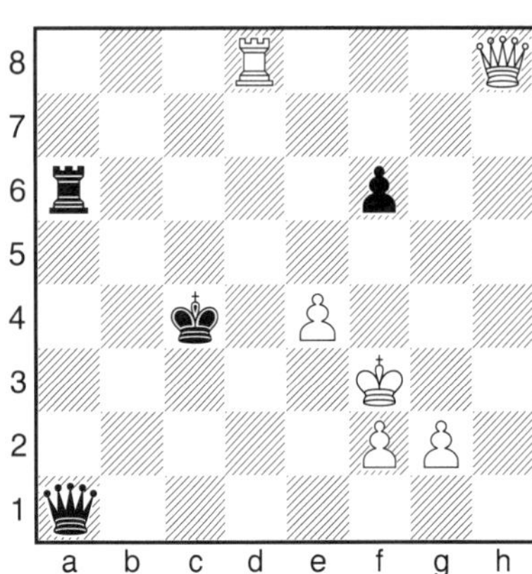

Und Weiß gewinnt die 4. Partiephase nach beispielsweise 48...♖a3+ 49.♔g4 f5+ 50.exf5 usw.

42...a4 43.♖h5?

Diese Rückführung des Turmes ist zu passiv und zu langsam.

Hingegen führt 43.♖h3 zum Gewinn.

1) 43...♖a6 44.♖a3 ♔c4 45.h4 ♔b4 46.♖a1 a3 (Tartakower) 47.h5 ♖a5 48.g4

2) 43...♔c4 44.♖a3 ♔b4 45.♖a1 ♖d2 46.♔e3 ♖d8 47.g4 ♖h8 48.f4 ♖xh2 49.f5 ♖h8 50.e5 fxe5 51.g5 ♖h5 52.♖g1

43...♖a6= 44.♖d5+ ♔c3 45.♖d1 a3 46.♔f5 a2 47.f4 a1♕ 48.♖xa1 ♖xa1 49.♔xf6 ♖a6+ 50.♔f5 ♔d4 51.e5 ♔d5 52.g3 ♖a8 53.♔f6

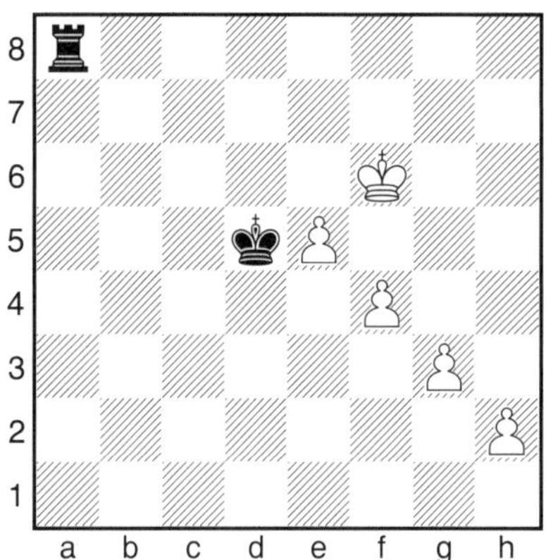

53...♖a6+!?

Damit stellt Capablanca gute Technik unter Beweis, obwohl auch 53...♖h8?! zum Remis reicht; z.B. 54.h4 ♔e4!

(54...♖g8? 55.e6! ♖f8+ 56.♔g7 ♖e8 57.f5+- Euwe)

55.e6 ♖h6+ 56.♔f7 ♔f5 57.e7 ♖h7+ 58.♔f8 ♔f6 59.e8♘+ ♔e6 60.♔g8 ♖e7 61.♘g7+ ♔f6 62.♘h5+ ♔f5 (L'Ami)

54.♔f5 ♖a8 ½-½

Es könnte noch folgen 55.♔f6 ♖e8 56.h4 ♖e6+ 57.♔f7 ♖h6 58.♔g7 ♖h5 59.♔g6 ♖h8 60.h5 ♔e6 61.f5+ ♔xe5 62.h6 ♖g8+ 63.♔f7 ♖xg3 64.h7 ♖h3 65.♔g7.

Und hier die erwähnte Retourkutsche, in der es Capablanca ist, der einen halben Punkt verschenkt.

05.04
Max Euwe
José Raúl Capablanca
Bad Kissingen 1928

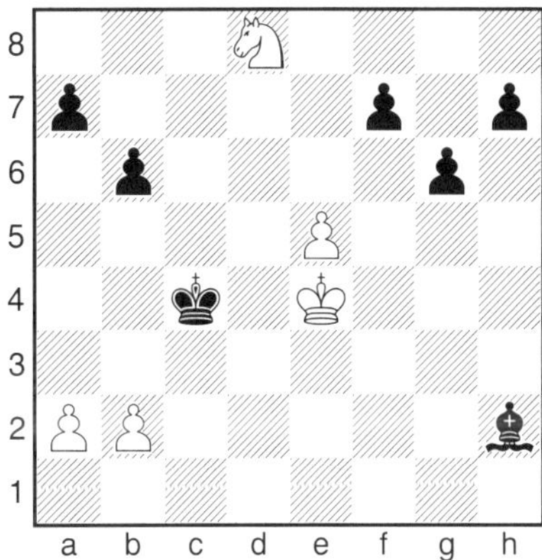

Selbst nach Eliminierung des f-Bauern sollte Schwarz angesichts seiner verbundenen Freibauern noch gewinnen. Allerdings wählt Capablanca das prinzipiell falsche Verfahren

31...♗xe5?

Die Idee dieses Herangehens ist klar: Die Freibauernmasse bindet eine der gegnerischen Figuren an den Königsflügel, so dass der eigene König am Damenflügel auf die Bildung eines dortigen Freibauern hinwirken kann.

Nach dem richtigen Ansatz 31...♔c5 32.♘xf7 ♔c6, um den e-Freibauern mit dem König unter Kontrolle zu halten, sollte Schwarz langfristig unter Einsatz von Zugzwang gewinnen; z.B. 33.e6 h5 34.b4 b5 35.♘e5+ ♔d6 36.♘xg6 ♔xe6 37.♘h4 ♗e5 38.♘g2 ♗d6 39.♔f3 ♔d7−+.

32.♔xe5 ♔d3

Auch 32...f5 führt nicht zum Erfolg; z.B. 33.♘c6 a5 34.♔f4

1) 34...♔d3 35.♘e5+ ♔c2 36.♘c4 b5 37.b3=

2) 34...a4 35.♘e5+ ♔d4

a) 36.♘c6+? ♔d3 37.b3 axb3 38.axb3 ♔c3 39.b4 ♔c4−+

b) 36.♘d7 b5 37.♘e5 b4 38.♘c6+ ♔c5 39.♘e5 a3 40.bxa3 bxa3 41.♔e3 g5 42.♘f7 g4 43.♘h6=

33.♘xf7 ♔c2 34.b4 ♔c3 35.b5 ♔b4 36.♘d6 h5 37.♔f4 ♔c5

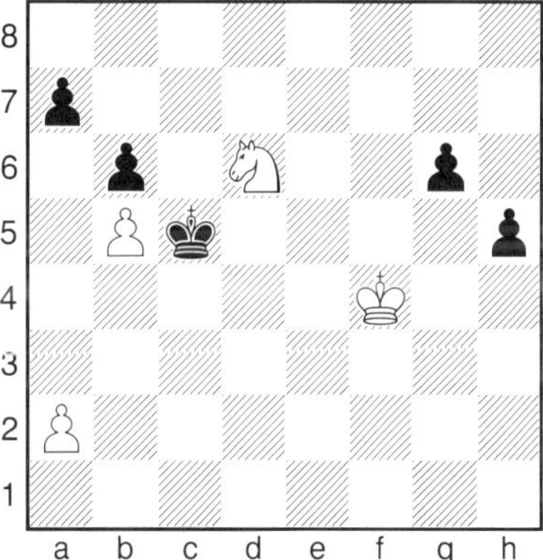

38.♘c8

Euwes Superspringer vollbringt wahre Wunder und tatsächlich rief selbst Capablanca bei der anschließenden Analyse aus: „Was für ein Springer!“

Nach 38.♔e5? h4−+ wäre der schwarze Plan hingegen aufgegangen.

38...♔xb5 39.♘xa7+ ♔b4 40.♘c8 b5 41.♘e7 ♔a3 42.♘xg6 ♔xa2 43.♘e5 ½-½

Beim letzten Beispiel dieser Art geht es vornehmlich um die Frage, wie der weiße Turm in die gegnerische Stellung eindringen kann.

05.05
Max Euwe
Salo Landau
Amsterdam 1931

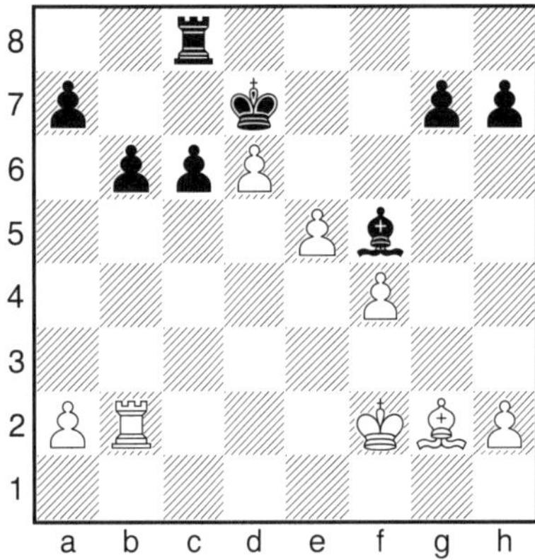

31.♔e3 ♔e6 32.♗f1 b5

Wenn Schwarz sich am Königsflügel bewegt, wird Weiß dort auf Linienöffnung abzielen; z.B. 32...g6 33.h4 ♖e8 34.h5 gxh5 35.♖g2+− bzw. 33...h5 34.♖g2 ♖f8 35.♖g5 b5 36.♗g2 ♔d7 37.♗e4+−

33.a4!

Nun hingegen geht es am Damenflügel weiter.

33...a6

33...bxa4? 34.♗c4+ ♔d7 35.♖b7+ wäre allzu einfach.

34.♖a2?

Dieser direkte Ansatz läuft allerdings in einen Konter, während die prophylaktische Maßnahme 34.♖g2 (oder auch 34.h4) ziemlich glatt gewonnen hätte; z.B. 34...g6 35.♔d4 c5+ 36.♔c3 ♖b8 37.♖b2 b4+ 38.♔b3 a5 39.h4 ♖c8 40.♖g2 ♗e4 41.♖d2 ♗f5 42.♗a6 ♖b8 43.♔c4 b3 44.♗b5 ♗c2 45.♔c3+−.

34...g5!

Mit dieser starken Unterminierung kann Schwarz Bauerntausch bewirken, was natürlich im Interesse des Verteidigers ist.

35.axb5 axb5

35...cxb5? 36.♖xa6 gxf4+ 37.♔xf4 ♖f8 38.d7+ ♔e7 39.d8♕+ ♔xd8 40.♖f6 ♖xf6 41.exf6 ♗d7 42.♔g5 ♔e8 43.♗d3+−

36.♖a7 gxf4+ 37.♔xf4 ♖f8 38.♖e7+ ♔d5 39.♔e3!

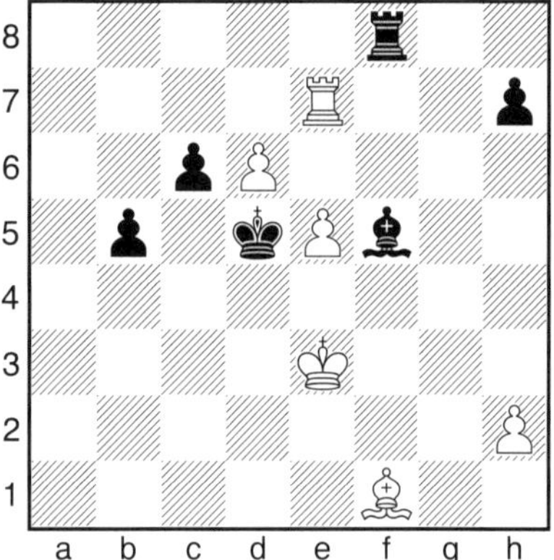

39...b4?

Schwarz stürmt bei erster Gelegenheit vorwärts, verliert jedoch das Rennen.

Nach dem besseren 39...♗e6 hätte er sich hingegen Remischancen bewahrt; z.B. 40.♗g2+ ♔xe5 41.♗h3 ♔xd6 42.♖xe6+ ♔d5 43.♖h6 c5 44.♗d7 b4 45.♗e6+ ♔e5 46.♗c4 ♖e8 47.♖xh7 ♔f5+ 48.♔d3 ♔f4 und Schwarz steht so aktiv, dass er sich verteidigen können sollte.

40.♗g2+ +− 40...♔c5 41.♖c7 ♖c8

41...b3 42.♗xc6 ♔b4 43.♗e4

42.d7! ♖d8

42...♗xd7 43.♖xd7 ♖e8 44.♔e4

43.♖xc6+ ♔b5 44.e6 ♗xe6 45.♖xe6 b3

45...♖xd7 46.♗c6+

46.♗c6+ ♔c4 47.♔d2 1-0

Aufgaben zum Thema 'Freibauer'

(Lösungen ab Seite 140)

A05.01
Salo Landau
Max Euwe
Amsterdam 1930

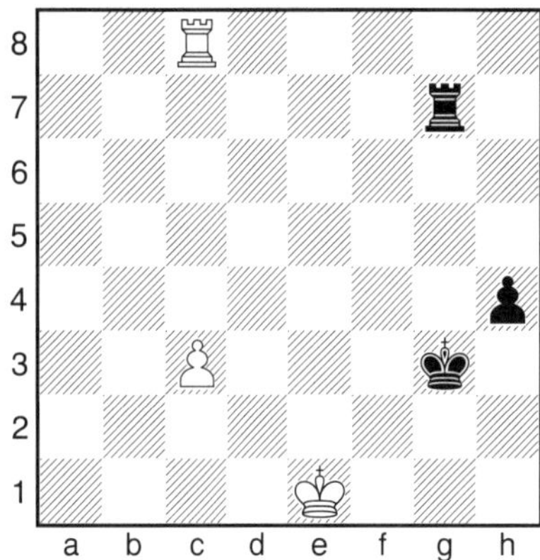

Wie hätte Weiß sich retten können?

A05.02
Max Euwe
Efim Bogoljubow
Zürich 1934

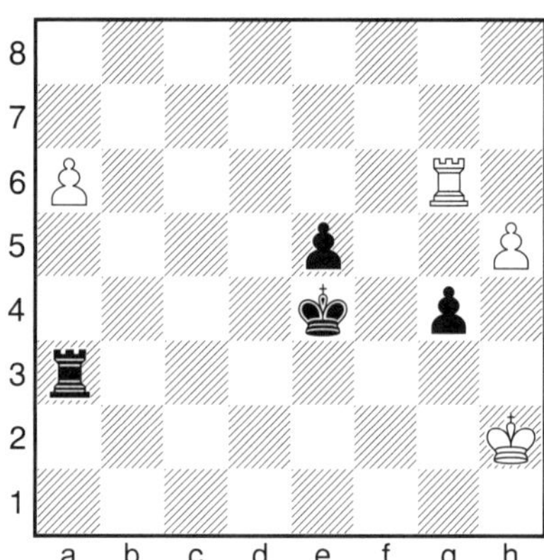

Wie gewinnt Weiß das Wettrennen?

A05.03
Max Euwe
Gedeon Barcza
Budapest 1940

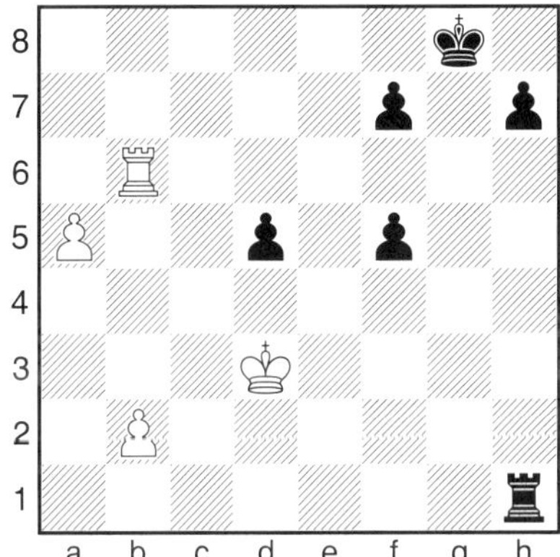

Wie ging Euwe im Gewinnsinne vor?

A05.04
P. D. Bolland
Max Euwe
England 1924

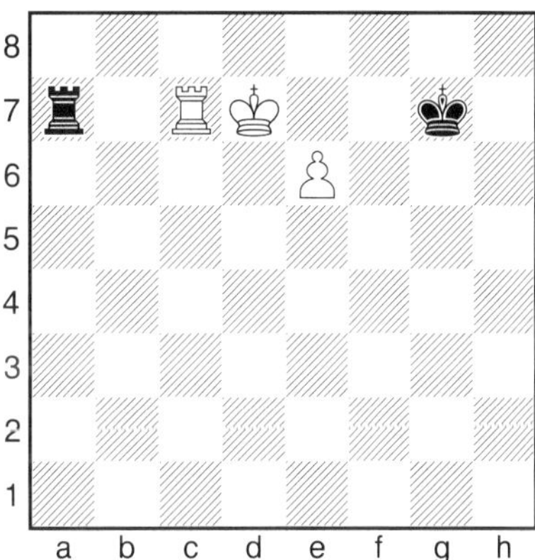

Finden Sie die einzige Rettung für Schwarz!

A05.05
Max Euwe
Henri G. Weenink
Amsterdam 1929

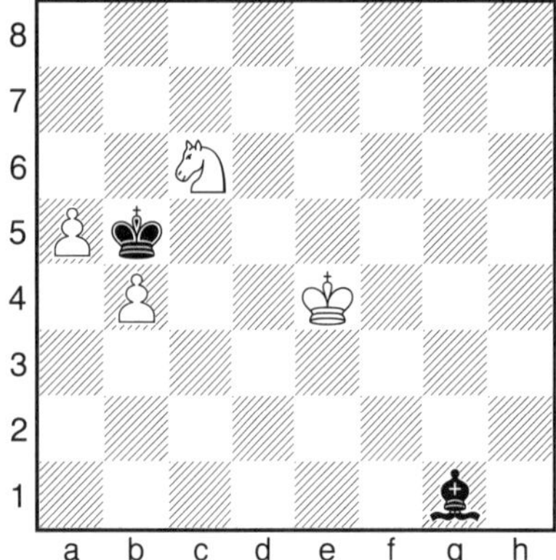

Wie hätte Weiß gewinnen können?

A05.06
Max Euwe
Michail Botwinnik
Nottingham 1936

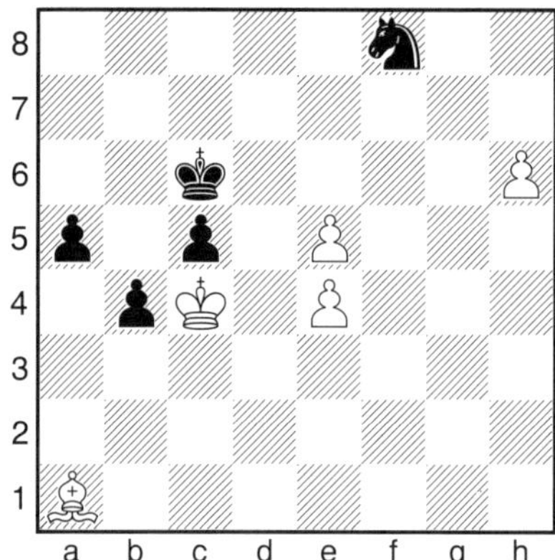

Wie hätte Weiß gewinnen können?

A05.07
Max Euwe
Andor Lilienthal
Stockholm 1937

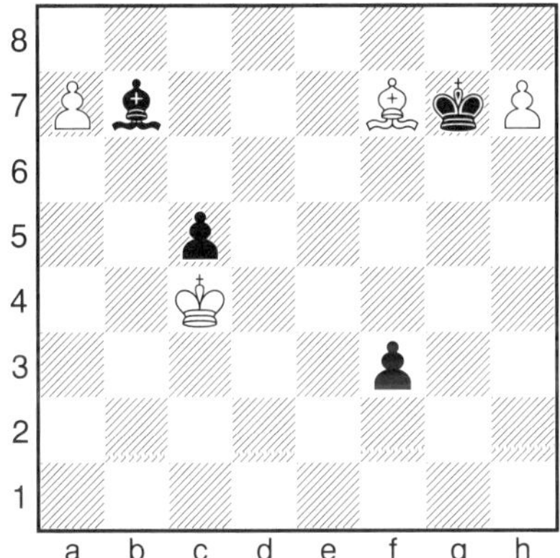

Wie hätte Weiß gewinnen können?

A05.08***
Max Euwe
Hendrik Van Hartingsvelt
Amsterdam 1921

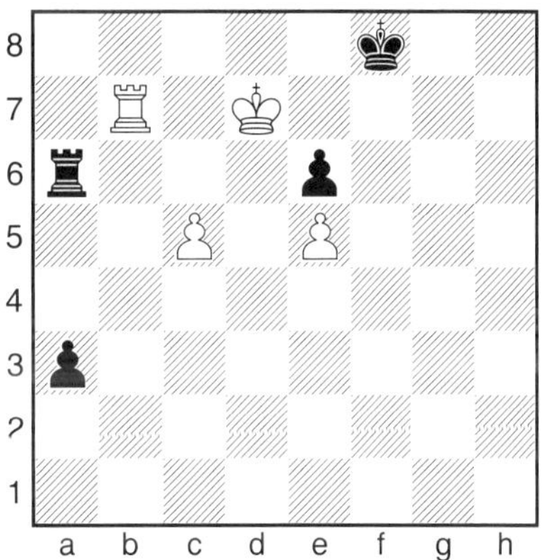

Wie hätte Weiß studienartig gewinnen können?

A05.09
Max Euwe
Alexander Aljechin
Niederlande 1935

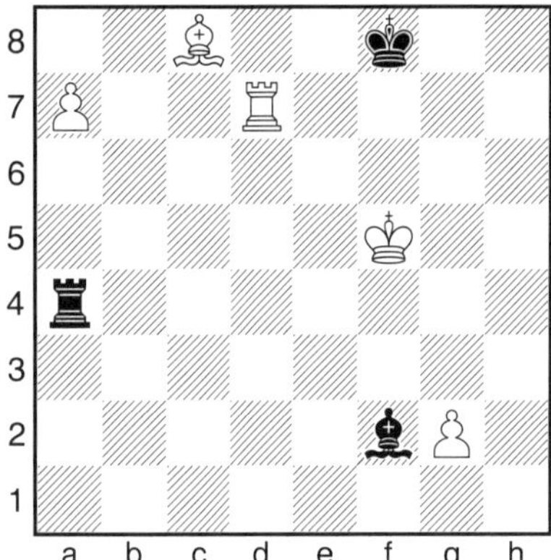

Wie kann Weiß gewinnen?

A05.10
Max Euwe
Joseph Henry Blake
England 1924

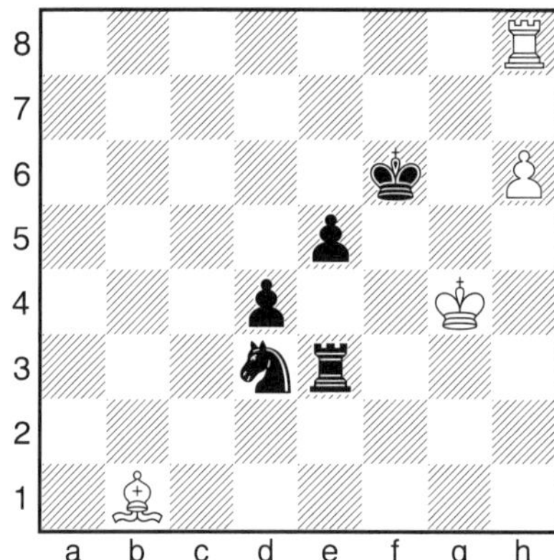

Wie kann Weiß seinen Freibauern zum Gewinn nutzen?

A05.11
Max Euwe
Walter Oswaldo Cruz
Mar del Plata 1947

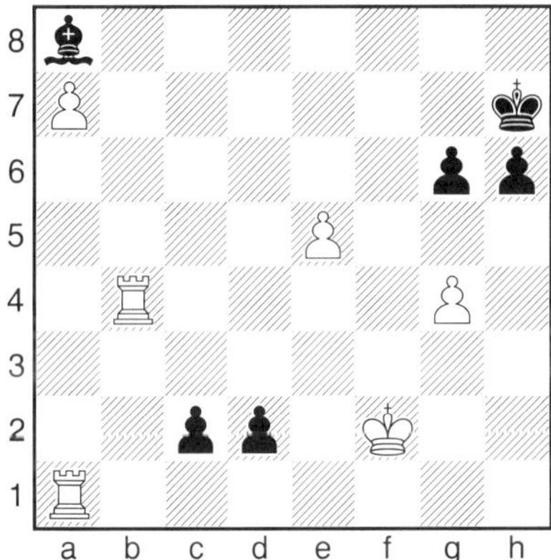

Kann Weiß die Freibauern noch stoppen?

A05.12***
Alexander Aljechin
Max Euwe
Niederlande 1927

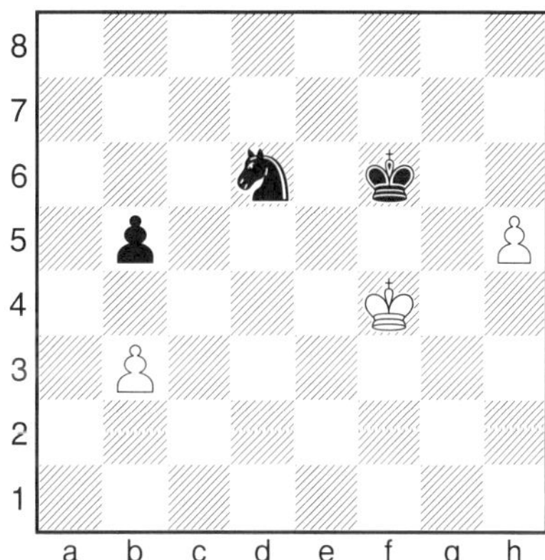

Wie hätte Weiß sich noch retten können?

Von Euwes Endspiel-Klassikern ist auch der folgende mit gutem Grund sehr berühmt. Er stammt aus einem Wettkampf, in dem der damals bereits *ehemalige* Weltmeister mit −5 +6 =3 knapp unterlag.

05.06
Paul Keres
Max Euwe
Amsterdam 1940

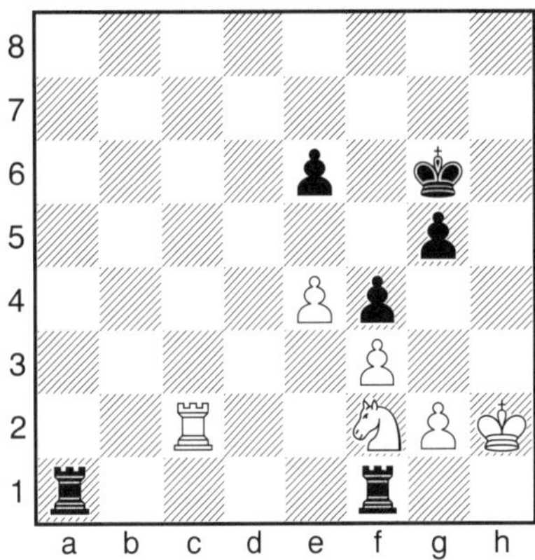

Hier wurde die Partie abgebrochen, und die entscheidende Frage lautet offenbar, ob sich der Besitzer einer Mehr-Qualität auch ohne Freibauer gegen die weiße Festung durchsetzen kann.

41...♔h5

Euwe mag die richtige Idee bereits gesehen haben, aber da es unklug ist, einen Abgabezug zu wählen, der die Stellung grundlegend verändert, wenn dazu keine zwingende Veranlassung besteht, legt er sich noch nicht fest.

Tatsächlich gewann der Durchbruch 41...g4!? bereits an dieser Stelle; z.B. 42.fxg4 e5 43.♖b2 ♔g5 44.♖c2 ♖a8 45.♖b2 ♖h8+ 46.♘h3+ ♔xg4 47.♖c2 ♖xh3+ 48.gxh3+ ♔f3 usw.

42.♖b2 g4!?−+

Nach erfolgter Analyse sprengt Euwe jedoch nunmehr ein Loch in die weiße Bauernkette.

43.fxg4+

43.g3 gxf3 44.gxf4 ♔h4 45.e5 ♖g1

43...♔g5 44.♖c2 ♔f6 45.♖b2 ♔e5 46.g5 ♖a3 47.♘h3?!

47.♖e2!? war zwar zäher, rettet aber auf lange Sicht auch nicht; z.B. 47...♖g3 48.♘h3 f3 49.gxf3 ♖fxf3 50.♘g1 ♖a3 51.♖e1 ♖xg5.

47...♔xe4 48.g6 ♖aa1

48...♖g3?? 49.♘xf4!=

49.♘f2+ ♔f5 50.g7 ♖a8 51.♖b7 ♖g8

51...♖xf2? 52.♖f7+ ♔g6 53.♖f8 ♔xg7 54.♖xa8=

52.♘d3

Auch nach 52.♖f7+ ♔g6 53.♖xf4 ♖xg7 setzt Schwarz sich früher oder später durch.

52...♔f6 53.♘c5 ♖xg7 54.♖xg7 ♔xg7 55.♘xe6+ ♔f6 56.♘c5

56.♘d4 ♔e5 57.♘f3+ ♖xf3 58.gxf3 ♔d4 59.♔h3 ♔d3 60.♔h4 ♔e2 61.♔g4 ♔e3

56...♔e5 57.♔h3 ♔f5 58.g4+!?

Da 58.♔h2 ♖d1 59.♘b3 ♖d3 60.♘c5 ♖c3 61.♘b7 ♔e6 chancenlos ist, macht Weiß einen letzten Ausbruchsversuch.

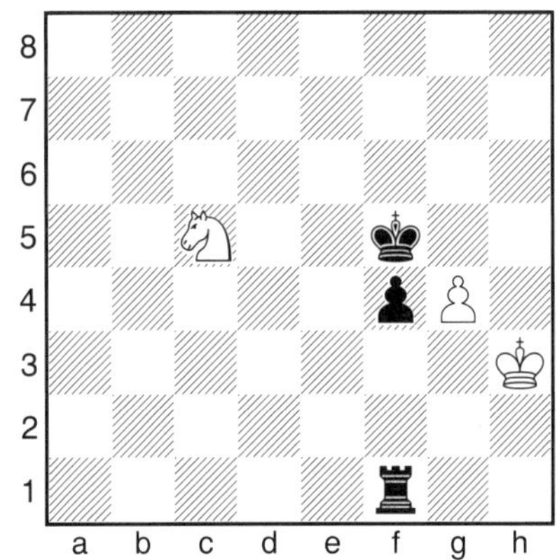

Aufgabe 2

58...fxg3 – 58...♔g5 – 58...♔e5

Welcher dieser Züge gewinnt *nicht*? (Lösung auf Seite 146)

Bei dem folgenden Klassiker ensteht das Endspiel direkt aus der Eröffnung.

05.07
Alexander Aljechin
Max Euwe
Niederlande 1935

1.d4 d5 2.c4 c6 3.♘f3 ♘f6 4.♘c3 dxc4 5.a4 ♗f5 6.♘h4 ♗c8 7.e3 e5

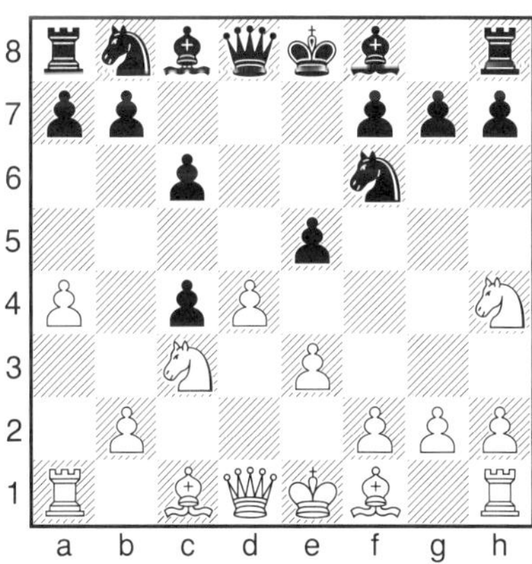

8.dxe5?

Das enstehende Endspiel ist eher minimal besser für Schwarz (⌓8.♗xc4).

8...♕xd1+ 9.♘xd1 ♗b4+ 10.♗d2 ♗xd2+ 11.♔xd2 ♘e4+ 12.♔e1 ♗e6 13.f4 ♘a6 14.♘f2 ♘xf2 15.♔xf2 0–0–0 16.♘f3 ♘c5 17.♗e2 ♘d3+

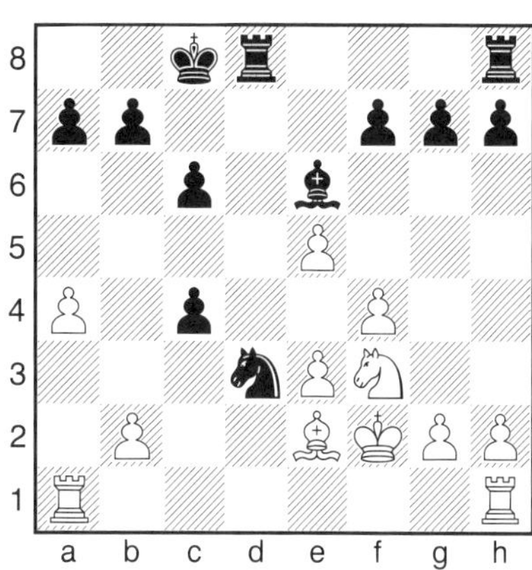

18.♔g3?

Die Eliminierung des Monsterkraken hätte nach 18.♗xd3 ♖xd3 19.♖he1 ♖b3 20.♖e2 zu Ausgleich geführt.

18...♘xb2 19.♘d4?!

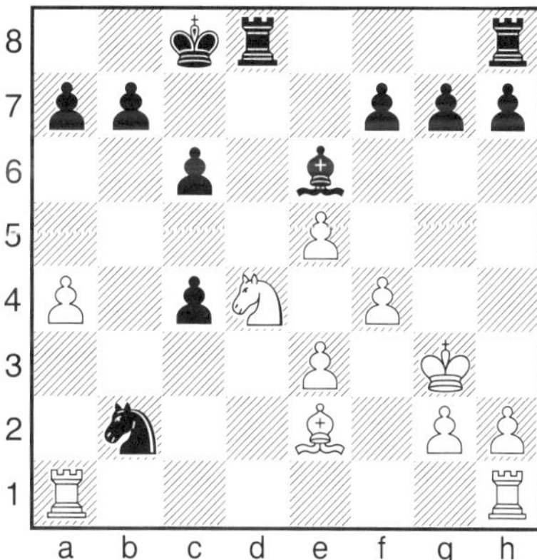

19...♖xd4?

Die Idee, die stärkste gegnerische Figur mittels Qualitätsopfer zu eliminieren, um danach nahezu ungestört und vor allem auf den weißen Feldern zu operieren, ist durchaus interessant, jedoch an dieser Stelle zu radikal.

Nach 19...♗d5 könnte dieses Motiv nachhaltiger angebracht werden, wie aus einer vielversprechenden Beispielvariante hervorgeht: 20.♘f5 ♖he8 Δ21.♘xg7 (21.♘d6+? ♖xd6

22.exd6 ♖xe3+ 23.♔f2 ♖b3−+) 21...♖g8 22.♗g4+ ♔c7 23.♘h5 ♗xg2!∓.

20.exd4 ♖d8 21.♔f2?!

Das ist zu langsam und zu undynamisch. Mit 21.♖hb1! konnte Weiß darauf abzielen, den Bauern d4 auf dem Brett und die d-Linie somit geschlossen zu halten; z.B. 21...♘d3 (21...c3? 22.♖c1 ♖xd4 23.♖xc3±) 22.♗xd3 cxd3 23.f5! ♗xf5 (23...♗c4!? Δ♖xd4) 24.♔f4 ♗g6 25.♔e3=.

21...♖xd4 22.♔e3 c5 23.♖a3 ♗f5 24.g4

24.g3!?

24...♗e4 25.♖f1?

Nach diesem sinnlosen Zug (⌓25.♖c1) geht die Stellungskontrolle vollends verloren.

25...♗c6?

Schwarz revanchiert sich mir einem ganz ähnlichen ‘Leerzug’. Nach der höchst konkreten Alternative 25...♗d3 26.♔f3 ♗xe2+ 27.♔xe2 ♘d3 28.f5 ♔d7 sollte er auf lange Sicht gewinnen.

26.a5

26.f5!? ♖e4+ 27.♔d2 ♖xe5 28.f6 g6 29.♖c1

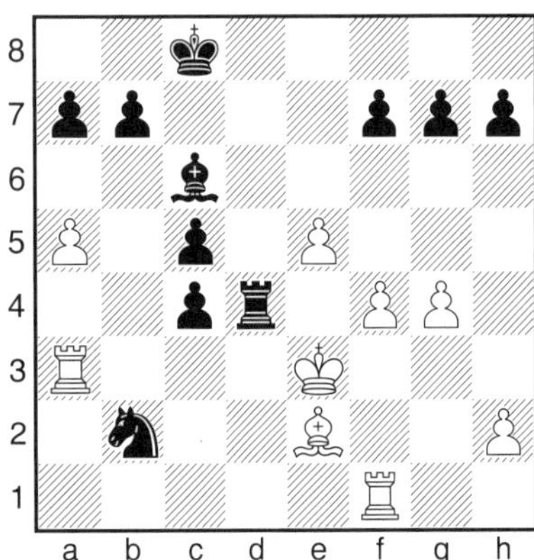

26...♘d3?

An dieser Stelle macht die Besetzung des Vorpostens zu wenig Druck. Hatte Euwe sich etwa von dem taktischen Witz verführen lassen, dass Weiß wegen des abschließenden Schachs auf b5 nicht zweimal auf d3 nehmen konnte.

Wie auch immer, 26...♖e4+ 27.♔d2 ♗b5 28.♗f3 ♖d4+ 29.♔e3 ♘d3 ist genauer und gibt Schwarz gute Chancen.

27.♖c3 ♖e4+ 28.♔d2 ♘xf4 29.♗xc4 ♖d4+

29...g5!?

30.♔c2 ♗e4+ 31.♔b3 g5 32.♗xf7 b6 33.♔a3 ♔d7 34.♗b3

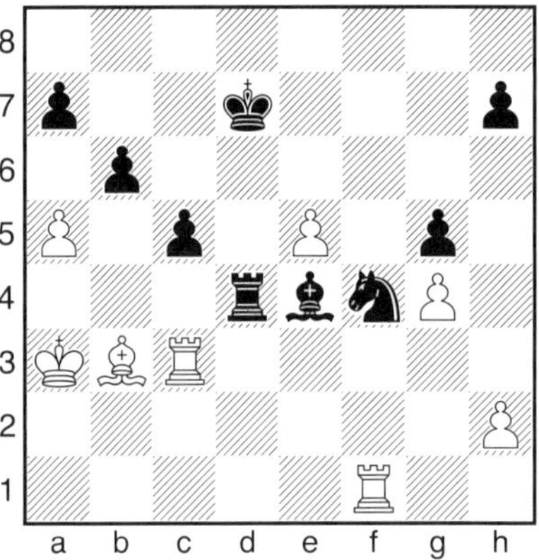

34...♔c6?!

Das lässt Turmtausch zu und verstößt somit gegen die Faustregel, dass die Seite mit Minus-Qualität einen noch gegebenen Turm behalten sollte. Als langschrittige Figur ergänzt er sich hier sehr gut mit den Leichtfiguren, während die beiden weißen Türme keine wirklichen Schwergewichte sind.

In diesem Sinne ist 34...♗d3!? genauer; z.B. 35.♖d1 ♔c6 36.e6 ♔d6 37.axb6 axb6 38.♖e1 ♔e7=.

35.♖c4 ♖xc4 36.♗xc4 b5 37.♗f7

37.♗g8 macht mehr Druck, sollte aber letzlich nichts am dynamischen Gleichgewicht ändern.

37...c4?

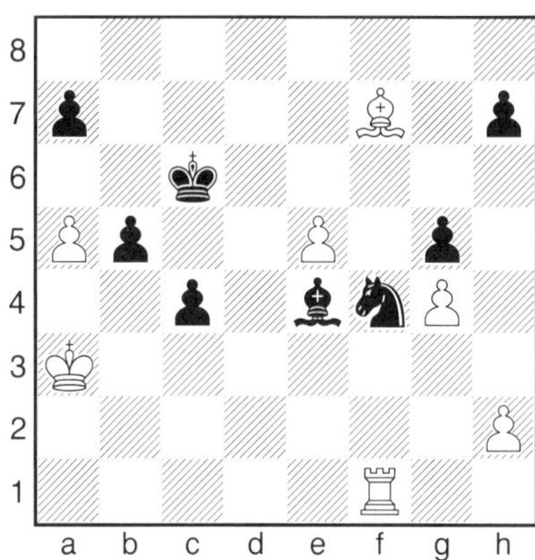

Nach diesem Fehler ist es allerdings schlagartig um das 'dynamische Gleichgewicht' geschehen, welches nach 37...♗d3 38.♖d1 ♔d7 39.♗g8 ♔e7 40.a6 h6= erhalten geblieben wäre.

38.♔b4?

Im Eifer des Gefechts häufen sich die Fehler. So hätte Aljechin hier mit 38.e6+− gewinnen können.

1) 38...♔d6 39.e7 ♔xe7 40.♗xc4 bxc4 41.♖e1

2) 38...♗d5 39.♗e8+ ♔c5 40.e7 b4+ 41.♔a4 a6 42.♖b1 ♘g6 43.♖xb4 ♘xe7 44.♖b8+−

38...♘d3+?

Das läuft in einen Konter, während 38...a6! 39.e6 ♘d5+ 40.♔a3 b4+ 41.♔b2 ♘e7 42.♗e8+ ♔d6 43.♗d7 ♗d5 44.♖e1 erneut zu dynamischem Gleichgewicht geführt hätte.

39.♔c3 ♘xe5

1) 39...♘f4 40.♔d4+−

a) 40...♗d3 41.e6 ♔d6 42.♖e1 ♘d3 43.♖e2

b) 40...♗g6 41.♖xf4 gxf4 42.♗e8+ ♔c7 43.♗xb5 ♗e2 44.♗xc4 ♗xg4 45.♗d5 f3 46.♔e3 ♔d7 47.♗xf3

2) 39...♔c5 40.e6 b4+ 41.♔d2 ♔d6 42.♔e3 ♗g2 43.♖f5 b3 44.e7 ♔xe7 45.♗xc4+−

40.♗e8+ ♔c5

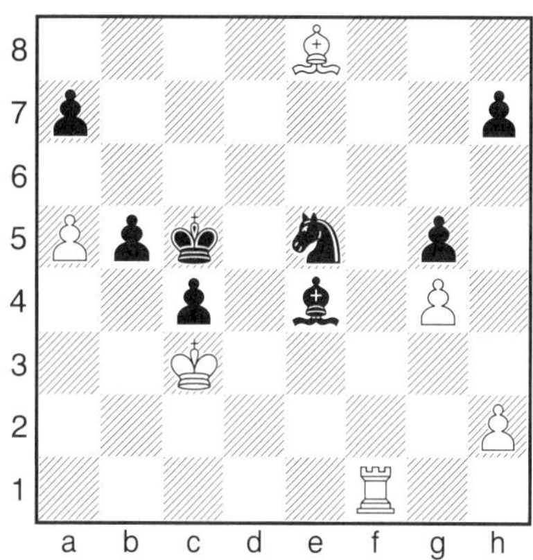

41.♗xb5!+−

Die Gewinnpointe, anstelle derer 41.♖e1?? b4+ das Ergebnis erneut und diesmal wohl endgültig auf den Kopf gestellt hätte.

41...♗d3

41...♔xb5 42.♖e1

42.♖e1 ♘g6

Auch das zähere 42...♘xg4 bringt nach 43.♗a6 ♘f6 44.♗b7 ♔d6 45.♔d4 keine Rettung.

43.♗a6 ♘f4

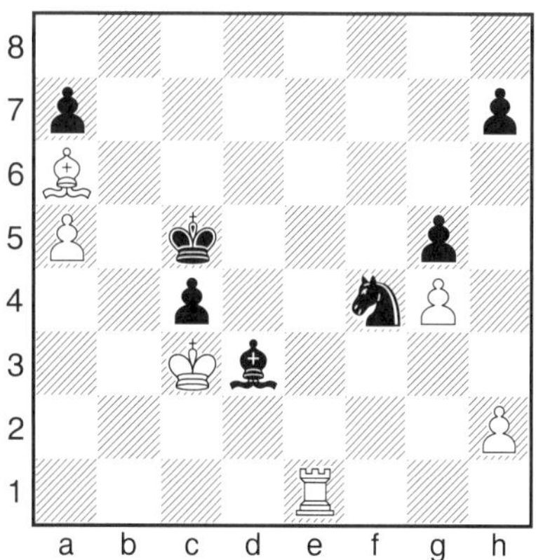

44.♗b7!

Das verhindert die Überwindung der Blockade mit ♘d5+.

44...♘e2+ 45.♔d2 ♘d4 46.♖e7 ♔b4

46...♘b3+ 47.♔c3 ♘xa5 48.♖e5+ ♔b6 49.♗d5 h6 50.♖e6+ ♔c5 51.♗f3 ♘b3 52.♖c6+ ♔b5 53.♖xh6

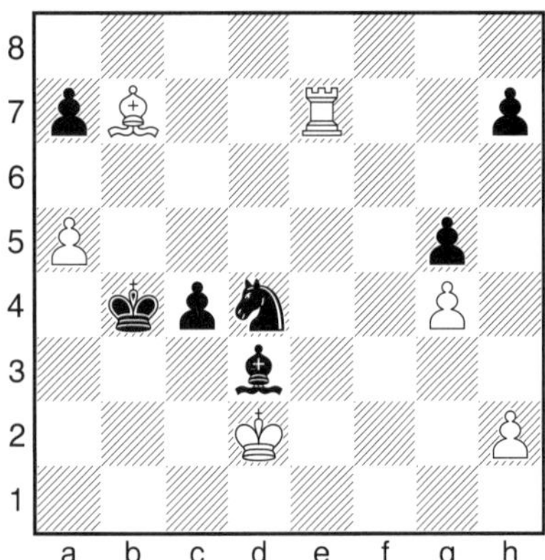

47.♗e4

47.a6!? ist wohl noch genauer.

47...♗xe4 48.♖xe4?

So geht es allerdings nicht, weil kaum noch weiße Bauern als Gewinnpotenzial verbleiben.

Korrekt war 48.♔e3!! mit folgenden Beispielvarianten.

1) 48...♗d3 49.♔xd4 ♔xa5 50.♖xa7+ ♔b6 51.♖g7

2) 48...♘b5 49.♖xe4 ♔b3 50.♖e5 a6 51.♖e6 c3 52.♖xa6 c2 53.♔d2 ♔b2 54.♖c6

48...♘f3+ 49.♔e2 ♘xh2!

49...♘g1+? 50.♔e3 ♘h3 51.♖e7 ♔xa5 52.♖xa7+ ♔b4 53.♖xh7 ♘f4 54.h4 ♘g2+ 55.♔d4 ♘xh4 56.♖b7+ +-

50.♔f2 a6 51.♔e2 ♔xa5 52.♖xc4 ♔b5 53.♖e4 a5 54.♖e5+ ♔b4 55.♖xg5 a4 56.♔d3

56.♖h5 ♘xg4 57.♖h4 a3 58.♖xg4+ ♔b3 59.♔d2 a2 60.♖g1 ♔b2=

56...a3 57.♔c2 a2 58.♔b2 a1♕+ 59.♔xa1 ♔c3 60.♖g7 h6 61.♖g6

61.g5 hxg5 62.♖xg5 ♘f1=

61...♔d3 ½-½

Im folgenden Beispiel hätte Euwe bereits erstmals den großen Capablanca besiegen können – statt erst 7 Jahre später beim legendären AVRO-Turnier.

05.08
Max Euwe
José Raúl Capablanca
Holland 1931

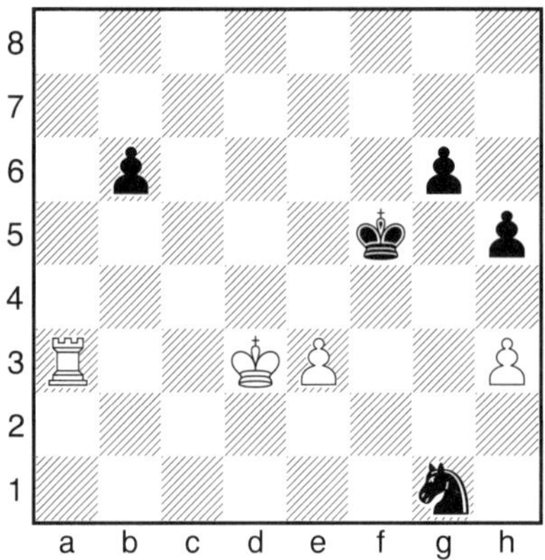

47.♔d2?

Da dieser Ansatz zu langsam ist, musste Weiß mit 47.h4! beginnen, was in langzügigen Varianten zum Gewinn geführt hätte.

1) 47...♔g4 48.♖a4+ ♔g3 49.♖f4 ♘h3 50.♖f1 ♔xh4 51.e4 ♘g5 52.e5 ♔g4 53.♖f6 h4 54.e6 ♘xe6 55.♖xe6 h3 56.♖xg6+ ♔f3 57.♖h6 ♔g2 58.♔e2 h2 59.♖g6+ ♔h3 60.♔f2 h1♘+ 61.♔f3+-

2) 47...♘f3 48.♖a4 ♘e5+ 49.♔e2 g5 50.hxg5 ♔xg5 51.♖b4+-

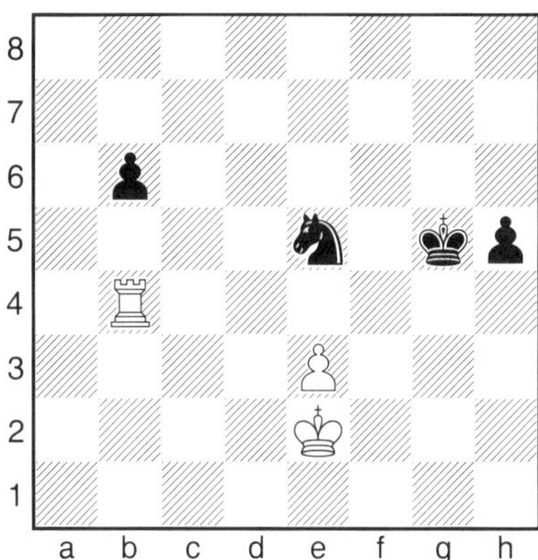

a) 51...♘d7 52.♔f3 ♔f5 53.♔g3 ♘e5 54.♖xb6 ♘g4 55.♔f3 ♘e5+ 56.♔e2 h4 57.♖b4 ♘g4 58.♖f4+ ♔g5 59.♔f3 ♘e5+ 60.♔g2 ♘g4 61.♖e4 ♔f5 62.♖e8 ♘e5 63.♔h3 ♘f3 64.♖h8 ♔e4 65.♔g2 ♘g5 66.♔f2 ♘h3+ 67.♔e2 ♘g1+ 68.♔f1 ♘f3 69.♔f2

b) 51...h4 52.♖e4! ♘d7 53.♔f3 ♘f6 54.♖e5+ ♔g6 55.♔f4 h3 56.♖g5+ ♔f7 57.♔f3 h2 58.♔g2 ♔e6 59.♔xh2 ♘d5 60.♖g3 b5 61.♔g2 b4 62.♔f3

47...g5 48.♖b3 h4 49.♖xb6 ♘xh3 50.♔e2 g4 51.♖b5+ ♔e4 52.♖b4+ ♔f5 53.♔f1 ♔g5 54.♖b5+

54.♔g2 ♔f5 55.♖a4 ♔g5=

54...♔g6 55.♖b4 ♔h5 56.♖b5+ ♘g5 ½-½

Und hier noch zwei beeindruckende Siege im Bauernendspiel.

05.09
Max Euwe
Rudolf Spielmann
Amsterdam 1930

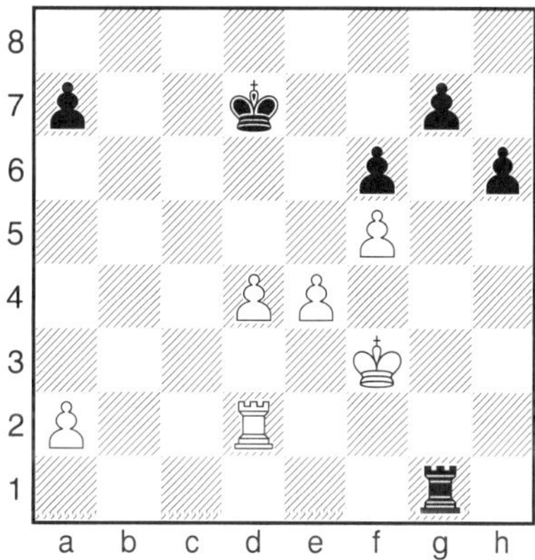

46.♖g2!+−

Mit diesem starken Zug erzwingt Euwe den Übergang zu einem gewonnenen Bauernendspiel.

46...♖xg2

46...♖d1 47.♖xg7+ ♔d6 48.♖f7 ♖xd4 49.♖xf6+ ♔e7 50.♖xh6

47.♔xg2 ♔e7 48.♔g3 ♔f7 49.♔h4 ♔e7 50.♔h5 ♔f7 51.e5 fxe5 52.dxe5 a6

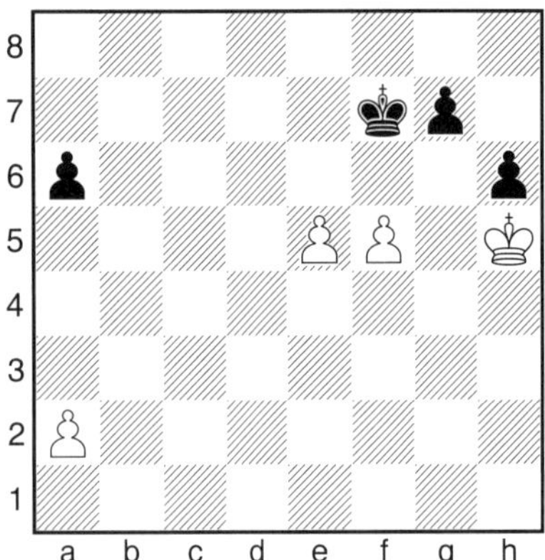

Aufgabe 3

Wie gewann Euwe das Duell um die Reservezüge? (Lösung auf Seite 146)

Hingegen hätte Schwarz sich im folgenden Beispiel in eben diesem 'Duell um die Reservezüge' auf studienartige Weise retten können.

05.10
Max Euwe
Vasja Pirc
Bled 1949

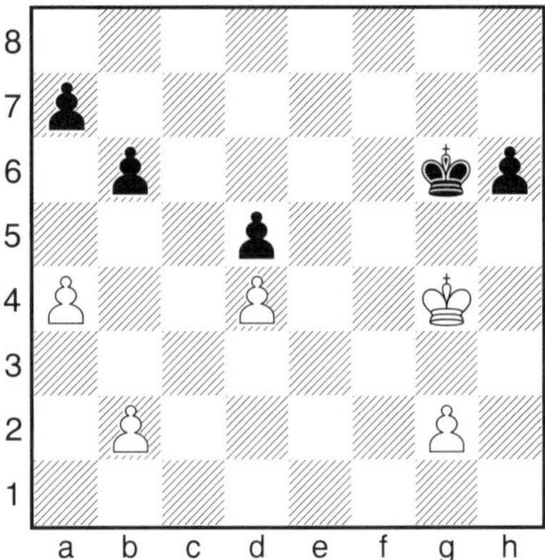

51...a5?

Schwarz geht zu verschwenderisch mit seinen Reservezügen um.

Laut Euwe war der 'sparsame' Ansatz 51...a6! korrekt – mit der möglichen Folge 52.b4 b5! 53.a5 ♔f6 54.♔h5 ♔f5 55.♔xh6

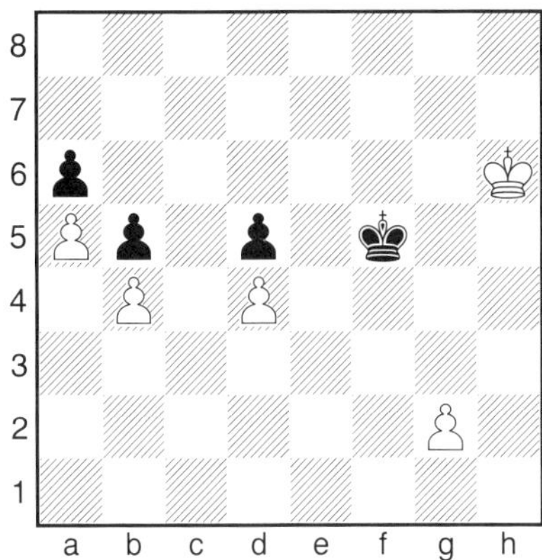

55...♔f4!!

Mit dieser Remispointe hält Schwarz seinem König alle Optionen offen.

56.g3+ ♔f3/♔f5= 57.♔h5 ♔e4 (57...♔xg3? 58.♔g5+−) 58.g4 ♔xd4 59.g5 ♔c3 60.g6 d4 61.g7 d3 62.g8♕

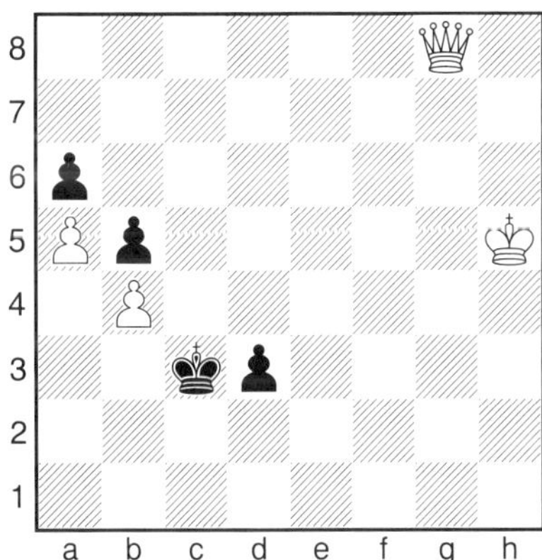

Und nach 62...d2 kann die Damenpartei erstaunlicherweise nicht gewinnen.

Aufgabe 4

Warum denn nicht? (Lösung auf Seite 146)

52.g3

Euwe spart sich den Reservezug b3 für den richtigen Moment auf.

52...h5+ 53.♔h4 ♔h6 54.g4 hxg4 55.♔xg4 ♔g6 56.♔f4 ♔f6

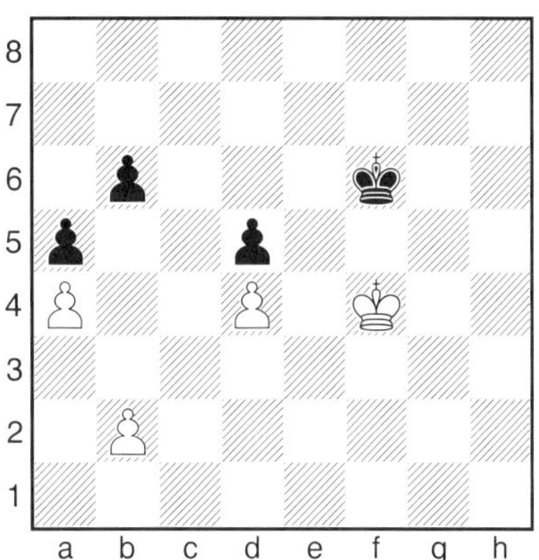

57.b3 1-0

Es könnte noch folgen 57...♔e6 58.♔g5 ♔e7 59.♔f5 ♔d6 60.♔f6 ♔c6 61.♔e5 b5 62.♔e6!+− (Euwe).

Nicht jedoch 62.axb5+? ♔xb5 63.♔xd5 ♔b4 64.♔e4 ♔xb3 65.d5 a4 66.d6 a3 67.d7 a2 68.d8♕ a1♕=.

Aufgaben zum Thema 'Verteidigung gegen Euwe'

(Lösungen ab Seite 140)

A05.13
Max Euwe
Richard Réti
Bad Pistyan 1922

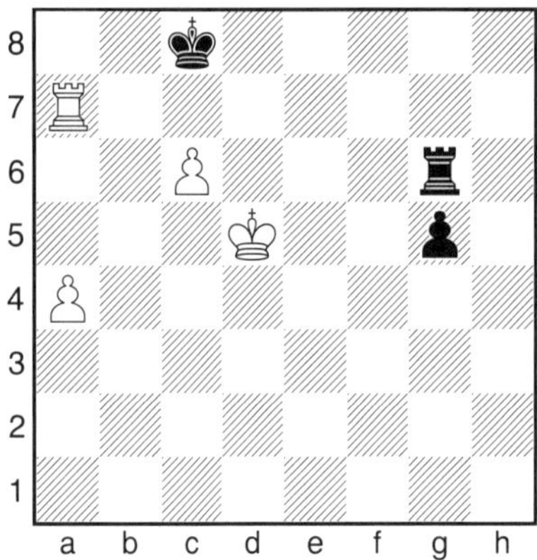

Wie hätte Schwarz sich retten können?

A05.14
Max Euwe
Jacob G. Baay
Amsterdam 1921

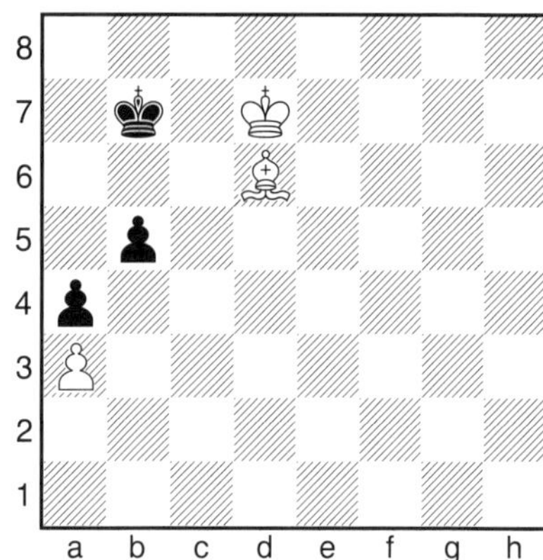

Wie hätte Schwarz sich retten können?

A05.15***
Max Euwe
Carlos Enrique Guimard
New York 1951

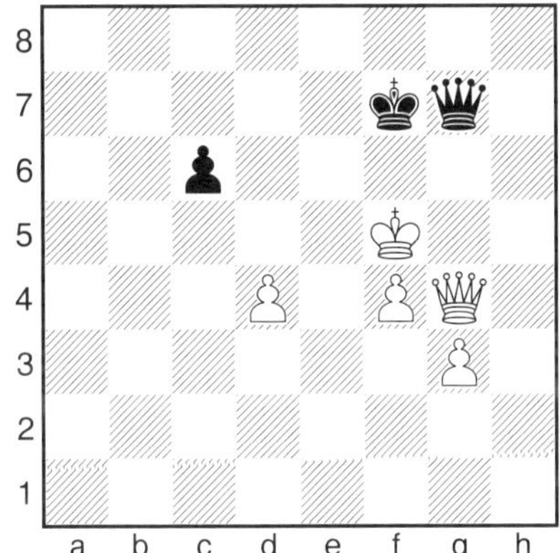

Wie hätte Schwarz sich studienartig retten können?

A05.16***
Willem Schelfhout
Max Euwe
Amsterdam 1920

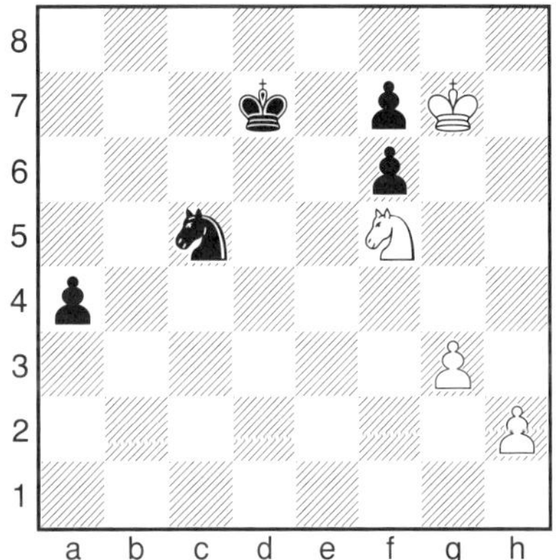

Wie hätte Weiß sich retten können?

Lösungen

A05.01

1) Zur Rettung musste der König vor den gegnerischen Bauern laufen; z.B. **68.♔f1! ♔h2 69.♖f8**= bzw. **68...h3 69.♔g1 ♖a7 70.♖g8+** =.

2) Auch nach **68.♖e8? h3 69.♖e3+ ♔g2 70.♔d2 h2**−+ ist Weiß verloren.

3) In der Partie geschah **68.♔e2? h3**−+ **69.♖h8**

Nun ist es zu spät für 69.♔f1 h2 70.♖h8 ♖g4 71.c4...

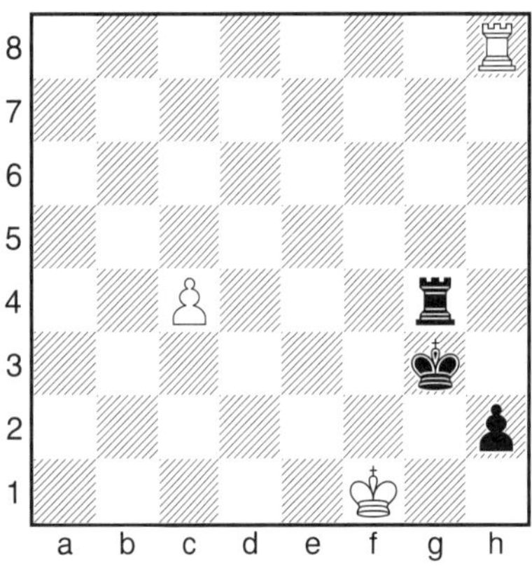

... und nun 71...♖f4+ 72.♔e2 ♖h4 und nicht gierig 71...♖xc4? 72.♖g8+ =.

69...h2 70.♔f1

70.♔d3 ♖g4 71.♖xh2 ♔xh2 72.c4 ♔g3 73.♔c3 ♔f4 74.♔d4 ♔f5+ 75.♔d5 ♖g1 76.c5 ♖d1+ 77.♔c6 ♔e6

70...♖g4 71.c4 ♖f4+ 0-1

A05.02

54.h6!+−

Freibauern müssen laufen!

Obwohl der Bauerngewinn 54.♖xg4+? *mit Schach* erfolgt, reicht er nicht aus: 54...♔f5 55.♖g6 e4=

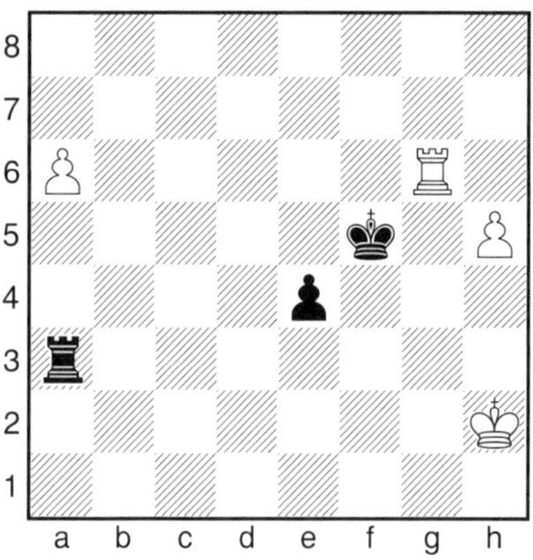

56.♖b6 ♖a2+ 57.♔g3 ♖a3+ 58.♔f2 (58.♔h4 ♖a1) 58...♖a2+ 59.♔e3 ♖a3+

1) 60.♔d4 e3 61.h6 e2 62.♖b1

2) 60.♔d2 e3+ 61.♔e2 ♔e4 62.h6 ♖a2+ 63.♔e1 ♖a1+

54...♔f5 55.♖b6 e4 56.♔g2 ♖a2+ 57.♔f1 ♖a1+ 58.♔e2 ♖a2+ 59.♔e3 ♖a3+ 60.♔d2 g3

60...♖a2+ 61.♔c3 g3 62.h7 ♖h2 63.a7 g2 64.a8♕ g1♕ 65.♕d5+

61.h7 e3+ 62.♔e2 g2 63.h8♕ g1♘+ 64.♔f1 e2+ 65.♔e1 1-0

A05.03

31.♖b3!+–

Bei diesem einzigen Gewinnzug geht es nicht allein um die Befolgung der Tarrasch–Regel, dass ein Turm *hinter* einen Freibauern gehört, sondern auch um den ganz konkret gegebenen Tempokampf.

Hier ein Blick auf zwei Fehlversuche.

1) 31.a6? ♖d1+ 32.♔c3 ♖a1 33.b4 ♔g7 34.b5 f4 35.♔d2 h5=

2) 31.b4? ♔g7 32.b5 ♖d1+ 33.♔e2 ♖a1 34.a6 h5=

31...♖h3+

31...♖a1 32.♖a3; 31...♖h6 32.♖a3 ♖a6 33.b4; 31...♖e1 32.a6 ♖e7 33.♖a3; 33.♖b7

32.♔c2 ♖h2+ 33.♔b1

33.♔c3 gewinnt ebenfalls.

33...♖e2

33...♖h1+ 34.♔a2

34.a6 ♖e7 35.♖a3 1-0

Es könnte noch folgen: 35...♖a7 36.b4 f4 37.b5 f3 38.♖xf3 ♔g7 39.♖a3 h5 40.b6.

Übrigens gewinnt auch 35.♖b6 ♖e1+ 36.♔a2 ♖e6 37.a7 ♖a6+ 38.♔b1 ♔g7 39.b4 f4 40.b5 ♖a5 41.b6 f3 42.♖c6 usw.

A05.04

75...♖a8!

Hier ein Blick auf zwei Fehlversuche.

1) 75...♖xc7+? 76.♔xc7 ♔f8 77.♔d7

2) 75...♖a1? 76.e7 ♖d1+ 77.♔e8 ♖d2

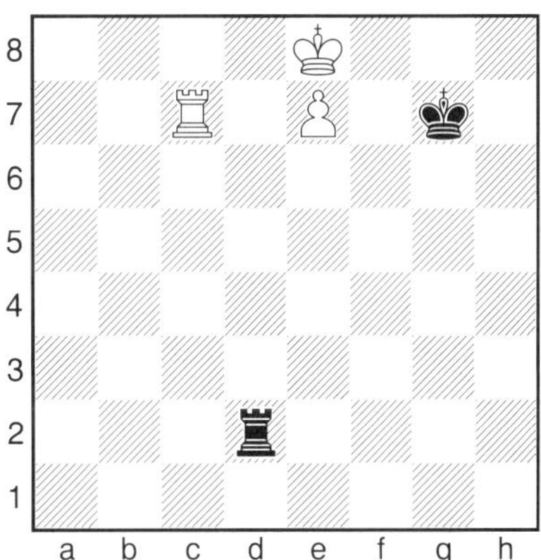

Nun gewinnt Weiß die sogenannte ‘Lucena-Stellung’ mittels Brückenbau: 78.♖c4 ♖d1 79.♖g4+ ♔h7 80.♔f7 ♖f1+ 81.♔e6 ♖e1+ 82.♔f6 ♖f1+ 83.♔e5 ♖e1+ 84.♖e4.

76.♖c1

Nach 76.e7 ♔f7= hat Schwarz die letzte Verteidigungslinie eingenommen.

76...♖a7+ 77.♔d8 ♔f6 78.e7 ♖a8+ ½-½

A05.05

67.♘d4+?

Euwe übereilt die Sache. Zuerst muss 67.♔d5 geschehen; z.B. 67...♗f2 68.♘d4+ ♔a6 69.♔c4 ♗g1 70.♘b3 ♗f2 71.b5+ ♔b7 72.♘c5+ ♔c7 73.♔d5 ♗e1 74.b6+ ♔b8 75.a6+–.

67...♔c4!

67...♔xb4? 68.a6+–

68.♘c2

68.b5 ♗xd4 69.b6 ♗f2=

68...♗a7 69.♔e5 ♗b8+ 70.♔e6 ♗c7 71.a6 ♗b6 72.♔d6 ♔b5 73.♘a3+ ♔xb4 74.♔c6 ♗g1 75.♘b5 ♔a5 76.♘c7 ♗f2 77.♔b7 ½-½

A05.06

1) In der Partie wurde nach dem überstürzten Ansatz **56.e6?** und der Antwort **56...♔d6** Remis vereinbart.

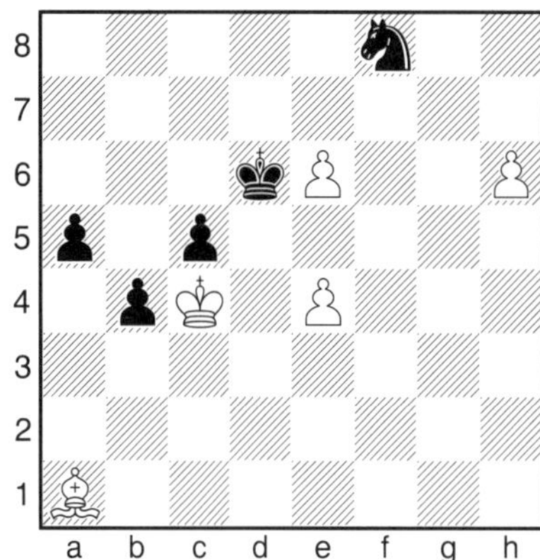

Aufgabe 1

Können Sie diese Entscheidung mit einigen Varianten untermauern? (Lösung auf Seite 146)

2) Hingegen hätte die Zugzwang-Maßnahme **56.♔b3!** zum Gewinn geführt, wie die folgenden Varianten veranschaulichen.

a) 56...♔b5 57.e6 c4+ 58.♔c2 ♔c6 59.e7

b) 56...♔d7 57.♔a4 ♔e6 58.♔xa5 ♔f7 59.♔b5 ♔g6 60.♔xc5 ♔xh6 61.♔d6

c) 56...c4+ 57.♔xc4 ♘h7 58.♗d4 ♘g5 59.♗e3 ♘h7 60.♔b3 ♔d7 61.♔a4 ♔e6 62.♗d4 b3 63.♔xa5 ♘g5 64.♔b4 ♔f7 65.♔xb3 ♔e6 66.♔c4 ♘h7 67.♔d3 ♘g5 68.♔e3 ♘h7 69.♔f4 ♘f8 70.♗c5 ♘g6+ (70...♘h7 71.♗d6) 71.♔g5 ♘xe5 72.h7 ♘f7+ 73.♔g6 ♘h8+ 74.♔g7 ♘f7 75.♗d4

A05.07

1) In der Partie lief Euwe mit **71.♗d5??** in den ebenso einfachen wie brutalen Konter **71...f2** und gab sofort auf.

0-1 im Hinblick auf 72.♗xb7 f1♕+ mit den Varianten 72.♔xc5 ♕f2+, 72.♔c3 ♕a1+, 72.♔d5 ♕g2+, 72.♔b3 ♕b1+.

2) Nur mit **71.♗g6!**

(71.♔xc5? f2 72.♗c4 ♔xh7=)

71...f2 72.♗d3 konnte er alles unter Kontrolle halten und gewinnen.

a) 72...f1♕ 73.♗xf1 ♔xh7 74.♔xc5

b) 72...♗a6+ 73.♔xc5 ♗xd3 74.a8♕ ♔xh7 75.♕h1+ ♔g6 76.♕g2+

A05.08

1) In der Partie konnte Euwe nach dem passiven Rückzug **64.♖b1?** keine Fortschritte mehr machen.

64...a2 65.♖f1+ ♔g7 66.♖a1

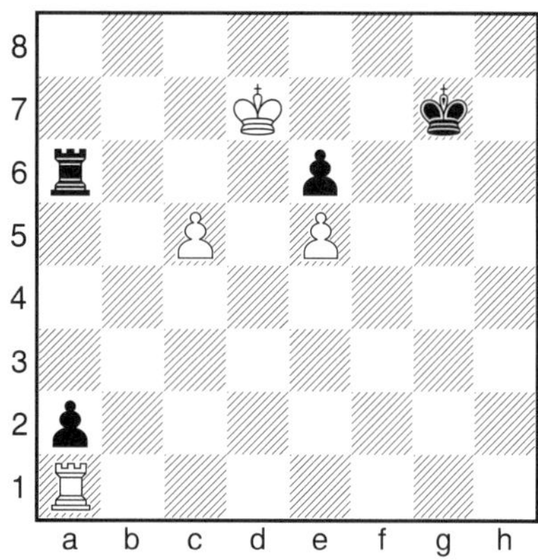

66...♖a5?

Schwarz revanchiert sich mit einem Gegenfehler, denn für den Luxus der Bauernjagd blieb keine Zeit.

Nach der korrekten Folge 66...♖a7+ 67.♔xe6 ♔f8 68.c6 ♔e8 69.c7 ♖xc7 70.♖xa2 ♖c6+

71.♔d5 ♖h6= würde die sogenannte 'Philidor-Remisstellung erreicht.

67.c6 ♖xe5 68.c7 1-0

Im Hinblick auf 68...♖c5 69.♖xa2 e5 70.♖a6 e4 71.♖c6 usw.

2) Nach der pointierten Folge **64.c6! a2 65.c7 a1♕** (65...♖a8 66.♖b8+) **66.c8♕+** gewinnt Weiß in typischer Manier die 4. Partiephase.

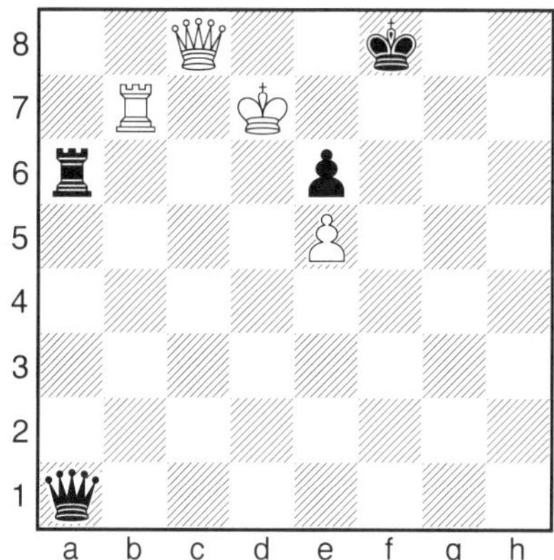

Allerdings ist die Sache hier nicht ganz so einfach, weil beide Türme nicht leicht in den Königsangriff eingreifen können; z.B. **66...♔g7 67.♔e8+ ♔g8 68.♔e7+ ♔g7 69.♕f8+ ♔g6 70.♕f6+ ♔h5 71.♕f3+ ♔g5 72.♕f6+ ♔h5 73.♔f7**

Der weiße König ist besser geschützt als der schwarze.

73...♕a4

73...♖a7?! 74.♕f3+ ♔h4 75.♕f2+ wäre allzu einfach.

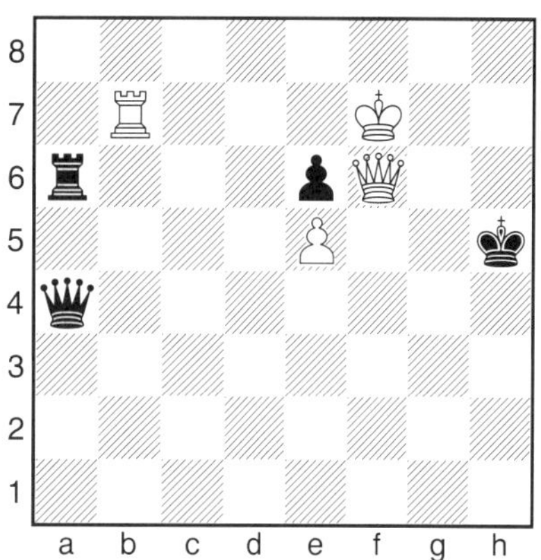

Und nun ist **74.♕f1!!** der einzige Gewinnzug; z.B. **74...♔h6 75.♕h1+ ♔g5 76.♔g7 ♕f4 77.♖f7 ♕xe5+ 78.♔h7 ♕f5+ 79.♖xf5+ exf5 80.♕g2+ ♔h4 81.♕f2+ ♔g5 82.♕e3+ f4 83.♕e5+ ♔g4 84.♕e2+** usw.

A05.09

1) Mit dem ebenso einfachen wie effektiven Trickzug **69.♗a6**, nach dem es angesichts von 69...♖xa6 70.♖d8+ ♔e7 71.a8♕ sofort **1-0** lautete.

2) Hingegen wäre **69.♔f6?** wegen **69...♔e8! 70.♖e7+ ♔d8 71.♖e4 ♖xa7**= verfehlt gewesen.

A05.10

Mit der Beseitigung des schlimmsten Störenfrieds **66.♗xd3 ♖xd3** gefolgt von der Abschneidung **67.♖g8 1-0**.

A05.11

Und ob! Nämlich mit **65.♖bb1!** nach **65...h5** gefolgt von dem insistierenden 'Turmopfer' **66.♖d1 1-0**.

A05.12

1) In der Partie folgte fehlerhaft **60.h6? b4 61.h7 ♔g7 62.♔e5 ♘b5 63.♔d5 ♘c3+ 64.♔c4 ♘a2 65.♔c5 ♔xh7 66.♔c4 ♔g6 67.♔c5 ♔f5 68.♔d5 ♔f4 69.♔d4 ♔f3 70.♔d3 ♔f2 71.♔d2 ♘c3 0-1**.

2) Und auch **60.b4?** verliert nach **60...♘c4 61.♔e4 ♔g5 62.♔d4 ♔xh5 63.♔c5 ♘a3** usw.

3) Einzig **60.♔e3!** rettet nach beispielsweise **60...♔e5 61.♔d3 ♘f7 62.♔c3 ♔d5 63.♔b4 ♔c6 64.♔a5 ♔c5 65.♔a6 ♔b4 66.♔b6**=.

A05.13

1) In der Partie verlor Schwarz nach **53...g4? 54.♔c5 g3 55.♔b6 ♔b8 56.♖e7 ♖g8 57.♖b7+** und **1-0** angesichts der Folge 57...♔c8 58.♖a7 ♔b8 59.c7+ ♔c8 60.♖a8+.

2) Korrekt war die unverzügliche Aktivierung des Turms mit **53...♖f6 54.♔c5 ♖f1 55.♔b6 ♖b1+** oder analog **53...♖h6 54.♔c5 ♖h1 55.♔b6 ♖b1+** usw.

A05.14

1) In der Partie war der schwarze König nach **62...♔a6?** in der theoretisch erfassten Verlustzone gefangen. Dort folgte noch **63.♔c6 ♔a7 64.♗c7** und **1-0** angesichts folgender Abspiele.

a) 64...♔a6 65.♗b6 b4 66.axb4 a3 67.b5#

b) 64...♔a8 65.♔b6 b4 66.axb4 a3 67.♗e5 a2 68.b5 a1♕ 69.♗xa1

2) Analog verliert auch **62...♔a8? 63.♔c7 ♔a7 64.♗c5+ ♔a6 65.♔c6 ♔a5 66.♗e3 b4 67.♗b6+ ♔a6 68.axb4 a3 69.b5#**.

3) Daher muss Schwarz unbedingt unverzüglich **62...b4!** spielen.

a) Nach 63.♗xb4 ♔b8 ist der König sicher in dem Bereich, der in der Endspieltheorie als 'Rausers Remiszone' bezeichnet wird.

b) Und nach 63.axb4 ♔b6 (63...a3? 64.♗c5 a2 65.♗d4+−) 64.♔e6 ♔b5 entkommt der König nach vorne; z.B. 65.♔d5 a3 66.♔e4 a2 67.♗e5 ♔xb4=.

A05.15

1) In der Partie entkam der weiße König nach **58...♕h7+?** in Sicherheit. Dort folgte noch **59.♔e5 ♕h8+ 60.♔e4 ♕h1+ 61.♕f3 ♕e1+ 62.♔f5 ♕e6+ 63.♔g5 ♔g7**

a) 63...♕g6+ 64.♔h4 ♕f6+ 65.♔h3 ♕e6+ 66.g4+−

b) 63...♕f6+ 64.♔g4 ♕g6+ 65.♔h4 ♕f6+ 66.♔h3+−

64.♔h4 ♕f6+ 65.♔h3 ♕h6+ 66.♔g2 ♕g6 67.♕e2 ♔f8 68.f5 ♕g5 69.f6 ♕d5+ 70.♔h3 ♔f7 71.♕e7+ ♔g6 72.♕g7+ 1-0

2) Die studienartige Rettung bestand in **58...♕f6+! 59.♔e4 ♕e7+ 60.♔f3 ♕a3+ 61.♔g2 ♕a2+ 62.♔h3 ♕d5**

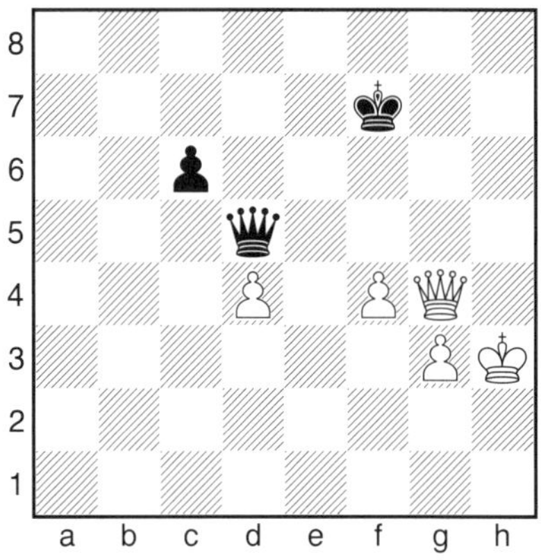

a) 63.♔h4 ♕xd4 64.♕f5+ ♔g7=

b) 63.♕e2 ♕xd4 64.♕h5+ ♔g7 65.♕e5+ ♕xe5 66.fxe5 c5 67.♔g2 c4 68.♔f3 c3 69.♔e3 ♔f7 70.g4 ♔e6=

A05.16

1) In der Partie entschied Weiß sich mit **46.♔xf7?** für den falschen Bauern. Dort folgte noch **46...a3 47.♘e3 a2 48.♘c2**

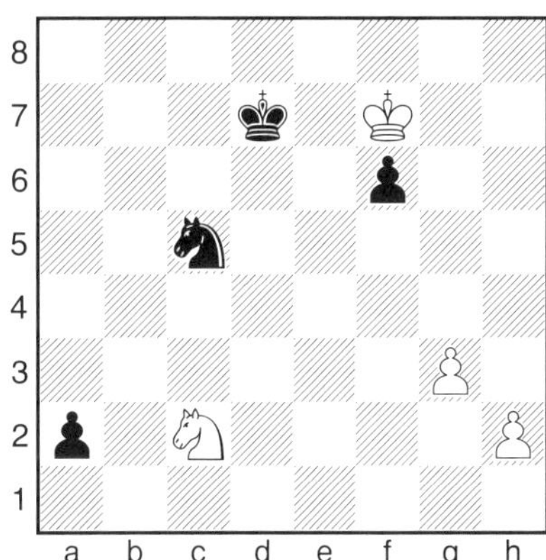

48...♘e4!−+

Nun ist Schwarz stets schneller.

49.g4

49.h4 ♘xg3 50.♔xf6 ♔d6 51.♔g5 ♔c5 52.♔g4 ♔c4 53.♔xg3 ♔c3 54.♘a1 ♔b2 55.h5 ♔xa1 56.h6 ♔b1 57.h7 a1♕

49...♔d6 50.h4 ♔c5 51.h5 ♔c4 52.h6 ♔c3 53.♘a1 ♔b2 54.♔g7 ♘g5 55.♔xf6 ♔xa1 56.♔xg5 ♔b1 57.♔g6 a1♕ 58.g5 ♕h8 59.h7 ♔c2 60.♔h6 ♔d3 61.g6 ♕f6 0-1

2) Nach **46.♔xf6!** ist Weiß hingegen schnell genug; z.B. **46...a3 47.♘e3 a2 48.♘c2 ♘b3** (48...♔e8 49.♘a1=) **49.♔xf7 ♔d6 50.h4 ♔c5 51.h5 ♔c4 52.h6 ♔c3 53.h7 ♔xc2 54.h8♕**=.

Aufgabe 1

Die Entscheidung erfolgte im Hinblick auf Varianten wie **57.♗g7 ♘h7 – 57.e5+ ♔xe6 58.♔xc5 ♔f5 59.♔d6 ♔g6 60.♔e7 ♘h7 61.e6 ♘g5** bzw. **58.♔b5 ♔xe6 59.♔xa5 ♔f7 60.♔b5 ♔g6** usw.

Aufgabe 2

1) Nach dem Fehler **58...♔g5? 59.♘e6+ ♔f6 60.♔g2** kann Schwarz nicht mehr gewinnen.

2) In der Partie folgte **58...♔e5 59.♘d3+ ♔e4!**

59...♔d4? 60.♔g2=

60.♔g2 ♖b1 61.♘c5+

61.♘f2+ ♔e3 62.♘h3 f3+ 63.♔g3 ♖h1 64.g5 ♖xh3+ 65.♔xh3 f2

61...♔e3 0-1

3) Ebenfalls gewinnt **58...fxg3 59.♔xg3 ♖c1**, denn das bauernlose Endspiel ist nur dann remis, wenn der Springer den Schutz des Königs erreichen kann, was hier ja offenbar nicht der Fall ist.

Aufgabe 3

Mit dem 'sparsamen' Ansatz **53.a3!** (53.a4? a5=) und der Folge **53...a5 54.a4 ♔f8 55.♔g6 h5** (55...♔g8 56.e6 ♔f8 57.e7+ ♔xe7 58.♔xg7 h5 59.f6+) **56.♔xh5 ♔f7 57.♔g5 1-0.**

Aufgabe 4

Weil der Dame bei dem theoretisch vorgegebenen Gewinnmanöver das Feld c4 nicht zur Verfügung steht; z.B. **63.♕d5 ♔c2 64.♕e4+ ♔c1** und nun geht eben nicht ♕c4+ usw.

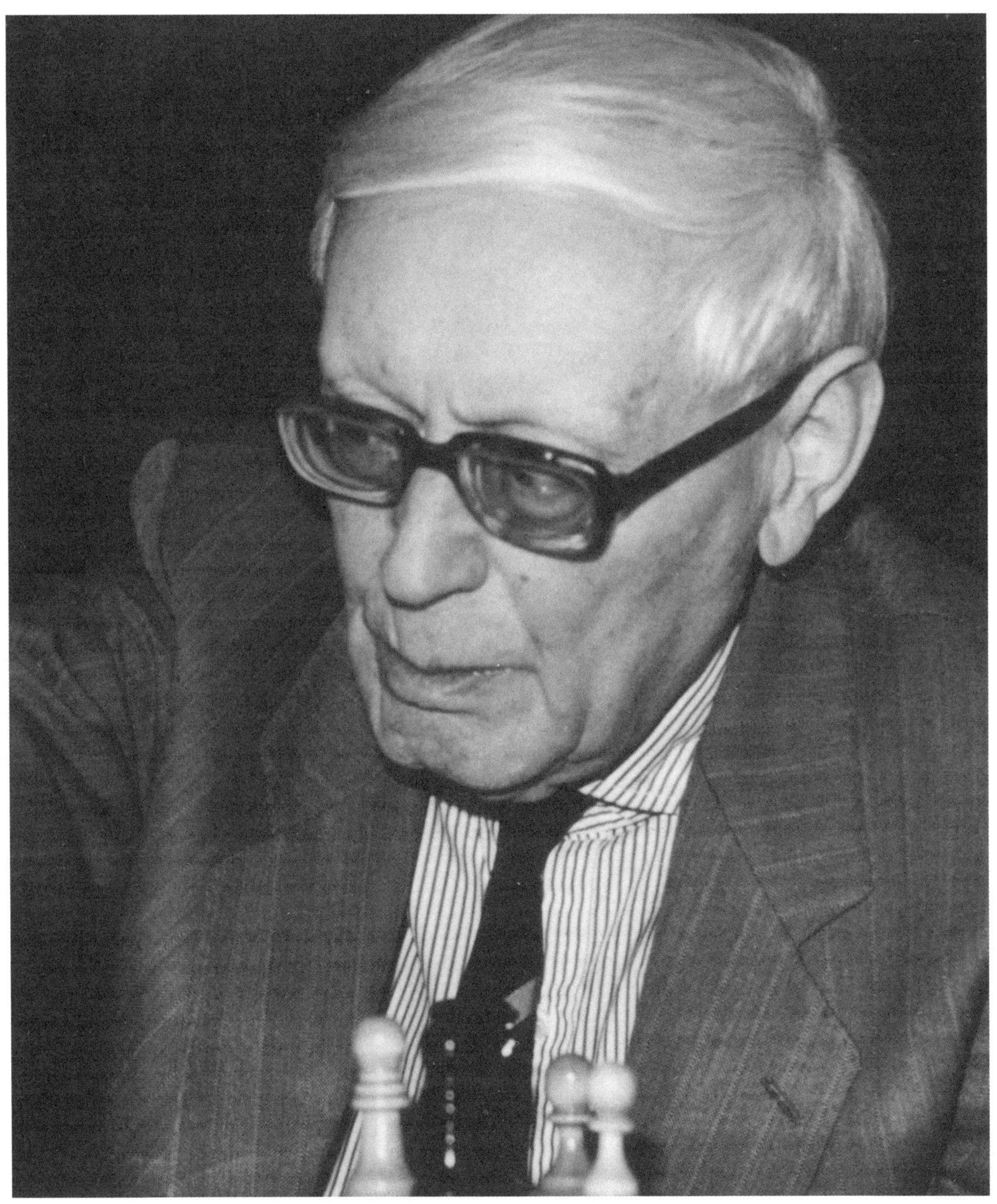

Der sechste Weltmeister – Michail Botwinnik

Michail Moissejewitsch Botwinnik (4. 8. 1911 – 5. 5. 1995), ein gebürtiger Russe und späterer Sowjetbürger, erlernte das Schachspiel erst mit 12 Jahren, erlangte jedoch bereits nach zwei Jahren (1925) schlagartige Berühmtheit, als er den damals amtierenden Weltmeister Capablanca in einer Simultanpartie besiegte.

Er war der einzige Weltmeister, der den Titel nicht in einem Zweikampf errang, sondern durch seinen überragenden Sieg (mit 3 Punkten Vorsprung) in dem (nach dem Tode des amtierenden Titelträgers Aljechin) erforderlich gewordenen Turnier zur Ermittlung des neuen Weltmeisters, das 1948 mit 5 Teilnehmern in Den Haag und Moskau ausgerichtet wurde.

Auch war er der einzige Weltmeister, der in diesem Rahmen zwei ungewöhnliche Rekorde hält. Er verteidigte seinen Titel nämlich gleich zweimal – 1951 gegen David Bronstein und 1954 gegen Wassili Smyslow, wobei jedoch der Zusatz 'erfolgreich' nicht wirklich zutrifft, denn in beiden Fällen lautete das wenig überzeugende, jedoch zum Titelerhalt ausreichende Ergebnis 12-12. – Außerdem konnte er seinen Titel nach dessen Verlust gleich zweimal zurückerobern – nämlich 1958 gegen Smyslow (12,5-10,5) und 1961 gegen Tal (13-8).

Zu Botwinniks Verdiensten gehört vor allem auch noch, dass er als Begründer der legendären 'Sowjetischen Schachschule' gilt.

Da er als Theoretiker (siehe auch 'Vorbemerkung 2' auf Seite 9) logisch und systematisch spielt, bietet sich als Spezialthema 'Endspielstrategie' an. Dazu zunächst ein Beispiel für die pointiert formulierte Merkregel: Im Endspiel 'Turm + Springer gegen Turm + Springer' wiegt eine leichte Initiative schwer. – Gegen den damaligen Weltmeister Aljechin gelingt Botwinnik ein Meisterwerk aus einem Guss, das ich hier in voller Länge zeigen möchte.

06.01
Michail Botwinnik
Alexander Aljechin
Holland 1938

1.♘f3 d5 2.d4 ♘f6 3.c4 e6 4.♘c3 c5 5.cxd5 ♘xd5 6.e3 ♘c6 7.♗c4 cxd4 8.exd4 ♗e7 9.0–0 0–0 10.♖e1 b6?!

Von dieser weißfeldrigen Schwächung wird Schwarz sich nicht wieder erholen. (⌓10...♗f6)

11.♘xd5 exd5 12.♗b5 ♗d7?

Danach wächst der Nachteil bereits in den bedenklichen Bereich, während 12...♗b7 Δ13.♕a4 ♖c8 den Schaden auf ⩲ begrenzt hätte.

13.♕a4!±

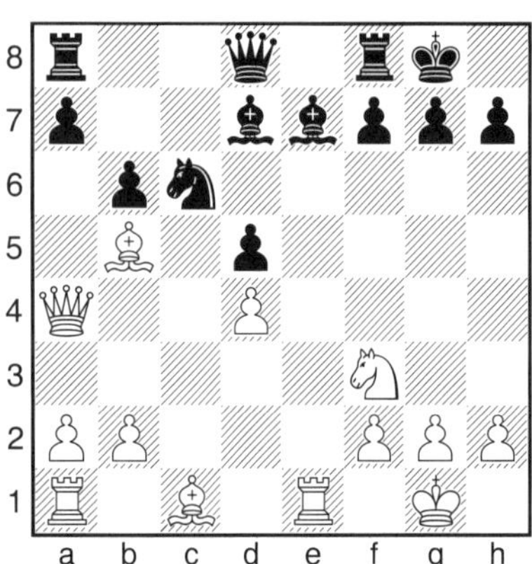

13...♘b8

Aljechin gibt dem weißfeldrigen Druck nach, da 13...♖c8 14.♗f4 usw. auch kein Zuckerschlecken gewesen wäre.

14.♗f4 ♗xb5 15.♕xb5 a6 16.♕a4

16.♕d3!? Δ♖ac1 war ebenfalls sehr stark, aber vielleicht wollte Botwinnik die weitere Schwächung b5 provozieren.

16...♗d6

16...b5 17.♕c2 Δ♖ac1

17.♗xd6 ♕xd6 18.♖ac1 ♖a7

Womöglich war Schwarz doch besser beraten, mit 18...b5 klein beizugeben.

19.♕c2 ♖e7 20.♖xe7 ♕xe7

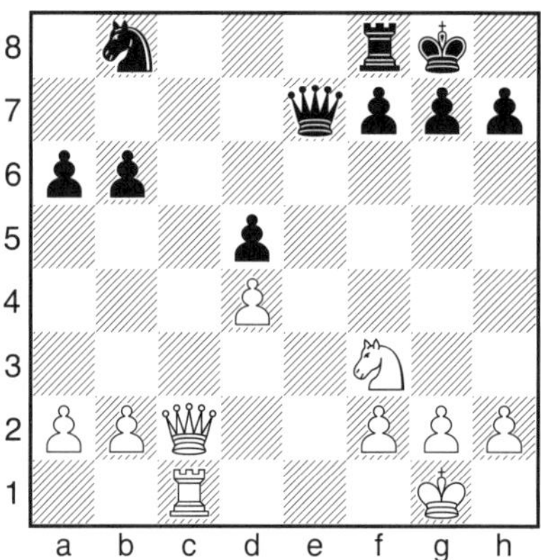

21.♕c7!

Hier wäre die Schaffung eines Luftlochs ein nützlicher Wartezug gewesen, aber Botwinnik vertraut voll und ganz auf die Faustregel: Im Endspiel ‘Turm + Springer gegen Turm + Springer’ wiegt eine leichte Initiative schwer.

21...♕xc7 22.♖xc7 f6 23.♔f1 ♖f7 24.♖c8+ ♖f8 25.♖c3!

Der aktive weiße Turm darf natürlich nicht getauscht werden.

25...g5 26.♘e1 h5

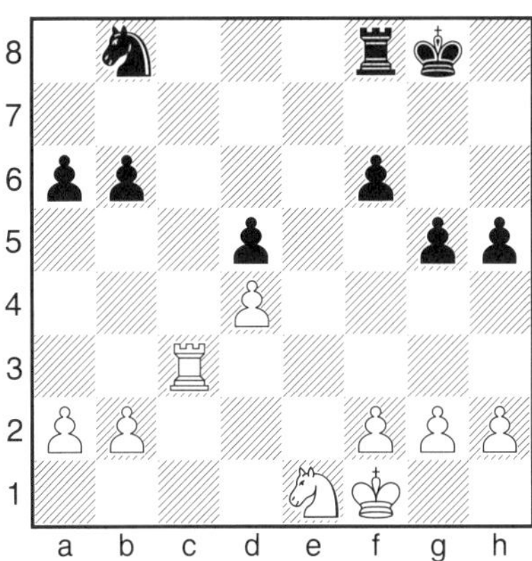

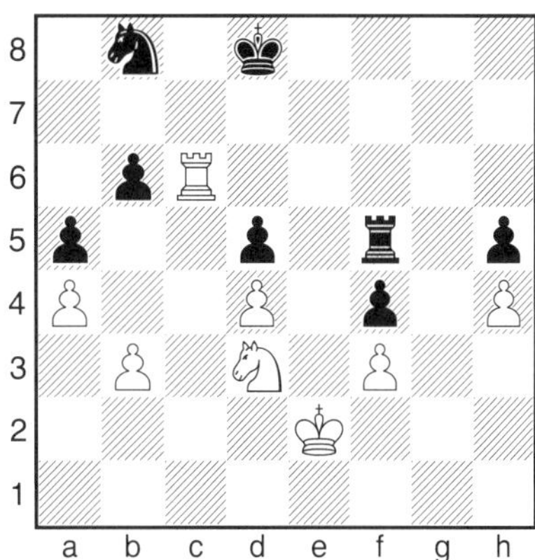

27.h4!!

Eine strategischer Meisterzug, mit dem Botwinnik die Königsflügelstruktur unterminiert.

27...♘d7?!

27...♔f7!? war zäher (27...g4? 28.♘d3 Δ♘f4+−), sollte aber auf lange Sicht auch nicht retten: z.B. 28.♖c7+ ♔g6 29.hxg5 fxg5 30.♘f3+−

1) 30...g4?! 31.♘h4+ ♔g5 32.g3 ♖f6 33.♖g7+ ♔h6 34.♖b7

2) 30...♔f5 31.♖h7 g4 32.♖xh5+ ♔e4 33.♖h4 ♖f4 34.♘e5 ♔xd4 35.♘xg4

28.♖c7 ♖f7 29.♘f3!

Jetzt kann sich der Bauer nicht auf g5 behaupten.

29...g4 30.♘e1 f5 31.♘d3 f4 32.f3!?

Das legt die Schwäche f4 fest und die schwarze Stellung lahm.

32...gxf3 33.gxf3 a5 34.a4 ♔f8 35.♖c6 ♔e7 36.♔f2 ♖f5 37.b3 ♔d8 38.♔e2 ♘b8?!

39.♖g6!

In diesem Endspieltyp geht es vor allem um Dominanz und Kontrolle. Nach dem unbesonnenen 39.♖xb6? ♔c7 40.♖g6 ♘c6 erlangt Schwarz Gegenspiel.

39...♔c7 40.♘e5 ♘a6 41.♖g7+ ♔c8 42.♘c6 ♖f6 43.♘e7+ ♔b8 44.♘xd5 ♖d6 45.♖g5 ♘b4 46.♘xb4 axb4 47.♖xh5 ♖c6

47...♖xd4 48.♖f5 Δh5

48.♖b5 ♔c7 49.♖xb4 ♖h6 50.♖b5 ♖xh4 51.♔d3 1-0

Nun drei Beispiele zur Veranschaulichung der Merkregel: Beim Powerplay 'Turm + Springer gegen Turm + Läufer' ist statische Kontrolle von entscheidender Bedeutung, damit der kurzschrittige Springer genug Zeit zum Manövrieren hat.

06.02
Michail Botwinnik
Tigran Petrosjan
Moskau 1963

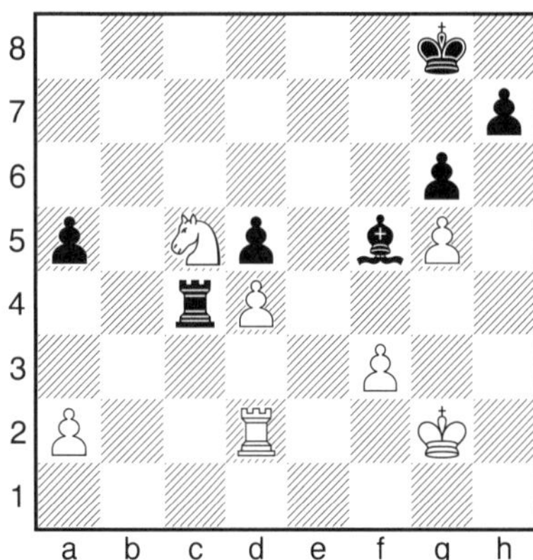

42.♔g3!?

Die Aktivierung des Königs bringt Schwarz an den Rand des Abgrunds.

42...a4

Das beste Gegenspiel besteht im Vortrieb des a-Bauern in der Hoffnung, den Turm nach b2 zu bringen. Denn nach der Alternative 42...♖c3 43.♔f4 ♖a3 44.♖f2 Δ♔e5 steht der schwarze Turm weniger flexibel.

43.♔f4 a3 44.♔e5 ♖b4 45.♘d3!

Nach Ausschluss des erwähnten Motivs wird Schwarz zusehends in Passivität gedrängt.

45...♖b5 46.♔d6!

Die Alternative 46.f4 bringt Schwarz nach 46...♖b2 47.♖e2 mit der Drohung ♔xd5 in Zugzwang.

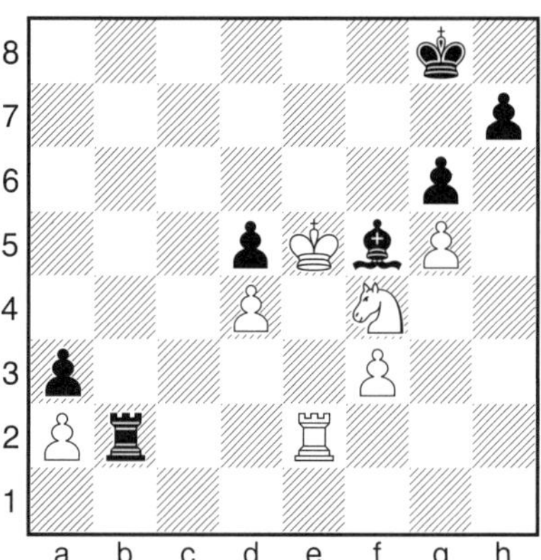

Aufgabe 1

Sollte Schwarz sich dagegen mit 47...♗b1 verteidigen? – Oder wie sonst? (Lösung auf Seite 174)

46...♔f7 47.♔c6

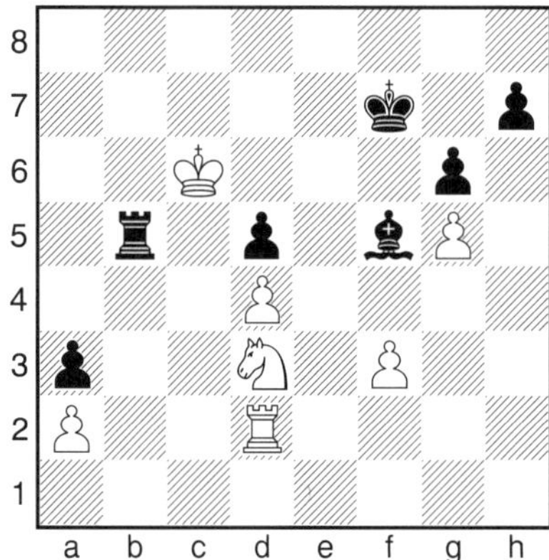

Botwinnik hat den Druck maximal erhöht und Schwarz kämpft ums blanke Überleben.

47...♗xd3?

So geht es allerdings nicht. Tatsächlich bestand die einzige Rettung – wegen der großen Remis-Tendenz – in einem Turmendspiel (47...♖a5? 48.♘f4; 48.♘c5+–), allerdings in der Version 47...♖b1!, weil Weiß weniger Optionen hat, solange der Läufer noch auf dem Brett ist. So würde beispielsweise 48.♔xd5 nach 48...♖b5+ 49.♔c6 ♗xd3 50.♖xd3 ♖xg5 über Zugumstellung zur späteren Partiestellung führen (allerdings nach dem dortigen Fehlzug 50.♔xd5?).

48.♖xd3+– 48...♖b2 49.♖xa3 ♖g2

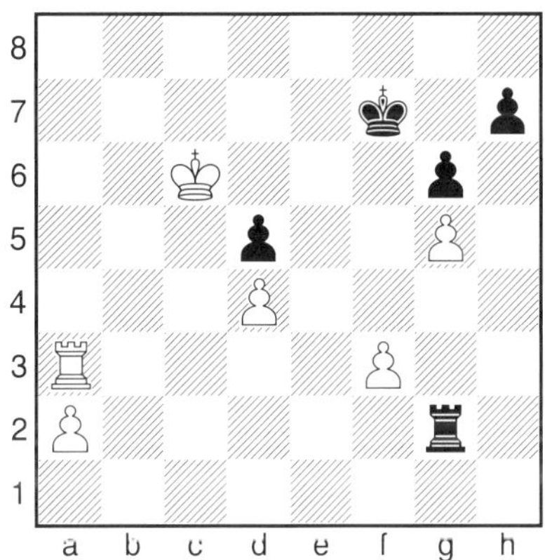

50.♔xd5?

Aufgabe 2

Auf diesen Bauern kommt es jetzt nicht an, sondern auf Figurenaktivität. Wie hätte Weiß entsprechend besser fortsetzen können? (Lösung auf Seite 174)

50...♖xg5+ 51.♔c6 h5 52.d5 ♖g2 53.d6 ♖c2+ 54.♔d7 h4 55.f4

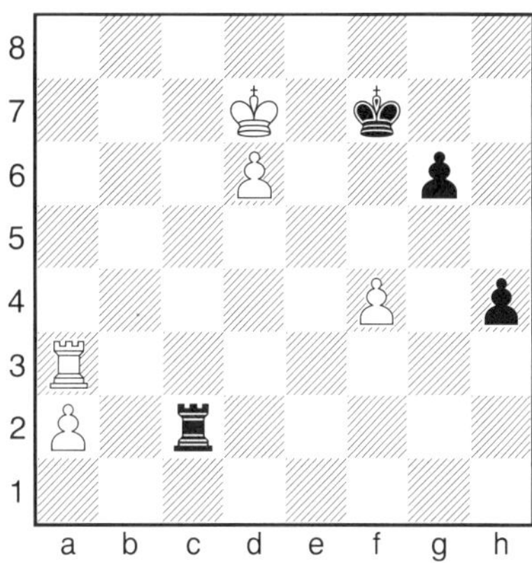

55...♖f2?

Das ist allerdings viel zu langsam. Hingegen kommt das Gegenspiel nach 55...♔f6! 56.♖h3 g5= schnell genug.

56.♔c8! ♖xf4 57.♖a7+ 1-0

Hingegen steht Botwinnik im folgenden Beispiel von Anfang an auf Gewinn.

06.03
Michail Botwinnik
Witali Tschechower
Leningrad 1934

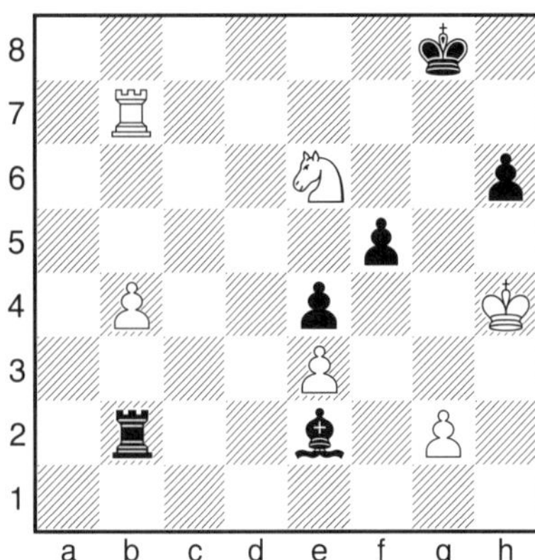

Botwinniks Gegner ist dem schwarzfeldrigen Powerplay wehrlos ausgeliefert, denn der Läufer schießt Löcher in die Luft und der König ist nicht nur außer Spiel, sondern kann darüber hinaus unversehens zum Angriffsobjekt werden.

79.♔g3+−

Hingegen nimmt der weiße König Kurs aufs Zentrum und kann womöglich sogar via e5 auf f6 zum Mattangreifer werden.

79...♗a6

79...♗f1 80.♔f4 ♖xg2 81.♔xf5

80.♖b6

Laut Computer gewinnt 80.♖g7+!? ♔h8 81.♖g6 ebenfalls, ist jedoch aus menschlicher Sicht weniger logisch.

80...♗f1

80...♗c4 81.♘d4 ♗f1 82.♘xf5 h5 83.♖b7 ♖xg2+ 84.♔f4 ♖b2 85.♔g5 ♔f8 86.♘d6

81.♔f4

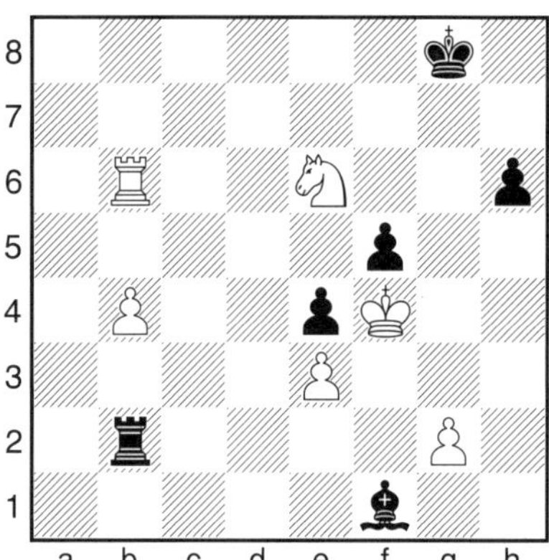

81...♗c4?!

Ratlosigkeit macht sich breit, denn hier steht der Läufer ja kein bisschen besser.

1) 81...♗xg2? ist noch schlechter, weil der weiße König nach 82.♔e5! Δ♔f6 unter Nutzung des 'Schutzbauern' f5 und wie eingangs angekündigt zum Mattangreifer mutieren kann.

2) 81...♖xg2!? war zäher, obwohl letztlich auch nicht ausreichend. Hier ein Blick auf einige Varianten nach 82.♔e5! (82.♔xf5!?).

a) 82...♖b2? 83.♔f6 Δ♖b8+ usw. führt zum Matt in wenigen Zügen.

b) 82...♖a2 83.♘f4 Δ♔xf5; ♖xh6

c) 82...♗c4 83.♘f4 ♖a2 84.♖xh6; 84.♔xf5!?

82.♘d4

82.♔xf5!?

82...♖f2+

82...♖xg2 83.♘xf5

83.♔g3 ♖f1

83...♖b2 84.♘xf5 h5 85.♖b8+ ♔h7 86.♔f4! ♖xg2 87.♖b7+ ♔h8 88.b5

84.♖c6 f4+

In hoffnungsloser Stellung wird aus Ratlosigkeit Verzweiflung.

85.exf4 ♗d3 86.♖xh6 ♖b1 87.♘f5 ♖xb4 88.♘e3 1-0

Denn nach f5, ♔f4 und g4 wird Schwarz von den Bauern überrollt.

Im nächsten Beispiel steht Botwinnik zwar besser und verfolgt auch den einzigen Plan, der auf einen entscheidenden Durchbruch abzielt, aber gegen aktive Verteidigung hätte es dennoch nicht zum Gewinn reichen sollen.

06.04
Michail Botwinnik
Cenek Kottnauer
Groningen 1946

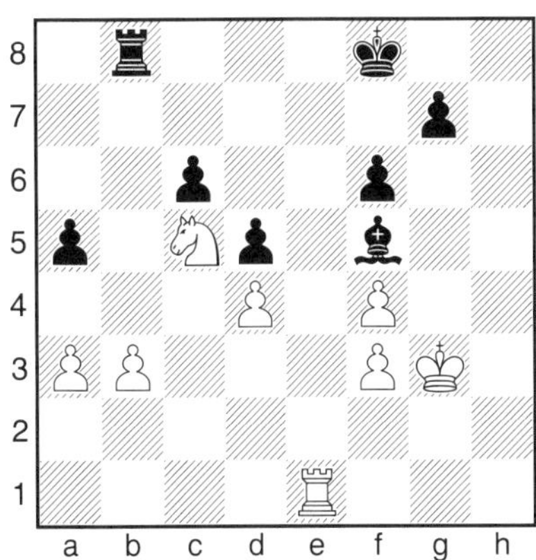

42.♖e2!?

Diese Feinheit vermeidet nicht nur den Störzug c2, sondern ermöglicht es dem König, über e1 und somit unter Vermeidung von Turmtausch den Damenflügel zu erreichen, wo der Vorstoß b3–b4 zur Entstehung eines freien a-Bauern führen kann.

Lässt Weiß hingegen mit 42.♔f2 ♔f7 43.♔e3 ♖e8+ 44.♔d2 ♖xe1 45.♔xe1 Turmtausch zu, kann er nach 45...♗c8 (zur Abwehr der Drohung ♘b7) angesichts des möglichen Gegenspiels mit ♔g6–f5 keine Fortschritte mehr erzielen.

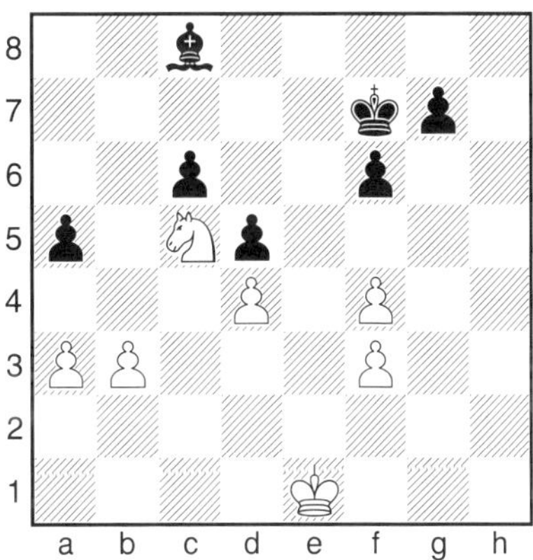

Aufgabe 3

Würde sich etwas an diesem Urteil ändern, wenn Weiß mit 46.f5 auf Zugzwang setzt? (Lösung auf Seite 174)

42...♔f7 43.♔f2 ♗c8 44.♔e1 ♖a8 45.♔d2 ♖a7 46.♖e1 ♖e7 47.♖b1 ♖a7?!

Auch hier bot sich das in der obigen Aufgabe erwähnte Gegenspiel mit 47...♔g6 an.

48.a4

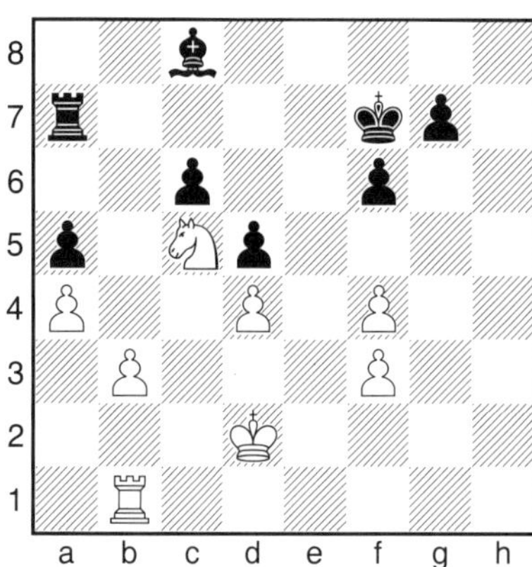

48...♔e7?

Angesichts des flexibleren gegnerischen Turms reicht passive Verteidigung nicht aus. Spätestens hier war das aktive 48...♔g6 erforderlich; z.B. 49.♖h1 ♔f5 50.♖h8 ♖c7 51.♔e3 ♖e7+ 52.♔f2 ♖c7 53.♔g3 ♔g6=.

49.♖h1! ♔d6 50.♖h8 ♗f5 51.♖e8 ♔c7 52.♔c3 ♔b6

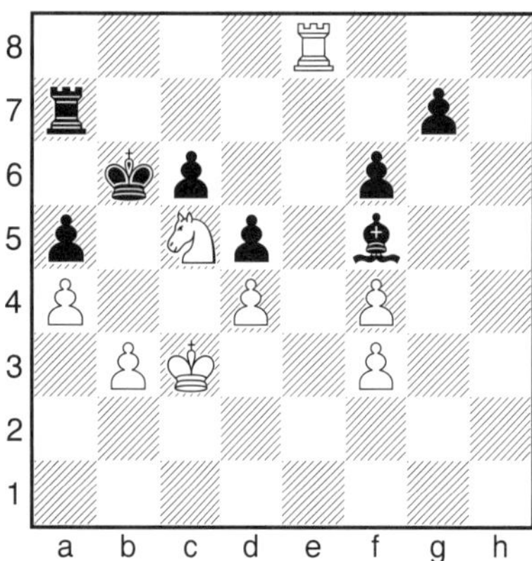

53.b4!

Der entscheidende Schlüsselzug, auf den Botwinnik die ganze Zeit hingearbeitet hat.

53...axb4+

Das ist ganz hoffnungslos. Zu versuchen war höchstens noch 53...♗g6 54.♖b8+ ♔c7 55.♖h8 ♔b6 usw.

54.♔xb4+– 54...♖f7 55.♖a8 1-0

Es könnte noch folgen:

1) 55...♗g6 56.f5 ♗h5 57.a5+ ♔c7 58.a6

2) 55...♖e7 56.a5+ ♔c7 57.♖a7+ ♔d6 58.♖xe7 ♔xe7 59.a6

Die beiden WM-Kämpfe 'Botwinnik – Tal' waren etwas ganz Besonderes, denn darin ging es um den prinzipiellen Kampf von 'eiserner Logik' gegen 'Magie'. Frei und überspitzt formuliert war Botwinnik stets bestrebt, die Gültigkeit *fester Regeln* zu beweisen, während Tal in jeder Stellung nach den *Ausnahmen* von eben jenen Regeln suchte.

In der folgenden 9. Partie aus dem ersten Wettkampf triumphiert Botwinniks eiserne Logik über Tals eher chaotische Angriffsführung.

06.05
Michail Tal
Michail Botwinnik
Moskau 1960

1.e4 c6 2.d4 d5 3.♘c3 dxe4 4.♘xe4 ♗f5 5.♘g3 ♗g6 6.♘1e2 ♘f6 7.h4 h6 8.♘f4 ♗h7 9.♗c4 e6 10.0–0 ♗d6

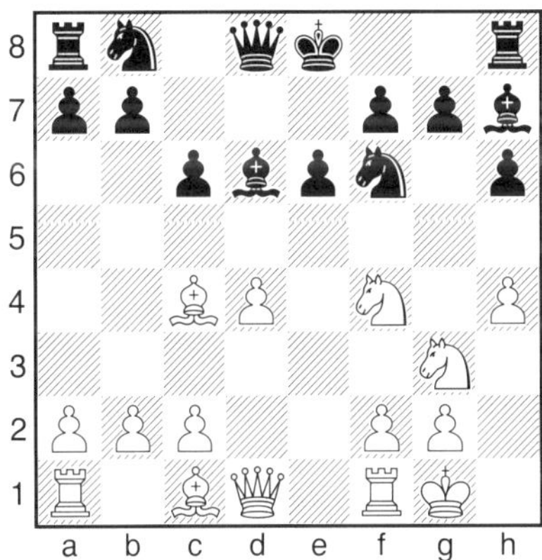

11.♘xe6?

Dieses Opfer ist typisch für Tal – frei nach seinem Motto: „Es gibt korrekte Opfer und meine."

Eine 'korrekte' Fortsetzung hätte in 11.♘gh5 0–0= bestanden.

11...fxe6 12.♗xe6 ♕c7?

Danach hat Weiß genug Kompensation.

Später fand Botwinnik die Widerlegung des 'Hurra-Angriffs' – nämlich 12...♘bd7 13.♖e1 ♕c7! nebst ♔f8 bzw. ♔d8 im Falle eines Abzugsschachs (siehe Partiefolge).

13.♖e1?

Danach erreicht Botwinnik doch noch die oben erwähnte Stellung.

Die angebrachte Beschäftigungstherapie bestand in 13.♘h5 – erneut mit ausreichender Kompensation für die geopferte Figur.

13...♘bd7 14.♗g8+ ♔f8 15.♗xh7 ♖xh7 16.♘f5

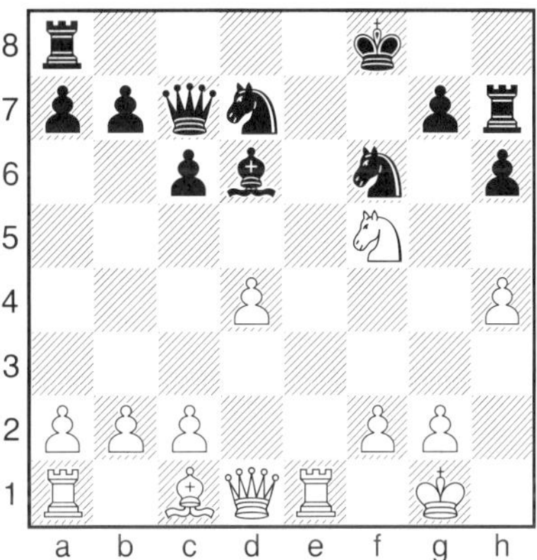

„Diese Stellung hatte Tal angestrebt. Zwei Bauern bieten zwar keine genügende Kompensation für die geopferte Figur, aber wenn man die permanenten Probleme mit dem König sowie den verdächtigen Turm auf h7 hinzuzählt, werden die praktischen Schwierigkeiten von Schwarz deutlich. Solch halbkorrekte Opfer waren ein bedeutender Bestandteil von Tals phänomenaler Erfolgsserie in den späten fünfziger Jahren. Seine magische Energie – in Verbindung mit dem Druck der tickenden Uhr – führte regelmäßig dazu, dass seine Gegner den Kopf verloren und zusammenbrachen. Bei Botwinnik hatte Tal es mit einem eisernen Charakter zu tun, der – gestützt auf präzise psychologische Berechnung – diesem schrecklichen schachlichen Wirbelsturm zu widerstehen vermochte." (Kasparow)

16...g6?!

Die Preisgabe eines dritten Bauern (statt 16...♔g8!?) scheint auf den ersten Blick sehr entgegenkommend, allerdings... (siehe nächste Anmerkung).

17.♗xh6+ ♔g8 18.♘xd6 ♕xd6 19.♗g5 ♖e7

„Nun kann Weiß seine ehrgeizigen Angriffspläne vergessen. Stattdessen ist er zu größter Vorsicht gezwungen, da Schwarz die Mehrfigur im Mittelspiel dazu nutzen könnte, einen sehr gefährlichen Angriff zu organisieren. Die drei Mehrbauern sind weniger relevant, da keiner von ihnen ein Freibauer ist. Zweifellos war Tal ziemlich unglücklich und spielte den Rest der Partie mit deutlichen Zeichen von Nervosität." (Kasparow)

20.♕d3 ♔g7

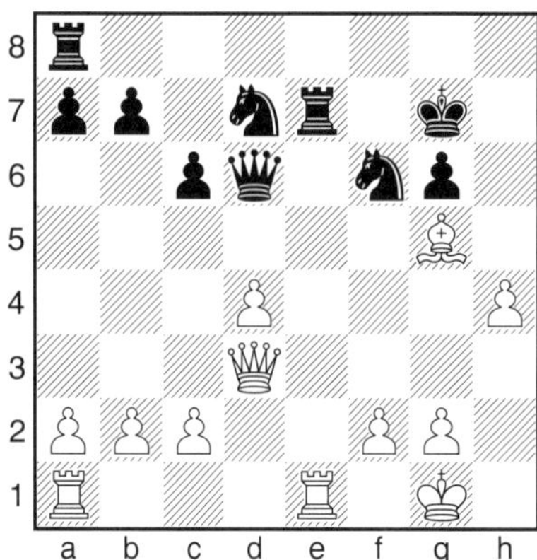

21.♕g3?

Es ist schwer zu sagen, wann genau der *entscheidende* Fehler passiert, aber der Damentausch ist sicherlich die Wurzel des bald folgenden Übels.

Kasparows Vorschlag 21.♖xe7+! ♕xe7 22.♕b3 war sowohl objektiv als auch rein praktisch die bessere Wahl, weil ganz einfach mehr 'Chaos-Potenzial' auf dem Brett bleiben würde.

21...♖xe1+ 22.♖xe1 ♕xg3 23.fxg3 ♖f8 24.c4 ♘g4

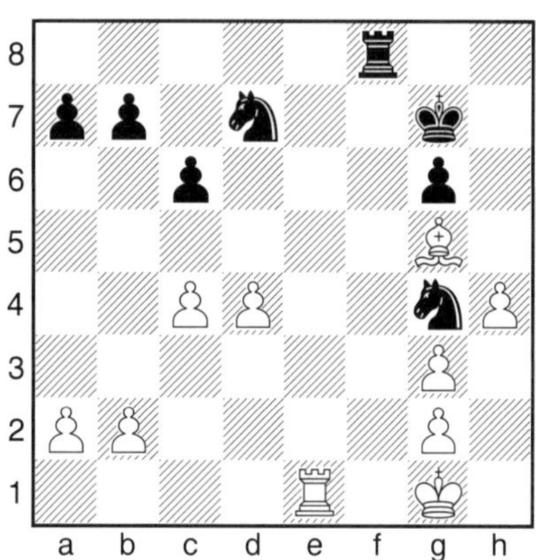

25.d5?!

Das wirkt überstürzt, und tatsächlich war 25.♖e7+ ♖f7 26.♖e4 ♘df6 27.♖f4 laut Computer zäher.

25...cxd5 26.cxd5 ♘df6 27.d6 ♖f7 28.♖c1?!

Tals Strategie führt letztlich zu Abtauschen, die Schwarz entlasten.

Hingegen hätte 28.♗f4 den Schaden noch in Grenzen gehalten.

28...♖d7 29.♖c7?! ♔f7 30.♗xf6 ♘xf6 31.♔f2 ♔e6 32.♖xd7 ♔xd7 33.♔f3 ♔xd6 34.♔f4 ♔e6–+

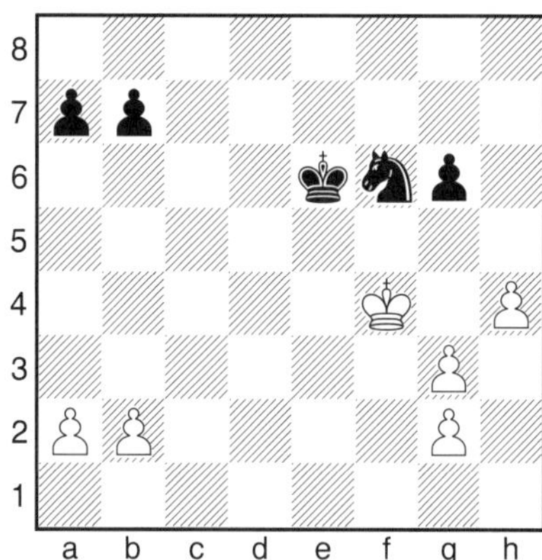

Mittlerweile verfügt Schwarz über eine technische Gewinnstellung, die geradezu maßgeschneidert ist für einen diesbezüglichen Spezialisten wie Michail Botwinnik.

35.g4 ♘d5+ 36.♔e4

Die Alternative 36.♔g5 ♔f7 37.h5 läuft in einen erstaunlichen Konter.

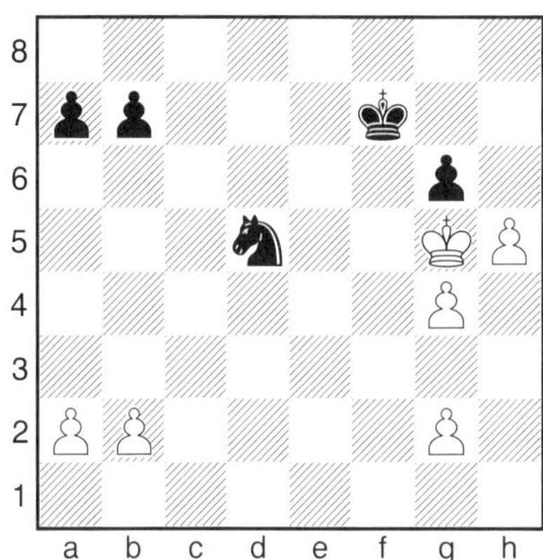

Und zwar 37...♔g7! mit der möglichen Folge 38.hxg6 ♘b4 39.a3 ♘d3 40.b3 a5 41.♔f5 ♘c1 42.b4 axb4 43.axb4 ♘a2 44.b5 ♘c3 45.b6 ♘a4 46.♔e5 ♘xb6 47.♔d6 ♘c8+ 48.♔c7 b5. (Kasparow)

36...♘f6+ 37.♔f4 ♘d5+ 38.♔e4 ♘b4 39.a3 ♘c6

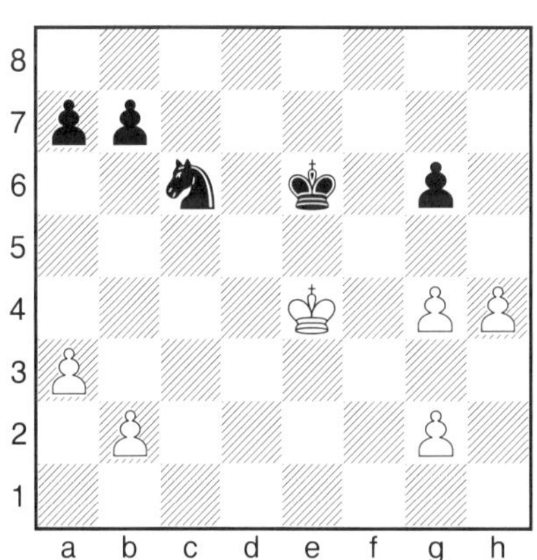

In der Folge kann Botwinnik ganz unmissverständlich nachweisen, dass seine Mehrfigur zu etwas nütze ist.

40.h5

1) 40.♔f4 ♘e5 41.♔g5 ♔f7 42.h5 ♔g7 43.hxg6 ♘c4–+

2) 40.g5 hilft auch nicht; z.B. 40...♘e5 41.♔d4 ♔f5 42.♔d5 ♘d3 43.b4 ♔g4 44.♔d6 ♔xh4 45.♔c7 b5 46.♔c6 a6 47.♔b6 ♘e5 48.♔xa6 ♘c4 49.♔xb5 ♘xa3+ 50.♔a4 ♘c4 51.♔b5 ♘e5 52.♔a6 ♔xg5 53.b5 ♘c4.

40...g5 41.h6

41.b4 ♘e5 42.h6 ♘xg4 43.h7 ♘f6+

41...♔f6 42.♔d5 ♔g6 43.♔e6

43.♔d6 a5 (oder 43...♘a5) 44.♔c7 a4 45.♔xb7 ♘e5 46.♔b6 ♘xg4 47.♔b5 ♘e3 48.♔xa4 ♘xg2 49.b4 ♘f4 50.b5 g4 51.b6 ♘e6 52.♔b5 ♘d8

43...♘a5 44.a4 ♘b3 45.♔d6 a5 46.♔d5

46.♔c7 ♘c5 47.♔b6 ♘xa4+ 48.♔xa5 ♘xb2

46...♔xh6 47.♔c4 ♘c1 48.♔b5 ♘d3 49.b3 ♘c1 50.♔xa5 ♘xb3+ 51.♔b4

51.♔b6 ♔g6 52.♔xb7 ♘c5+

51...♘c1 52.♔c3 ♔g6 53.♔c2 ♘e2 54.♔d3 ♘c1+ 55.♔c2 ♘e2 56.♔d3 ♘f4+ 57.♔c4 ♔f6 58.g3 ♘e2 0-1

Angesichts der Folge 59.♔b5 ♘xg3 60.♔b6 ♘e4 Δ61.♔xb7 ♘c5+ bzw. 61.a5 ♘d6 usw.

Aufgaben zum Thema 'Endspielstrategie'

(Lösungen ab Seite 171)

A06.01
Alexey Suetin
Michail Botwinnik
Moskau 1952

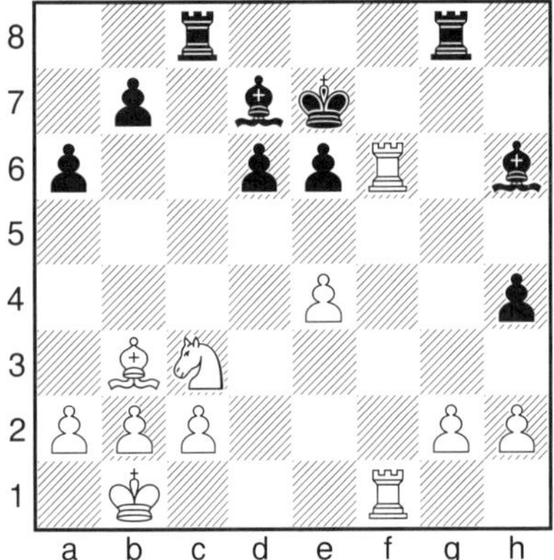

Wie soll Schwarz mit dem Druck auf der f-Linie umgehen?

A06.02
Michail Botwinnik
Bent Larsen
Leiden 1970

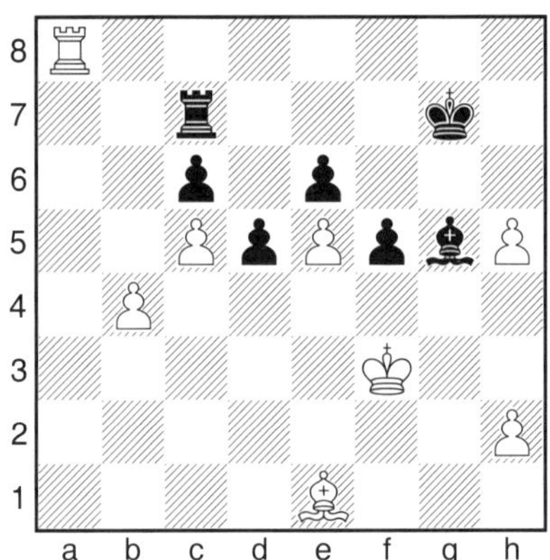

Wie setzte Botwinnik hier präzise fort?

A06.03
Michail Botwinnik
George Thomas
Nottingham 1936

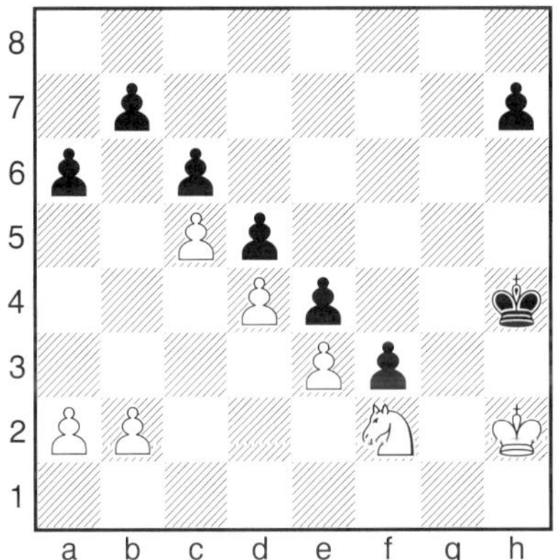

Skizzieren Sie in groben Zügen den weißen Gewinnplan!

A06.04
Boris Spasski
Michail Botwinnik
Moskau 1966

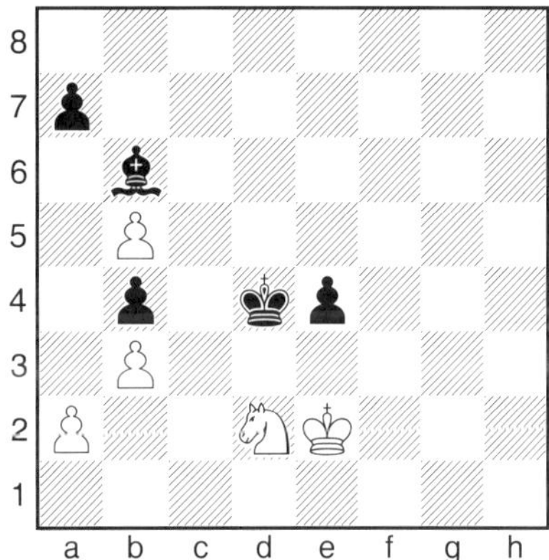

Wie hätte Weiß sich verschanzen sollen?

A06.05***
Alexander Kotow
Michail Botwinnik
Moskau 1955

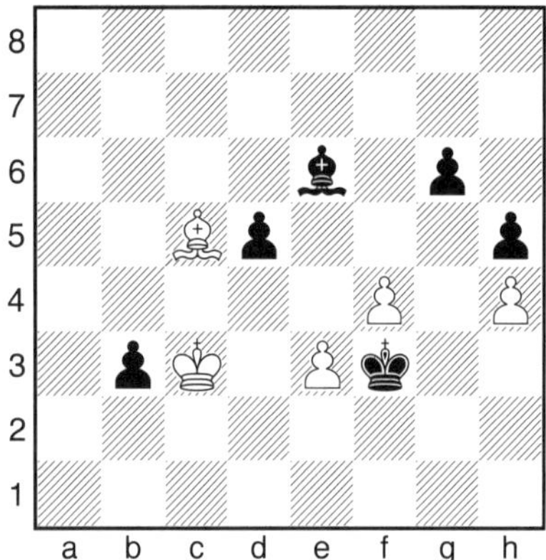

Wie erzielte Schwarz den entscheidenden Durchbruch?

A06.06
David Bronstein
Michail Botwinnik
Moskau 1951

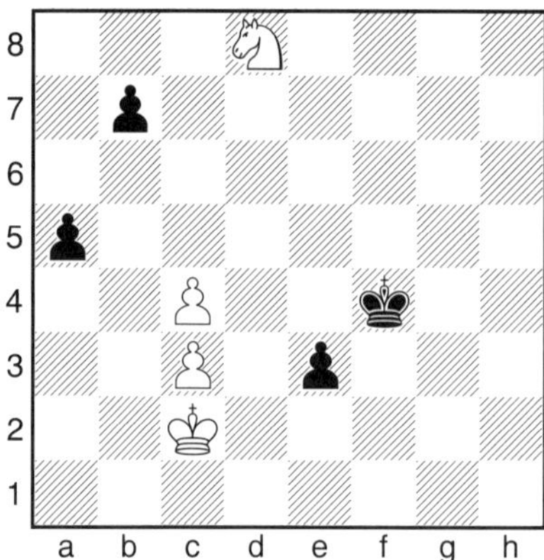

Warum war der letzte Zug ♔b3-c2 ein entscheidender Fehler?

Welcher Zug hätte das Remis gerettet?

A06.07
Michail Botwinnik
David Bronstein
Moskau 1951

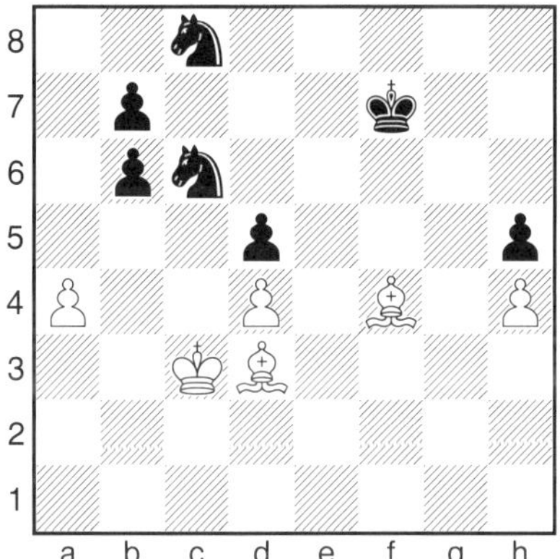

Warum war der letzte Zug ♘a7-c8 ein entscheidender Fehler?

Welcher Zug hätte das Remis gerettet?

A06.08
A. Yurgis
Michail Botwinnik
Leningrad 1931

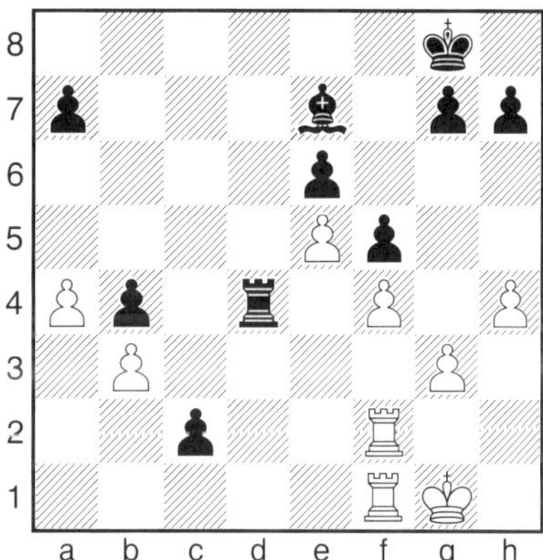

Mit welcher taktischen Teufelei erzwingt Schwarz den Sieg?

Der folgende Klassiker, der mit gutem Grund Aufnahme in viele Lehrbücher gefunden hat, bietet ein instruktives Beispiel dafür, wie Botwinnik eine Gewinnstellung mit gewohnter Präzision und eiserner Logik auch tatsächlich zu gewinnen pflegte.

06.06
Michail Botwinnik
Miguel Najdorf
Moskau 1956

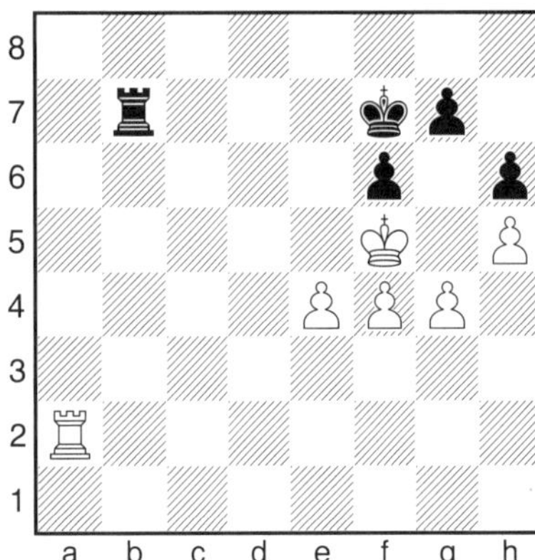

62.♖a5

Der erste systematische Schritt besteht in der Verbesserung der Turmstellung und im Ausschluss von Störschachs.

Es muss jedoch gesagt werden, dass auch der direkte Vorstoß 62.e5 zum Gewinn geführt hätte. Allerdings war Botwinnik wohl auch Psychologe genug, um zu wissen, dass es kaum schaden konnte, dem Gegner zu zeigen, dass dessen Spielanteil darauf geschrumpft ist, mit dem Turm hin- und herzuziehen, bis endlich ein Fangschuss Erlösung bringt.

62...♖c7 63.♖d5 ♖a7 64.e5

Nun steht alles optimal und der Hauptplan kann ausgeführt werden.

64...fxe5 65.fxe5 ♔e7

65...♖b7?! 66.♖d7+ ♖xd7 67.e6+ macht es dem Gegner zu einfach.

66.e6 ♖a4!?

66...♖a6 wird trickreich mit 67.♖d7+ ♔f8 68.♔g6! ♖xe6+ 69.♔h7 abgefertigt.

67.g5!

Nun demonstriert Botwinnik eine Technik, die in der Endspieltheorie scherzhaft als ‘Regenschirm’ bezeichnet wird. Der weiße Bauer auf g4 soll durch einen schwarzen Bauern auf g5 ersetzt werden, denn da dieser nicht vom schwarzen Turm geschlagen werden kann, bietet er dem weißen König nach dessen geplantem Vordringen viel besseren Schutz vor dem andernfalls möglichen ‘Regen von Schachgeboten’.

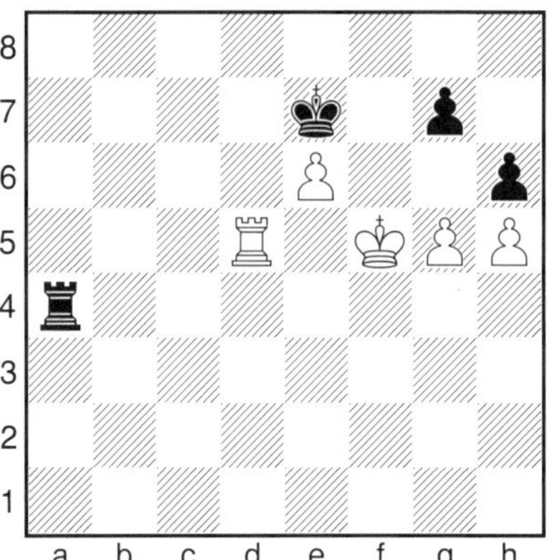

67...hxg5

Aufgabe 4

Wie hätte es nach 67...♖a7 weitergehen können? (Lösung auf Seite 174)

68.♖d7+ ♔f8 69.♖f7+ ♔g8 70.♔g6

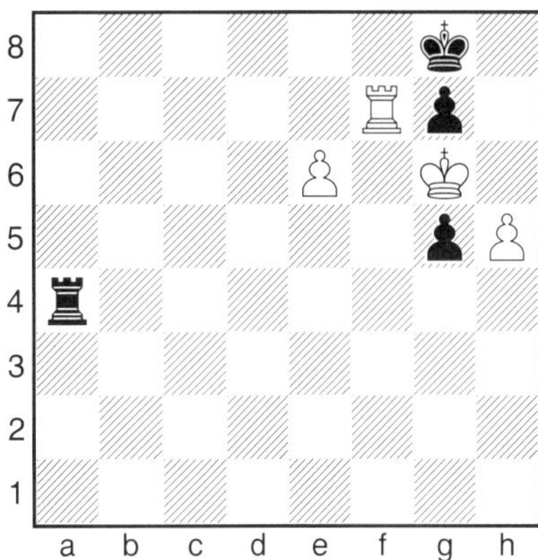

Nun zeigt sich die Nützlichkeit des Regenschirms.

70...g4 71.h6! gxh6 72.e7 ♖a8 73.♖f6 1-0

Angesichts der unparierbaren Drohung ♖d6 nebst ♖d8.

Eine besondere Stärke von Botwinnik lag auch in der Analyse von Hängepartien, denn dabei kam ihm sein sytematisches und strukturiertes Herangehen in Verbindung mit seiner vorbildlichen Disziplin zugute.

Das folgende Beispiel stammt aus dem Wettkampf UdSSR – USA bei der Olympiade im bulgarischen Warna im Jahr 1962 – und somit zur Zeit des 'Kalten Krieges'. Bei solch brisanten Rahmenbedingungen war der Ausgang entsprechend bedeutsam und so wurde die Stellung in beiden Lagern fast die ganze Nacht lang analysiert. Tatsächlich fand Botwinniks Mannschaftskollege Efim Geller die rettende Ressource, so dass die sowjetische Mannschaft sich mit 2,5 zu 1,5 durchsetzen konnte.

06.07
Michail Botwinnik
Robert James Fischer
Warna 1962

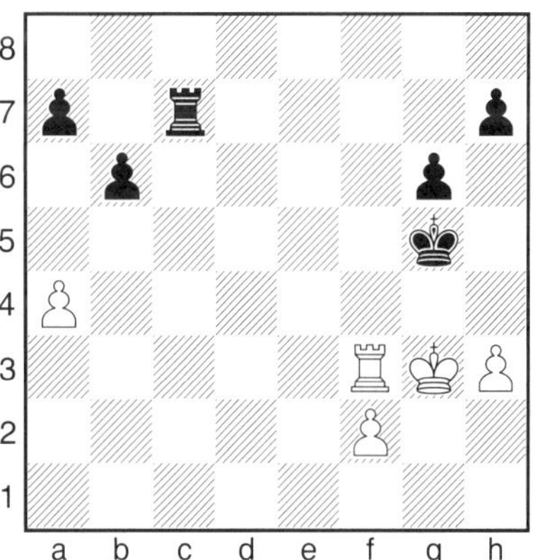

45...♖c5

Fischers Abgabezug, bei dem er sich voll und ganz auf verbundene Freibauern am Damenflügel verlässt. Allerdings wäre stattdessen womöglich 45...♔h6 und erst dann ♖c5 besser gewesen.

46.♖f7 ♖a5 47.♖xh7 ♖xa4 48.h4+ ♔f5

48...♔f6 49.♖b7= Δ49...♖a5 50.♔g4 b5 51.f4 a6 52.♖b6+

49.♖f7+ ♔e5 50.♖g7 ♖a1 51.♔f3

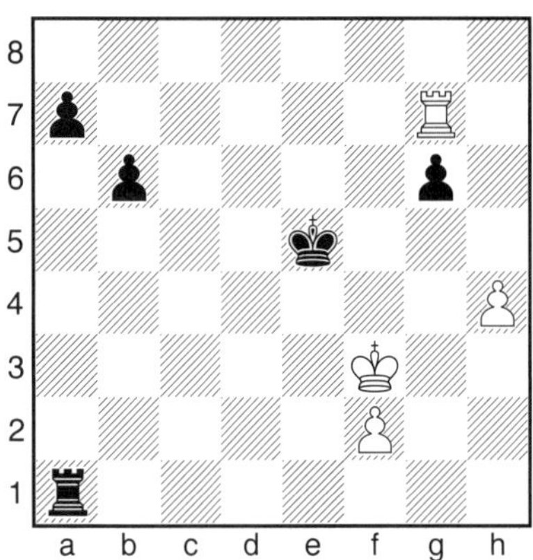

51...b5?!

51...♔d4 52.♖xg6 b5 53.h5 b4 54.h6 b3 55.♖g4+ ♔c5 56.♖g5+ ♔c6 57.♖g6+ ♔b7 58.♖g7+ ♔a6 59.♖g6+ ♔a5 60.♖g5+ ♔a4 61.♖g4+ ♔a3 62.♖h4 b2 63.h7 b1♕ 64.h8♕ ♕b3+ 65.♔e2 ♕d1+ 66.♔e3 ♖b1

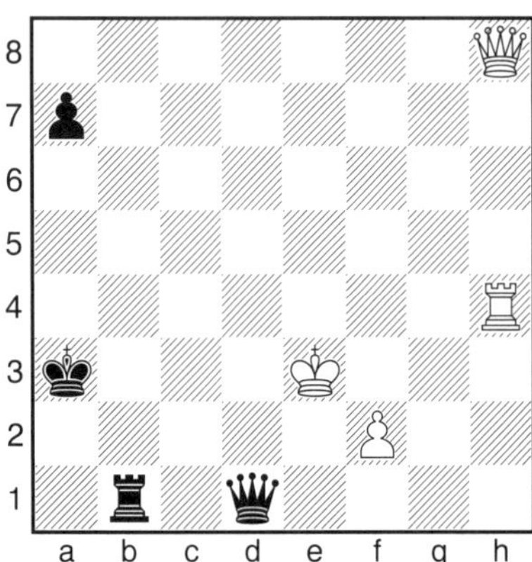

In seinem Buch 'Meine 60 denkwürdigen Partien' vertritt Fischer die Ansicht, diese Stellung sei gewonnen. Allerdings fand Botwinnik heraus, dass 67.♕f8+ ♔a2 68.♕c5 remisiert. Und einer seiner Schüler, der damals dreizehjährige Garri Kasparow, fand sogar noch eine Nebenlösung: 67.♖c4!=.

52.h5!

Diese Methode, gegen die Damenflügelbauern vorzugehen, war Fischer womöglich entgangen.

52...♖a3+ 53.♔g2 gxh5 54.♖g5+ ♔d6 55.♖xb5 h4 56.f4 ♔c6 57.♖b8 h3+ 58.♔h2 a5 59.f5 ♔c7 60.♖b5 ♔d6 61.f6 ♔e6 62.♖b6+ ♔f7 63.♖a6 ♔g6 64.♖c6 a4 65.♖a6 ♔f7 66.♖c6 ♖d3 67.♖a6 a3 68.♔g1 ½-½

„Mit kreidebleichem Gesicht schüttelte Fischer meine Hand und verließ den Spielsaal mit Tränen in den Augen." (Botwinnik)

Wie bereits erwähnt schenkte Botwinnik auch psychologischen Faktoren Beachtung und versuchte sich auf jeden Gegner einzustellen. Dieses ganzheitliche Herangehen bringt ihm in der folgenden Hängepartie (aus dem Revanche-Wettkampf gegen Tal) einen halben Punkt ein.

06.08
Michail Tal
Michail Botwinnik
Moskau 1961

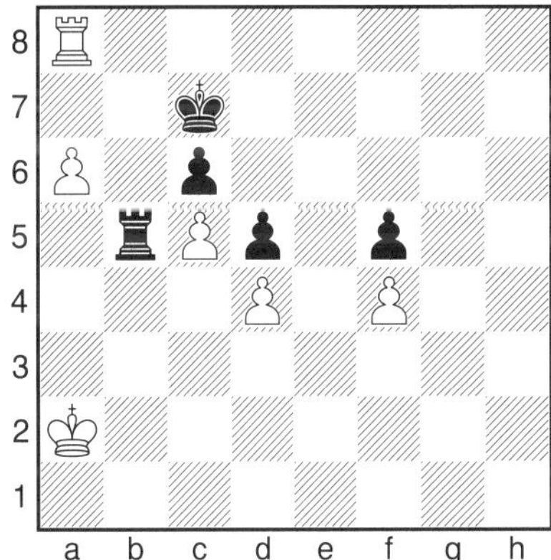

90.a7?

Tal geht zu leichtfertig an die Sache heran, denn nun kann auch der schwarze König den a-Bauern erreichen und die Konsequenzen zeigen sich in der Folge.

„Darauf hatte Botwinnik gehofft, als er in Erwartung einer Niederlage zur Wiederaufnahme erschien – ganz gegen seine Gewohnheit *ohne* seine Thermoskanne mit Kaffee." (Kasparow)

Wie Botwinnik selbst später nachwies, hätte 90.♖f8! gewonnen: 90...♖a5+ 91.♔b3 ♖xa6 92.♖xf5 ♔d7 93.♖f6 ♖a1 94.f5 ♖d1 95.♔c3 ♖c1+ 96.♔d2 ♖f1 97.♖f7+ ♔d8 98.♔c3

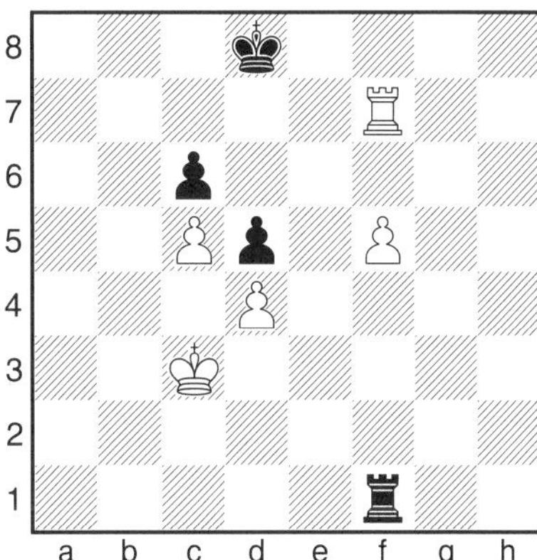

Da der schwarze Turm den Freibauern im Auge halten muss, kann der weiße König nun entscheidend vordringen.

1) 98...♖f4 99.♔b4 ♖xd4+ 100.♔a5 ♔e8 101.♖c7 ♖f4 102.♖xc6 ♖xf5 103.♖d6

2) 98...♖b1 99.f6 ♖f1 100.♔b4 ♔e8 101.♖h7 ♖xf6 102.♔a5

90...♖a5+ 91.♔b3 ♔b7 92.♖f8 ♖b5+ 93.♔a4

93.♔c3!? ♖a5 94.♖xf5 ♔xa7 95.♖g5 ♖a3+ 96.♔d2 ♔b7 97.♖g4 ♔c8 98.♔e2 ♖a2+ 99.♔f3 ♖a3+ 100.♔f2 ♔d7 101.f5 ♔e7 102.♖g6 ♖d3 103.♖xc6 ♖xd4 104.♖e6+ ♔f7 105.♔f3 ♖c4 106.c6 ♖h4 107.♖d6 ♖c4=

93...♔xa7 94.♖xf5 ♖b1 95.♖f6

95.♖f7+ ♔a6 96.♖c7 ♖b4+ =

95...♔b7 96.f5

96.♖h6!? ♖d1 97.♔a5

1) 97...♖xd4? 98.♖h7+ ♔c8 99.♖f7 ♔d8 100.f5 ♔e8 101.♖c7 ♖d1 102.♔b6 d4 103.♖xc6 d3 104.♖d6 d2 105.♔c6+-

2) 97...♖a1+ 98.♔b4 ♖c1 99.f5 ♖d1 100.♔c3 ♖f1=

96...♖a1+ 97.♔b4 ♖b1+ 98.♔c3 ♖c1+ 99.♔d2

♖f1 100.♔e3

Auf 100.♖f7+ remisiert 100...♔a6 – nicht jedoch 100...♔c8? 101.♔c3 ♖c1+ 102.♔b4 ♖a1 103.f6 ♔d8 104.♖h7+−.

100...♔c7 101.♖f7+ ♔d8 102.♔e2 ♖f4

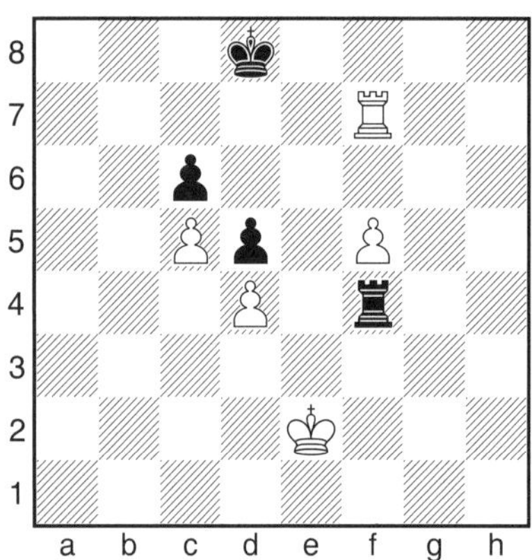

Hierauf basierte Botwinniks Remiskonzept: Der weiße König kommt nicht ins Spiel!

103.♔d3 ♖f3+ 104.♔d2 ♔c8 105.♔e2 ♖f4 106.♔e3 ♖f1 107.♖f8+ ♔d7 108.♖f6 ♔c7 109.♖f7+ ♔d8 110.♔e2 ♖f4 111.♔d3 ♖f3+ 112.♔c2 ♔c8 113.f6 ♔d8 114.♖f8+ ♔c7 115.♔d2 ♔b7 116.♔e2 ♖f4 117.♔e3 ♖f1 118.♖f7+ ♔c8 119.♔d2 ♖f3 120.♔c2 ♔d8 121.♖f8+ ♔c7 ½-½

„Diese Partie war seinerzeit die längste in der Geschichte der Schachweltmeisterschaften. Den vorherigen Rekord (119 Züge) hielt die 14. Partie des Wettkampfs Tarrasch – Lasker im Jahr 1908. (Kasparow)

Auch der folgende Sieg geht auf Botwinniks tiefschürfende Analyse einer Hängepartie zurück. Sie stammt aus der zweiten Runde eines Länderkampfs UdSSR-USA, den Botwinniks Mannschaft dank seines Sieges (wie auch die erste Runde) für sich entscheiden konnte.

06.09
Samuel Reshevsky
Michail Botwinnik
Moskau 1946

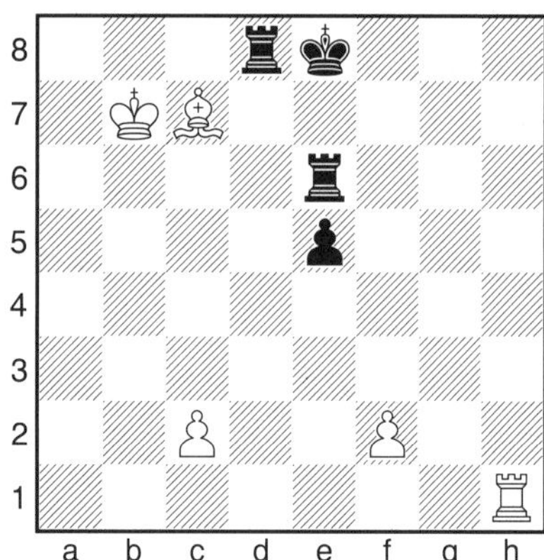

43...♖d4!?

„Der Abgabezug und der einzige Zug, der ein höchstwahrscheinliches Remis nach 44.f4 verhindert. Alle Zuschauer, Russen wie Amerikaner, waren überzeugt, dass die Partie remis enden würde. Nur ich, meine Frau und mein Sekundant Ragosin wussten, dass ich gewinnen würde.“ (Botwinnik)

43...♖d7? 44.♖h8+ ♔e7 45.♖h7+ = (Botwinnik)

44.c3

44.♖e1 ♖b4+ 45.♔a7 e4–+ (Botwinnik)

44...♖c4 45.♗a5 ♔d7 46.♖h8 ♖f6!

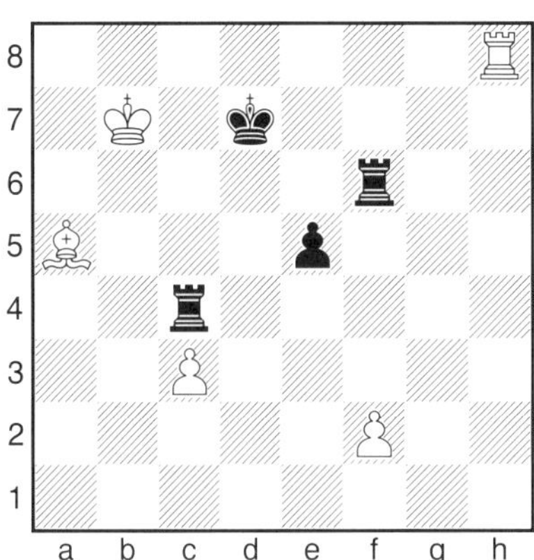

„Diesen sehr starken Zug hatten wir während der Analyse gefunden. Der Druck auf den f-Bauern zwingt auch den weißen Turm in eine passive Stellung." (Botwinnik)

47.♖d8+ ♔e7 48.♖d2 ♖d6! 49.♖a2

49.♖e2 ♖d5 50.♗b4+ ♔d7–+ (Botwinnik)

49...♔d7 50.♖b2 ♖c5

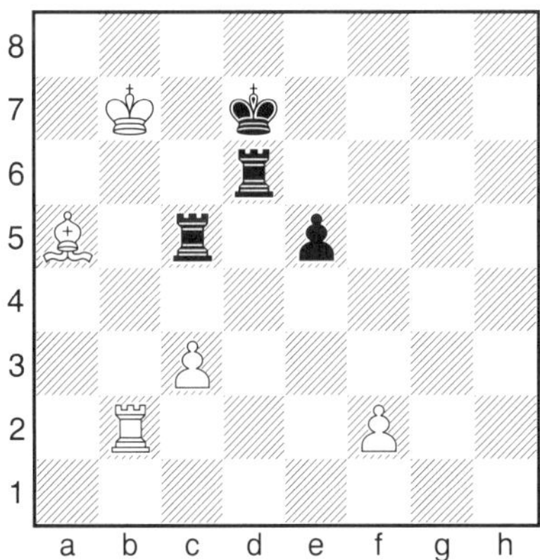

Weiß geht im Kreuzfeuer der Türme unter.

51.♗b6 ♖xc3 52.♖b4 ♔e6 53.♖b2 ♖dd3 54.♖a2 ♖d7+ 55.♔a6 ♖b3 56.♗e3 ♖d6+ 57.♔a5 ♖d8 58.♔a6 ♖xe3 0-1

Und zum Abschluss noch ein Einblick in Botwinniks perfekte Kenntnis technischer Endspiele.

06.10
Laszlo Szabo
Michail Botwinnik
Budapest 1952

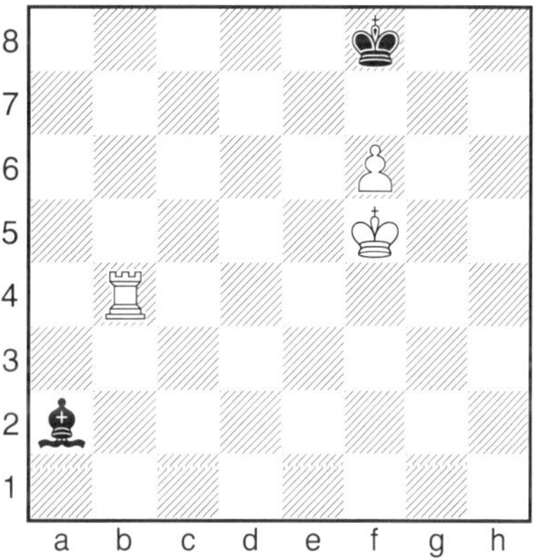

67...♗d5!

Mit diesem präzisen Zug errichtet Schwarz eine Festung, die auf den italienischen Spieler und Theoretiker Domenico Ercole del Rio (1723–1802) zurückgeht und die Botwinnik natürlich kannte.

Hingegen würde sich 67...♔f7? 68.♖b7+ ♔f8 69.♔g6+– bzw. 67...♗f7? 68.♖b8+ ♗e8 69.♔e6+– als Fehlversuch erweisen.

68.♔g6 ♗f7+ 69.♔g5 ♗d5!

Erneut der einzige Zug, denn Schwarz muss den gegnerischen König stets mit einem direkten Schachgebot von g6 vertreiben können.

Entsprechend würde 69...♗a2? nach 70.♖b8+ ♔f7 71.♖b7+ ♔f8 72.♔g6 verlieren.

70.♖h4 ♗b3 71.♖h8+ ♔f7 72.♖h7+ ♔f8!

72...♔g8? verliert nach einem ebenso unglaublichen wie sehenswerten Dominanztanz: 73.♖c7 ♗a2 74.♔g6 ♗b1+ 75.♔h6 ♔f8 76.♖b7 ♗e4 77.♖b5 ♔g8 78.♔h5 ♗c6 79.♖c5 ♗e4 80.♔g5 ♗b1 81.♖b5 ♗d3 82.♖b8+ ♔f7 83.♖b4 ♔f8 84.♔f4 ♔f7 85.♔e5 ♗a6 86.♖g4 ♗d3 87.♖a4 ♗c2 88.♖a3 ♗d1 89.♖c3 ♗g4 90.♖c7+ ♔f8 91.f7 ♔g7 92.♔d6 ♔f8 93.♖a7 ♗h3 94.♔e5 ♔g7 95.♖a3+−

Das Ende einer fantastischen Computervariante!

73.f7 ♔e7 74.♔g6

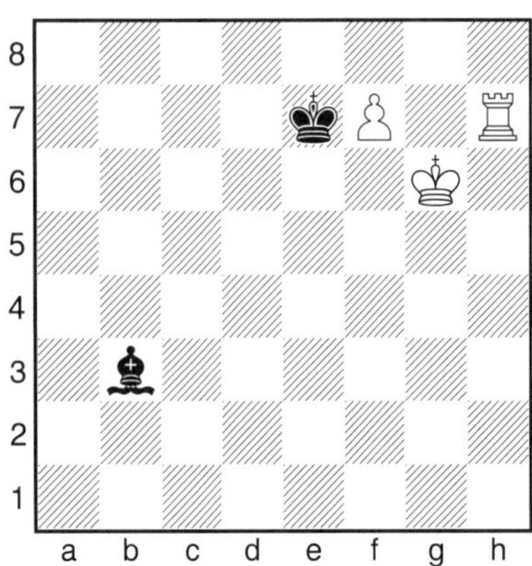

74...♗c4

Schwarz vermeidet die letzte Falle (74...♗c2+?? 75.♔g7 ♗xh7 76.f8♕+) und verlässt sich stattdessen auf wachsames Nichtstun.

75.♖g7 ♗b3 76.f8♕+ ♔xf8 77.♔f6 ♔e8 78.♖e7+ ♔d8 ½-½

Lösungen

A06.01

Offenbar kommt Schwarz nicht ohne Turmtausch aus, aber da die Stellung nach Verschwinden *aller* Türme hoffnungslos remis wäre, stellt sich die Frage, *welcher* Turm getauscht werden sollte.

21...♖cf8

Denn nach 21...♖gf8? 22.♖xf8 ♗xf8 23.♖f4 würde sich das Fehlen des verbleibenden schwarzen Turms am Königsflügel bemerkbar machen.

22.♖xf8 ♗xf8

Nachdem Schwarz das Gegenspiel entkräftet hat, steht er etwas besser und kann selber Druck machen, obwohl Weiß sich noch halten können sollte.

23.♖f2 ♗h6 24.♗c4 ♗e3 25.♖e2 ♗g1 26.g3

26.h3 b5

26...hxg3 27.hxg3 ♖xg3

Mit Läuferpaar und Mehrbauer knetete ein Endspielfreund wie Botwinnik den Gegner selbstverständlich mit wachsender Begeisterung weiter, bis es 50 Züge später zu folgender Stellung kam.

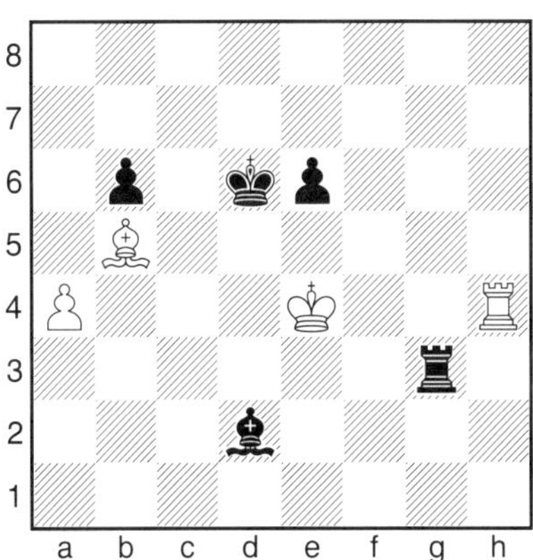

75.♗d3?

Tatsächlich hat sich Botwinniks Geduldsspiel gelohnt, nur dass es jetzt – womöglich ja aufgrund beidseitiger Entkräftung – zu einer typischen schachlichen Tragikomödie kommt. (⌓75.♔d4=)

75...♗g5?

Beiden Seiten ist offenbar die Epauletten-Wirkung des letzten weißen Zuges entgangen: 75...♔c5–+ Δ♖e3+

76.♖h5?

Eine solche Chance sollte man einem amtierenden Weltmeister nicht zweimal bieten.

Und dabei war 76.♖h1 ♖g4+ 77.♔f3 ♖xa4 78.♖b1 wohl immer noch haltbar.

76...♔c5 0-1

Der König schließt das Mattnetz.

A06.02

64.♖a6!+–

Danach gewinnt die Durchbruchsdrohung b4-b5 entscheidend an Kraft.

64...♖c8

64...♔f7 65.b5 cxb5 66.c6 Δ♗a5

64...d4 65.b5 cxb5 66.♖xe6 Δ♖g6+; Δc6, ♗a5

65.b5! cxb5 66.♖xe6 ♗c1 67.♗b4 d4 68.♖g6+ ♔h7 69.♖d6 ♗b2 70.♖d7+ ♔g8

Nach 70...♔h6 71.♗d2+ ♔xh5 72.♖d6 kommt bereits Matt in Sicht.

71.e6 ♗c3 72.e7 ♖e8 73.♖d8 ♔f7 74.♖xe8 ♔xe8 75.c6 1-0

A06.03

1. Man bereite mit b4 und a4 den Vorstoß b5 vor.

2. Man stelle den Springer nach f4, um d5 anzugreifen.

3. Man führe den Vostoß b5 aus.

4. Da Schwarz nicht cxb5 spielen darf, kann man den Bauern bis b6 vorstoßen.

5. Da dann Durchbruchsopfer drohen, muss der schwarze König zum Damenflügel.

6. Man zwinge den h-Bauern vorzugehen, bis man ihn erobern kann.

7. Man halte den Springer in Reichweite des f-Bauern und zwinge den gegnerischen König per Zugzwang nach a8.

8. Man stelle mit ♔c8 Zugzwang her, der den f-Bauern nach f2 zwingt.

9. Man kehre mit dem König um und erobere den f-Bauern.

In der Partie sah die Umsetzung dieses Planes wie folgt aus.

40.b4 ♔g5 41.♔g3 ♔f5 42.♘h3 ♔f6 43.a4

Schritt 1

43...♔f5 44.♘f4

Schritt 2

44...♔f6 45.b5

Schritt 3

45...axb5 46.axb5 ♔e7

Nach 46...cxb5 47.♘xd5+ ♔f5 sieht ein mögliches Gewinnverfahren folgendermaßen aus: 48.♘b4 ♔e6 49.d5+ ♔e5 50.d6 ♔e6 51.♘d5 h5 52.♘c7+ ♔d7 53.♘xb5 h4+ 54.♔f2 h3 55.♔g3

47.b6

Schritt 4

47...♔d7

Schritt 5

48.♘h5 ♔d8 49.♘f6 h6 50.♘g4 h5 51.♘f2 ♔d7 52.♔h4 ♔d8 53.♔xh5

Schritt 6

53...♔e7 54.♔g4 ♔e6 55.♔g3 ♔d7 56.♘h3 ♔d8 57.♘f4 ♔d7 58.♘h5 ♔e6 59.♘g7+ ♔d7 60.♘f5 ♔c8 61.♘d6+ ♔b8 62.♘f5 ♔c8 63.♔f4

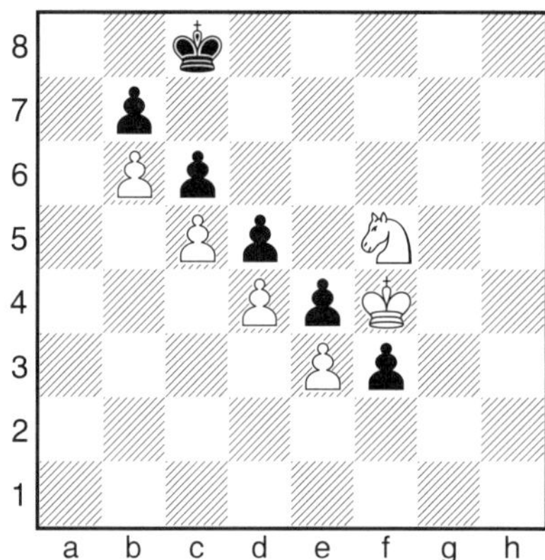

63...♔b8 64.♔e5 ♔c8 65.♔e6 ♔b8 66.♔d7 ♔a8 67.♘g3 ♔b8 68.♘f1 ♔a8

Schritt 7

69.♔c8

Schritt 8

1-0

Schritt 9 wollte Schwarz sich nicht mehr zeigen lassen.

Dieser systematische Gewinn hat Botwinnik sicher sehr zugesagt, konnte er ihn doch durchaus wie den Beweis eines mathematischen Theorems ansehen.

A06.04

1) In der Partie folgte **62.♘c4? ♔c3-+ 63.♔d1**

a) Nach 63.♘xb6 axb6 64.♔e3 ♔b2 65.♔xe4 ♔xa2 66.♔d5 ♔xb3 67.♔c6 ♔c4 68.♔xb6 b3 usw. kommt Weiß um ein entscheidendes Tempo zu spät.

b) 63.♘d6 e3 64.♘c4 ♗c5 Δ♘xe3 ♗xe3 ♔xe3 ♔b2 usw. läuft analog.

c) Und nach 63.♘e5 ♔b2 64.♔d1 ♔xa2 65.♔c2 ♗f2 funktioniert die Auffangstellung nicht, weil der Springer nicht mehr das Schlüsselfeld e2 erreichen kann.

63...♗d4 64.♔e2 e3 65.♘a5 ♔b2 66.♘c6 ♗c5 67.♘e5 ♔xa2 68.♘d3 ♗e7 0-1

2) Hingegen hätte **62.♘f1 ♔c3 63.♘g3 e3 64.♔d1! ♔b2 65.♘e2 ♔xa2 66.♔c2**= zum Remis geführt.

A06.05

59...g5!!−+

Ein gewaltiger Festungsbrecher zur Schaffung eines Freibauern am Königsflügel.

59...d4+ 60.♗xd4 g5 gewinnt übrigens analog.

60.fxg5

60.hxg5 h4 61.g6 h3 bzw. 61.f5 ♗xf5 62.♔xb3 h3 63.♗d6 ♔xe3 usw.

60...d4+ 61.exd4 ♔g3!

Nicht jedoch 61...♔g4? 62.d5 ♗xd5 63.♗f2=.

62.♗a3 ♔xh4 63.♔d3 ♔xg5 64.♔e4 h4 65.♔f3

65.d5 kann sogar mit 65...♗xd5+ 66.♔xd5 h3 beantwortet werden.

65...♗d5+ 0-1

Nun kann der schwarze König entscheidend eindringen, während der Läufer alles unter Kontrolle hält; z.B. 66.♔f2 ♔f4 67.♔g1 h3 68.♔h2 ♗e6 69.d5 ♗d7 70.♗b2 ♔e3 usw.

A06.06

1) Nach der Feinheit **57...♔g3!** gab Bronstein sogleich auf, weil der e-Bauer nicht mehr zu stoppen ist. Nach 57.♘e5+ hätte dieser hingegen abgefangen werden können.

2) Nach dem unbedachten Schablonenzug **57...♔f3?** hätte er hingegen remis halten können: **58.♘f7 e2 59.♘e5+ ♔g2 60.♘d3 b6 61.♔b3 ♔f1 62.♔a4 e1♕ 63.♘xe1 ♔xe1 64.c5 bxc5 65.♔xa5 ♔d2 66.♔b5 ♔xc3 67.♔xc5**.

A06.07

Weil das Zugzwang-Duell 'Läuferpaar gegen Springerpaar' vollkommen hoffnungslos ist: **53.♗e2 ♔g6 54.♗d3+ ♔f6 55.♗e2 ♔g6 56.♗f3 ♘6e7 57.♗g5+ 1-0**

Hingegen hätte Schwarz sich nach 52...♘e7 nebst ♘ac6 halten können.

A06.08

34...♖c4!!−+ **35.bxc4**

Nach 35.♖c1 ♗c5 36.♔f1 ♗xf2 37.♔xf2 ♖c3 38.♔e2 ♔f7 39.♔d2 ♔g6 40.♖xc2 ♖xc2+ 41.♔xc2 ♔h5 gewinnt Schwarz im Bauernendspiel.

35...♗c5

Erst dies ist die Pointe, denn 35...b3?? ginge wegen 36.♖xc2 bxc2 37.♖c1+- höchst schmerzlich nach hinten los.

36.♔g2 ♗xf2 37.♔xf2 b3 0-1

Aufgabe 1

1) Nach dem Fehler **47...♗b1?** ist Weiß so weit, mit **48.♖e3!**+− seinen a-Bauern aufzugeben.

a) 48...♖xa2 49.♔f6 ♔f8 50.♖b3; 50.♘xd5

b) 48...♗xa2 49.♖xa3 ♗c4 50.♖a8+ ♔f7 51.♖h8 ♔g7 52.♖c8 ♖b3 53.♘e6+ usw.

2) Hingegen hätte Weiß nach **47...♔g7 48.♔xd5 h6** oder auch sogleich **47...h6!? 48.gxh6 ♔h7** allenfalls Minimalvorteil.

Aufgabe 2

1) Eher unklar ist der Ansatz **50.♖a7+?! e6 51.a4** mit den Abspielen:

a) 51...♖xg5? 52.a5 ♖g1 53.♖xh7+−;

b) 51...♖c2+ 52.♔b5 ♖b2+ 53.♔a5 ♖d2.

2) Hingegen gewinnt **50.♖b3!** in den Abspielen:

a) 50...♖xg5 51.a4 ♖g1 52.a5 ♖a1 53.♔b6;

b) 50...♖xa2 51.♔d6!! ♖a6+ 52.♔e5 ♖a7 53.♖b6 ♖d7 54.♖d6.

Aufgabe 3

Nein, denn nach **46.f5?!** ist Schwarz keinesfalls verpflichtet, mit **46...g6?! 47.fxg6+ ♔xg6 48.a4** usw. das Risiko in Kauf zu nehmen, sich nach später möglichem b3-b4 mit einem freien a-Bauern beschäftigen zu müssen. Tatsächlich kann er nämlich nach **46...♔e7 47.♔e2 ♔d6 48.♔e3** mit **48..♗xf5!** fortfahren, denn nach **49.♘b7+ ♔c7 50.♘xa5 ♔b6 51.b4 ♔b5** kann eher Weiß in Zugzwang geraten.

Aufgabe 4

67...♖a7!? ist zwar zäher, rettet aber auch nicht.

1) Allerdings darf Weiß die Sache nicht mit **68.♖d7+? ♖xd7 69.exd7 ♔xd7** überstürzen, denn das vergibt den Gewinn; z.B. **70.♔g6 hxg5 71.♔xg7 g4** und die weiße Dame kommt zwar eher, aber die schwarze kommt mit Schach!

2) Korrekt ist **68.♖e5!** mit der möglichen Folge **68...hxg5 69.♔xg5 ♖a1 70.♔g6 ♖g1+ 71.♖g5 ♖f1 72.♔xg7 ♔xe6 73.h6 ♖f7+ 74.♔g8 ♔f6 75.♖f5+ ♔xf5 76.♔xf7**.

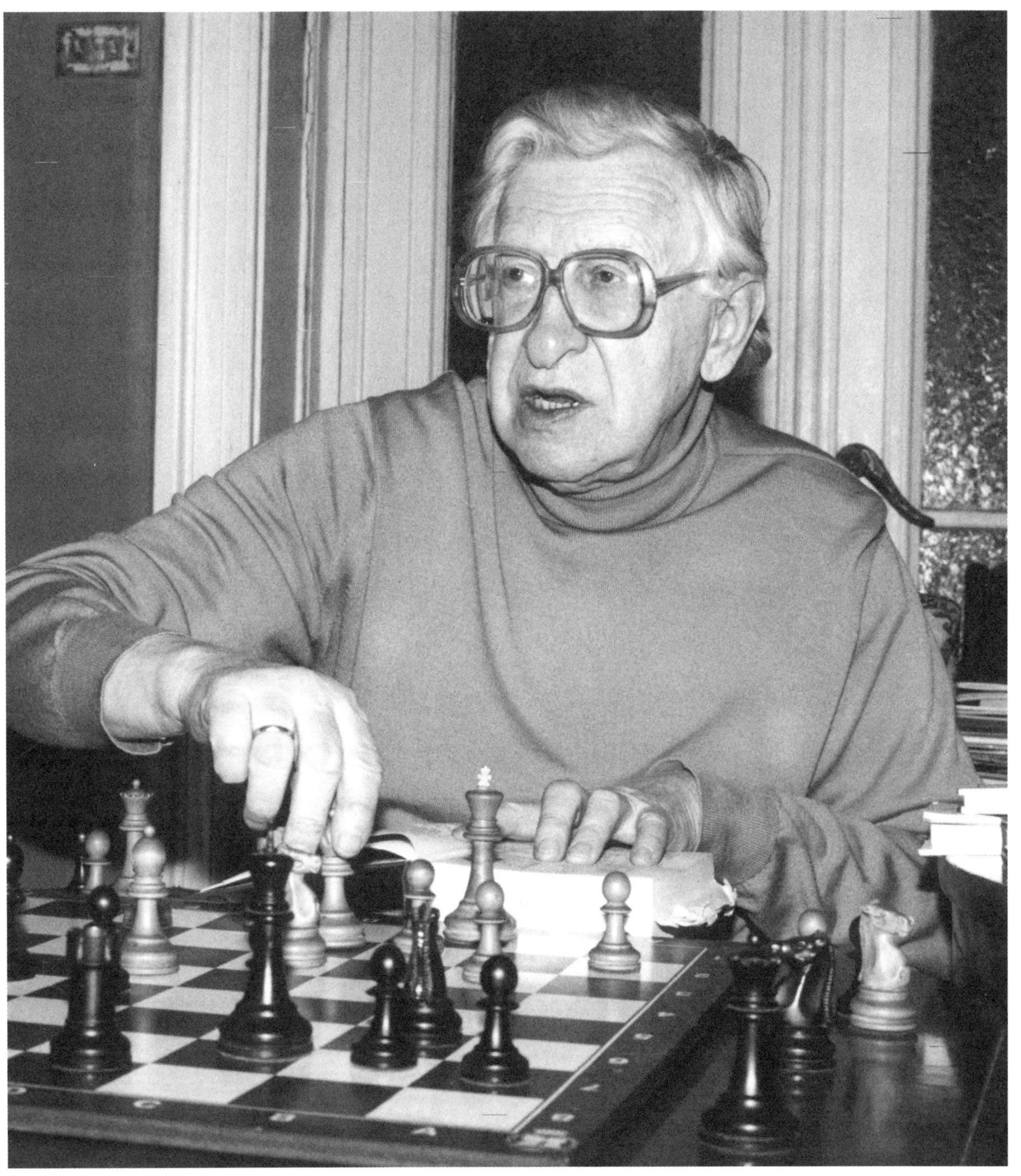

Der siebte Weltmeister – Wassili Smyslow

Der Russe **Wassili Wassiljewitsch Smyslow** (24. 3. 1921 – 27. 3. 2010) wollte ursprünglich Opernsänger werden, wurde jedoch vom damaligen Sowjet-Regime 'überzeugt', diese beruflichen Pläne zugunsten des Schachspiels aufzugeben.

Aufgrund dieser 'Fügung des Schicksals' errang er 1957 auf überzeugende Weise den Weltmeistertitel gegen Botwinnik (+6 =13 −3), wobei es interessant ist, dass er selbst vor allem auch sein besseres Verständnis der Endspielphase als wichtigen Grund seines Erfolges ansah und speziell auf seinen Schwarzsieg in der 17. Partie aufmerksam machte (siehe Beispiel 07.07).

In der Tat war Smyslow, der dem Spielertypus 'Reflektor' angehörte (siehe auch 'Vorbemerkung 2' auf Seite 9), ein wahrer und von vielen seiner Kollegen diesbezüglich hochgelobter Endspielvirtuose, der auch einige berühmt gewordene Studien komponiert hat. Besonders im Gedächtnis geblieben sind seine instruktiven Turmendspiele – ein Thema, über das er (zusammen mit Grigori Löwenfisch) sogar ein zum Klassiker gewordenes Lehrbuch verfasst hat.

Zunächst ein Beispiel zur Bedeutung eines aktiven Königs, und zwar im gegebenen Fall zwecks Rettung eines materiell schlecht stehenden Turmendspiels.

07.01
Andor Lilienthal
Wassili Smyslow
Leningrad 1941

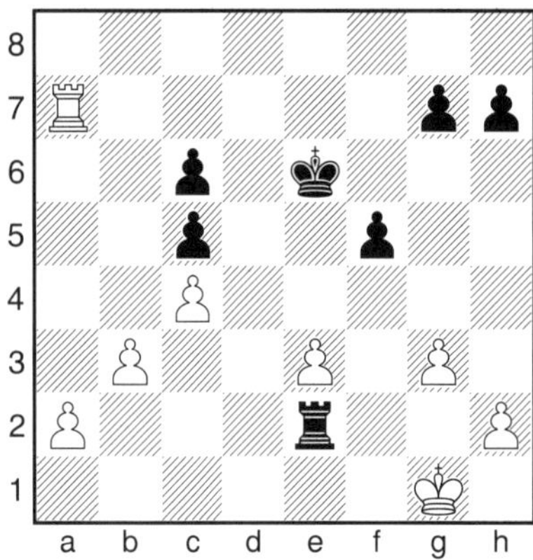

Der weiße König spielt nicht mit, und es ist leicht ersichtlich, dass er einem Dauerschach nicht entkommen könnte, sobald der gegnerische König das Feld f3 erreicht.

29...g5!?=

Smyslow stellt seine gute Technik unter Beweis und wählt den kompromisslosesten Ansatz, bei dem die herbeigeführte Bauernstruktur die entscheidende Rolle spielen wird.

Aufgabe 1

Wie bewerten Sie das direkte Vorgehen 29...♔e5? (Lösung auf Seite 198)

30.♖xh7 ♖xa2 31.♖h6+ ♔e5 32.♖xc6 ♔e4 33.♖xc5

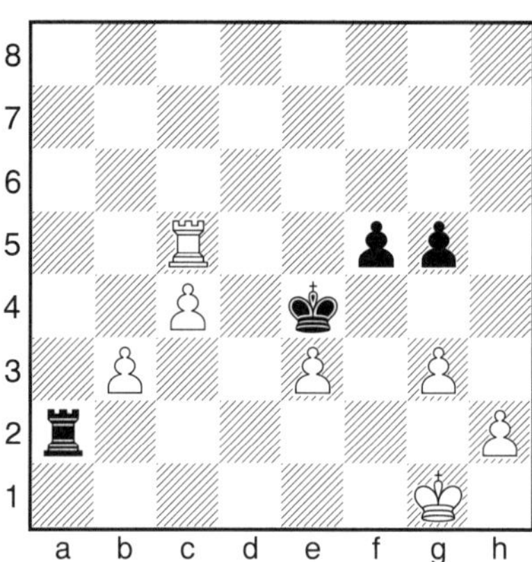

33...f4!

Diese typische Herbeiführung eines 'Regenschirms' zur Vermeidung eines sonst möglichen 'Schachregens' wurde in einem der vorigen Kapitel bereits ausführlich besprochen.

34.exf4

Offenbar führt auch 34.gxf4 ♔f3 usw. zum Remis durch Dauerschach.

34...♔f3 35.h3 ♖a1+ ½-½

Im folgenden Beispiel ist der aktive König sogar in Sachen Gewinnführung unterwegs.

07.02
Wassili Smyslow
Alexander Konstantinopolski
Leningrad 1939

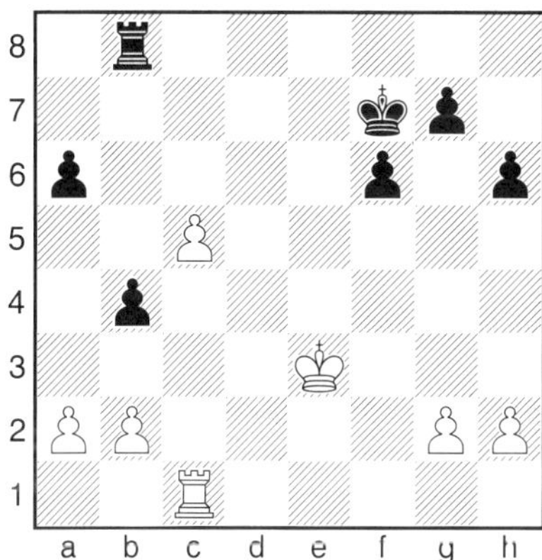

Freibauer mit Turmunterstützung von der richtigen Seite, vordringender König, geschwächte gegnerische Bauernstruktur: Was will man mehr? Vor allem natürlich, wenn man Wassili Smyslow heißt ...

35.♔d4! ♔e6 36.♖e1+ ♔d7 37.♔d5+−

Der erste Schritt ins gegnerische Lager unter Herbeiführung der Opposition kann hier bereits als Symbol für das zu erwartende Endergebnis angesehen werden.

37...♖b5 38.♖e4

38.g4!?

38...g6 39.h4

39.♖h4!? h5 40.g4 Δ40...hxg4 41.♖h7+

39...f5 40.♖f4...g4 **40...h5 41.♖d4**

41.♖f3!?...♖g3; z.B. 41...♖b8 42.♖g3 ♖g8 43.c6+ ♔c7 44.♖e3

41...♔c7 42.b3 ♖b8 43.♔c4 ♖e8 44.♖d6

44.♔xb4!? ♖e2 44.♖d6 ♖xg2 45.♖x6; 44...♖xa2 45.♖xg6

44...♖e4+ 45.♔d5

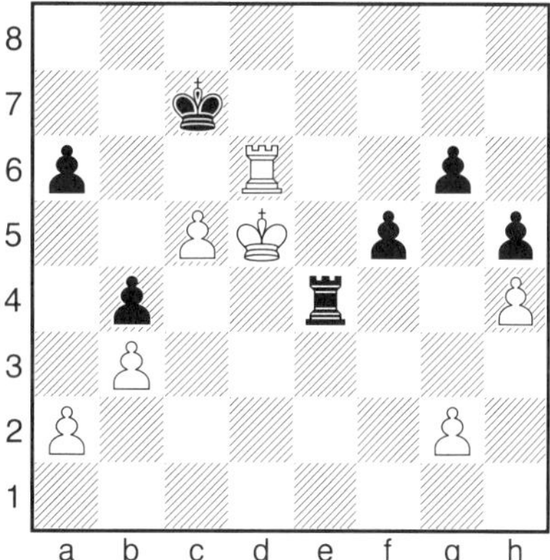

Zum zweiten Mal betritt der dominierende König dieses Feld − diesmal allerdings, nachdem sich der Turm bereits häuslich in der gegnerischen Stellung eingerichtet hat.

45...♖xh4

Auch nach 45...♖e2 46.♖xa6 ♖d2+ 47.♔c4 ♖xg2 48.♔xb4 gewinnt Weiß das Wettrennen.

46.♖xg6 ♖g4 47.♖xa6 ♖xg2

47...♔b7 48.♖b6+ ♔a7 49.♖h6 f4 50.♖xh5 ♔a6 51.♖h6+ ♔b5 52.♖b6+ ♔a5 53.♖f6 ♖xg2 54.♖xf4 ♖xa2 55.c6

48.♖a7+ ♔b8 49.♖h7 ♖xa2 50.♖xh5 ♖c2

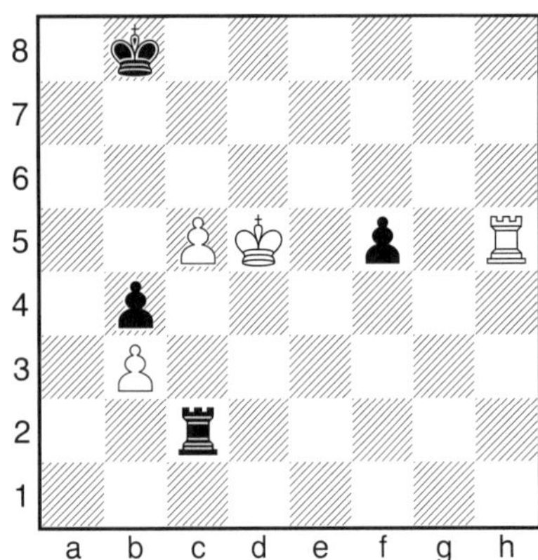

51.♔c6!?

Smyslow bleibt beim Thema ‘aktiver König’, obwohl 51.♖xf5 natürlich auch gewinnt.

51...♔a7 52.♔b5 ♖e2 53.♖h7+ ♔b8 54.♔b6

Hier ist der König sicher vor Störschachs.

54...♖e8 55.c6 f4 56.♖b7+ ♔c8 57.♖a7 1-0

Smyslows folgende Verteidigungsleistung wird von Mark Dworetzki in seinem exzellenten Lehrbuch ‘Die Endspiel Universität’ so hoch bewertet, dass er die Meinung vertritt: Allein das Studium dieses Musterendspiels reicht aus, um die Verteidigung des Turmendspiels zu verstehen, in dem die stärkere Seite noch über den f- und den h-Bauern verfügt.

07.03
Svetozar Gligoric
Wassili Smyslow
Moskau 1947

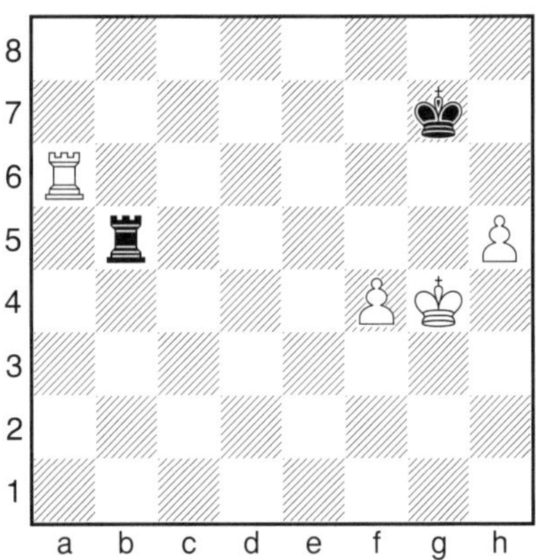

1.♖g6+ ♔f7

Zwar geht auch 1...♔h7, aber Smyslow hat sich stets mit ♔f7 verteidigt und das ist ja auch aktiver.

2.♖g5

Die gefährliche Idee 2.♔h4!? stammt von dem sowjetischen Theoretiker N. Kopajew.

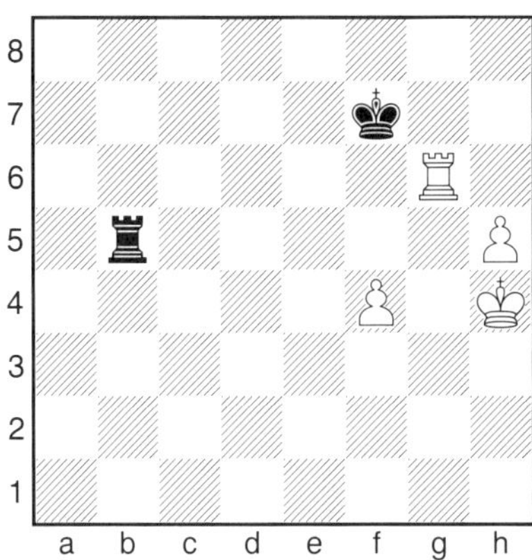

Weiß plant ♖g3, um den gegnerischen König vom h-Bauern abgeschnitten zu halten.

1) Nach dem Fehler 2...♖a5? würde dieser Plan aufgehen; z.B. 3.♖g3 ♖a1 4.h6 ♖h1+ 5.♔g5 ♖a1 6.f5 ♖b1 7.♖g4 ♖a1 8.♖h4 ♖g1+ 9.♔f4 ♖f1+ 10.♔g4 ♖g1+ 11.♔f3 ♖g8 12.h7+−.

2) Hingegen bleibt die Partie nach 2...♖b1! remis; z.B. 3.♔g5 ♖g1+

a) 4.♔h6 ♖f1 5.♖g7+ ♔f6 6.♖g8 ♔f7 7.♖g4 ♖h1=

b) 4.♔f5 ♖h1 5.♖g5 ♖a1 6.h6 ♖a5+ 7.♔g4 ♖a1 8.h7 ♖g1+ 9.♔f3 ♖h1 10.♖a5 ♔g6 11.♖a7 ♔f5=

2...♖b1!

Der Turm gehört in die linke untere Ecke, weil von dort sowohl Störschachs von hinten als auch von der Seite möglich sind.

3.♖c5

Auch nach 3.h6 muss der Turm in der besagten Ecke bleiben.

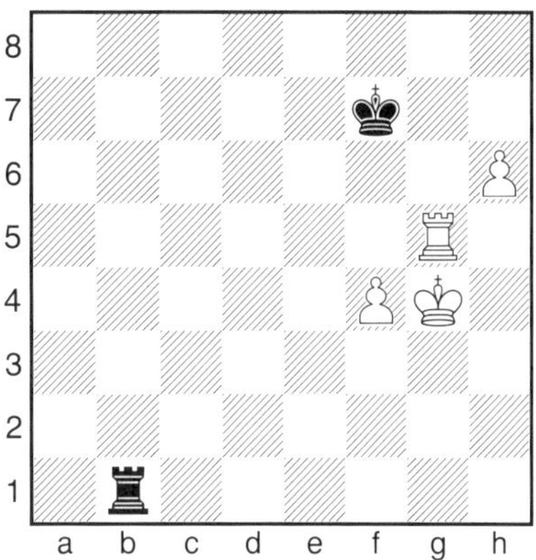

1) Verfehlt wäre 3...♖g1+? wegen der möglichen Folge 4.♔f5 ♖h1 5.♖g7+ ♔f8 6.♔g6 ♖g1+ 7.♔h7 ♖f1 8.♖a7 ♖xf4 9.♔g6 ♖g4+ 10.♔f6 ♖f4+ 11.♔g5 ♖f1 12.♖a8+ ♔f7 13.h7+−.

2) ⌓3...♖a1!

a) 4.♖h5 ♔g8 5.h7+ ♔h8 6.f5 ♖a4+ 7.♔g5 ♖a6=

b) 4.h7 4...♖g1+ 5.♔f3 ♖h1 6.♖a5 ♔g6 7.♖a7 ♔f5=

Dies ist eine weitere wichtige Remisstellung, die im folgenden Beispiel (07.04) besprochen wird.

3...♔f6 4.♖c6+

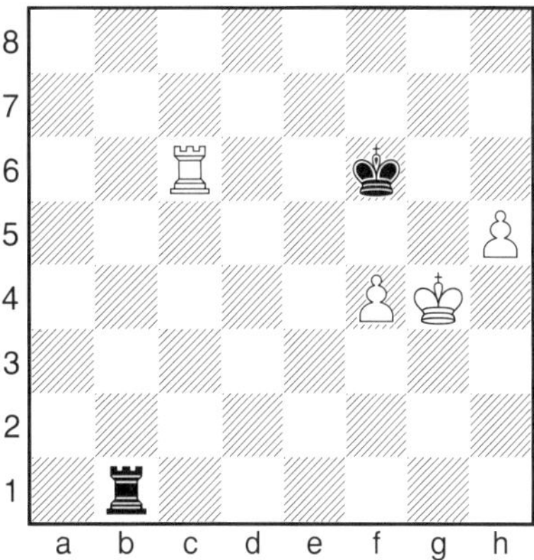

4...♔g7!

Der richtige Rückzug ist von entscheidender Bedeutung, denn nach 4...♔f7? 5.♔g5 ♖g1+

6.♔f5 ♖h1 7.♖c7+ +− könnte der König auf die Grundreihe getrieben werden.

5.♔g5 ♖g1+! 6.♔f5 ♖a1 7.♖c7+ ♔h6 8.♖e7 ♖b1 9.♖e8 ♔g7 10.♖e5 ♖a1 11.♖d5 ♖f1

Auch 11...♖b1= erfüllt den Zweck.

12.♖d4 ♖a1 13.♖d6 ♖a5+ 14.♔g4 ♖a1

Nach 14...♖b5!? 15.♖g6+ entsteht wieder die Ausgangsstellung nach 1.♖g6+.

15.♖e6 ♖g1+ 16.♔f5 ♖a1 17.h6+

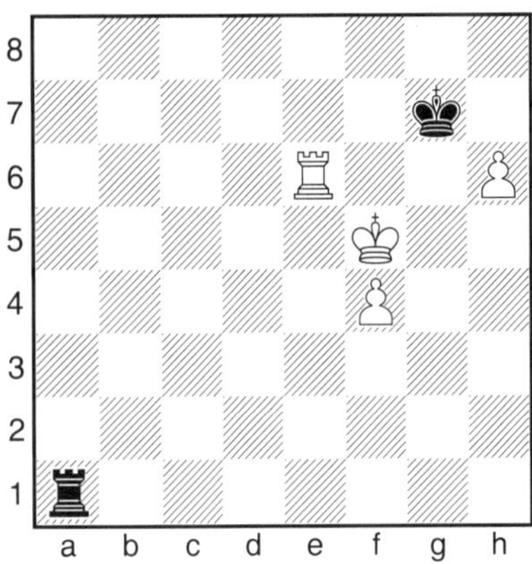

17...♔h7!

Jetzt gehört der König auf die h-Linie, um im rechten Moment den h-Bauern zu schlagen.

18.♖d6 ♖a2 19.♔g5 ♖g2+ 20.♔f6 ♔xh6! 21.♔e7+ ♔h7

21...♔g7 22.f5 ♖e2+ 23.♖e6 ♖f2! 24.f6+ ♔g6!= (24...♔g8? 25.♖e5+−)

1) 25.♖d6 ♖f1; 25.f7+ ♔g7!

2) 25.♖e1 ♖a2 26.♖g1+ ♔h7 27.f7 ♖a7+!

22.f5 ♖e2+ 23.♖e6 ♖a2 24.f6 ♖a8! 25.♔f7 ♔h6 26.♖e1 ♖a7+! 27.♖e7 ♖a8

27...♖a1 28.♔f8 ♔g6! 29.f7 ♔f6! 30.♔g8 ♖g1+!=

28.♖d7 ♔h7 29.♖d1 ♖a7+! 30.♔e6 ♖a6+ 31.♖d6 ♖a8 32.♖d4 ♔g8 33.♖g4+ ♔f8 ½-½

Es ist wichtig, das richtige Verhalten des schwarzen Königs zu begreifen. Er darf nicht auf die Grundreihe getrieben werden, sondern sollte auf g7 bleiben, bis Weiß ♖g6+ oder h6+ spielt. Nach ♖g6+ führt sowohl ♔h7 als auch ♔h7 zum Remis, während h6+ die Antwort ♔h7 erzwingt. Derweil steht der Turm meistens in der linken unteren Ecke richtig, und oft führt nur ein Wartezug in diesem Bereich zum Remis.

Im folgenden Beispiel wird eine weitere wichtige Remisformation besprochen.

07.04
Wassili Smyslow
Wladimir Makogonow
Leningrad 1947

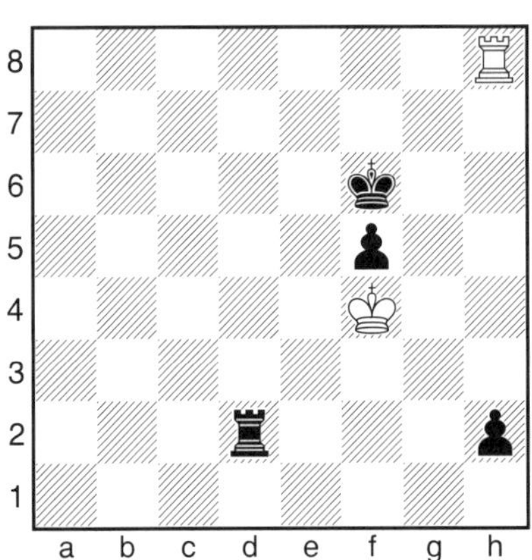

Hier steht Weiß so aktiv, dass Schwarz keine Fortschritte machen kann.

79...♔g6 80.♔e3 ♖a2 81.♔f4 ♖b2 82.♔g3

82.♖h3 ♖b4+ 83.♔g3=

82...♔g5 83.♖g8+

Zum Remis reicht auch 83.♖h7 – nicht jedoch 83.♖xh2? ♖xh2 84.♔xh2 ♔f4 85.♔g2 ♔e3–+.

83...♔f6 84.♖h8 ♔e5 85.♖e8+ ♔d4 86.♖d8+ ♔e4 87.♖e8+ ♔d3

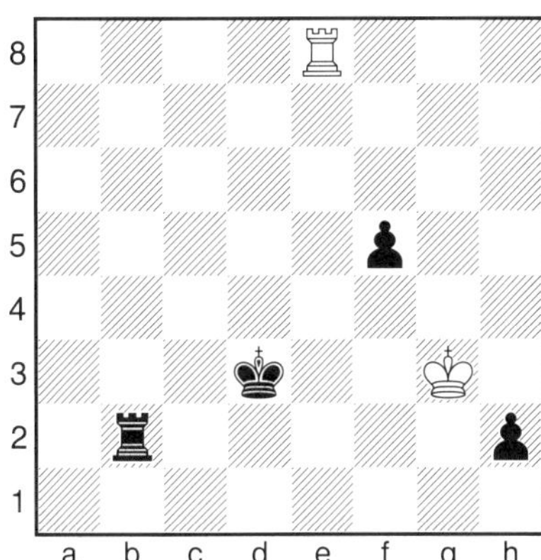

88.♖d8+!

Schwarz darf nicht zur Ruhe kommen, wie es nach 88.♖e1? der Fall wäre; z.B. ♔d4 89.♔f4 ♖b3 90.♔xf5

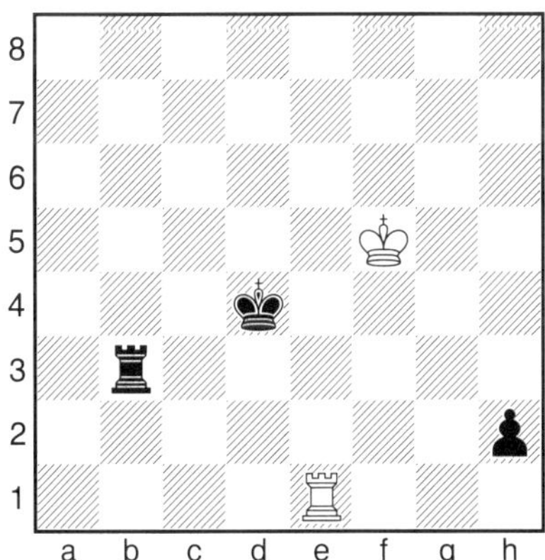

Nun folgt ein packendes Finale: 90...♖h3 91.♖h1 ♔e3 92.♔g4 ♖h8 93.♔g3 ♖g8+ 94.♔h3 ♔f2 95.♖xh2+ ♔f3–+.

88...♔e2 89.♔xh2 ♔f3+ 90.♔h3 f4 91.♖a8 ♔f2 92.♖a1 f3 93.♔h2 ♖e2 ½-½

Aufgaben zum Thema 'Turmendspiele'

(Lösungen ab Seite 194)

A07.01
Alexander Kotschijew
Wassili Smyslow
Lwow 1978

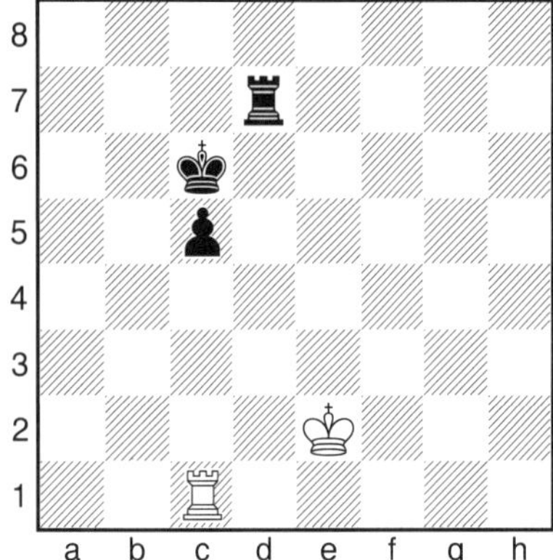

Wie gewinnt Schwarz?

A07.02
Simen Agdestein
Wassili Smyslow
Norwegen 1989

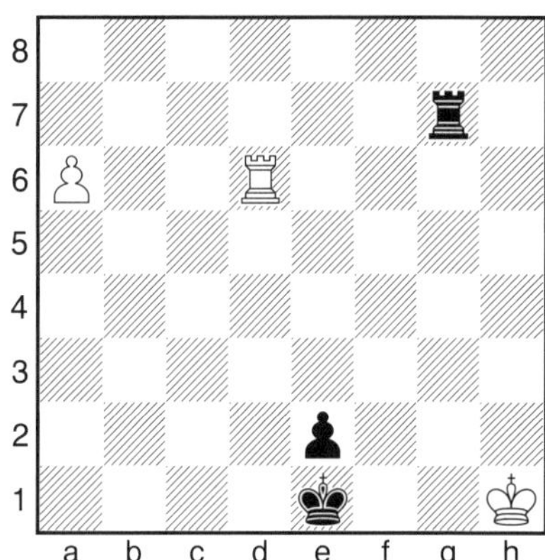

Wie kann Schwarz sich durchsetzen?

A07.03***
Wassili Smyslow
Peter Large
London 1989

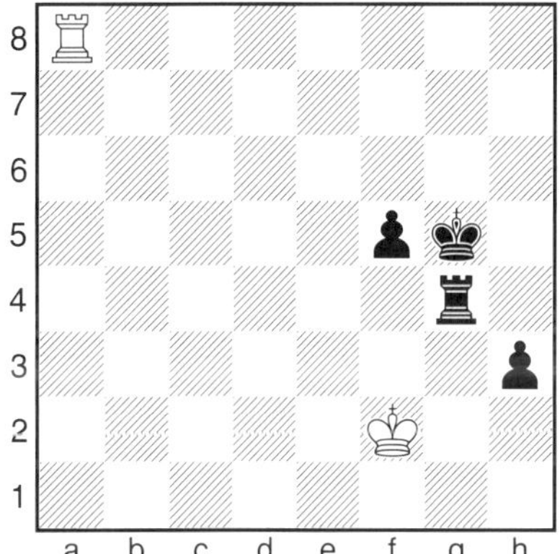

Wie sollte Weiß sich verteidigen?

A07.04
Ossip Bernstein
Wassili Smyslow
Groningen 1946

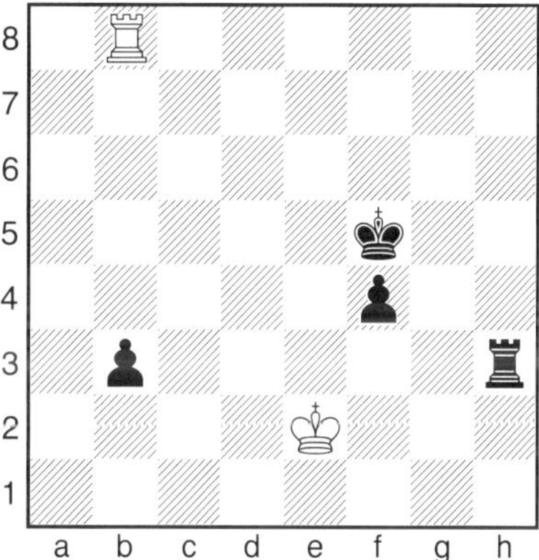

Auch einem Endspiel–Virtuosen unterläuft mal ein Fehler.

Warum verschenkt 59...b2? den Gewinn?

Der erste von Smyslows folgenden Klassikern enthält eine seiner berühmtesten Endspiel-Abwicklungen. Die Partie stammt aus der 11. Runde des damaligen WM-Turniers, bei dem Smyslow hinter dem neuen Weltmeister Michail Botwinnik den 2. Platz belegte.

07.05
Wassili Smyslow
Samuel Reshevsky
Moskau 1948

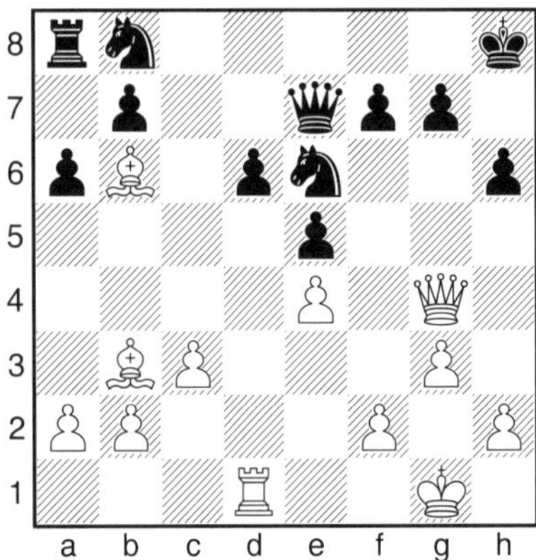

25.♗xe6!

Am Beginn dieser verblüffenden Abwicklung gibt Weiß sein Läuferpaar auf, um einen der beiden gegnerischen Verteidiger zu eliminieren, denn ohne den Springer scheidet ♘d7 in der Folge wegen ♗c7 aus.

25...fxe6

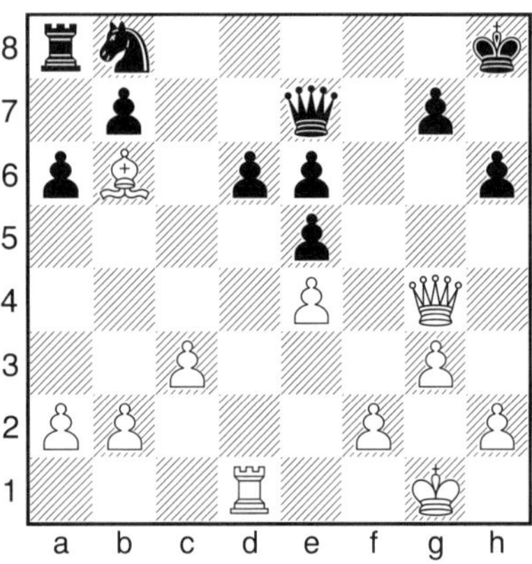

26.♕h4!+−

Nun ist die schwarze Dame die letzte Verteidigerin, die den sofortigen Zusammenbruch verhindert, und genau daran setzt Smyslow unerbittlich an, denn das entstehende Endspiel mit einem Mehrbauern und aktiveren Figuren ist für ihn nurmehr eine leichte Übung.

Aufgabe 2

Könnte er selbiges Ziel nicht ebenso gut mit 26.♕f3!?Δ♕d3 ansteuern?

(Lösung auf Seite 198)

26...♕d7 27.♕d8+ ♕xd8 28.♗xd8 ♘d7

28...♘c6 29.♗b6

29.♗c7 ♘c5 30.♖xd6

30.f3? ♖c8 (30...♘a4 31.♖xd6 ♘xb2 32.♖b6) Δ31.♗xd6 ♖d8=∞

30...♖c8 31.♗b6

31.♗a5 ♘xe4 (31...♘a4 32.♖d2) 32.♖xe6 ♖c5 33.♗b4 ♖d5 34.c4

31...♘a4

31...♘xe4 32.♖xe6 ♖c6 33.♖e8+ ♔h7 34.♗e3

32.♖xe6 ♘xb2 33.♖xe5 ♘c4

33...♘a4!? 34.♗d4 ♘xc3 35.♔g2

34.♖e6 ♘xb6 35.♖xb6 ♖xc3 36.♖xb7 ♖c2 37.h4 ♖xa2 38.♔g2

Genauer war die sofortige Einengung mit 38.h5!? und der möglichen Folge 38...♖a5

1) 39.g4 ♖a4 40.♖e7 ♔g8 41.♔g2 ♔f8 42.♖e5

2) △39.♖b8+! ♔h7 40.f4! ♖xh5 41.e5

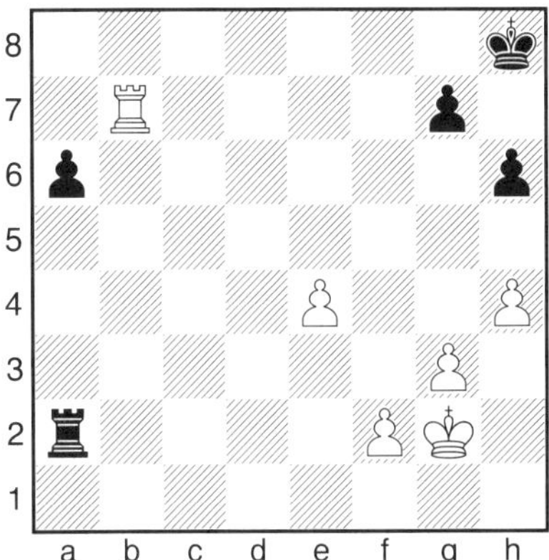

38...a5

38...h5 war zäher, sollte aber auf lange Sicht ebenfalls verlieren; z.B. 39.♔f3 a5 40.e5 ♔h7 (40...a4 41.♖b8+ ♔h7 42.e6) 41.e6 ♖c2 42.♖b8 ♖c7 43.♖a8 ♖e7 44.♖xa5 ♖xe6 45.♖xh5+.

39.h5

Nun bildet dieser einengende Bauer quasi den letzten Sargnagel.

39...a4 40.♖a7 ♔g8 41.g4 a3 42.♔g3 ♖e2

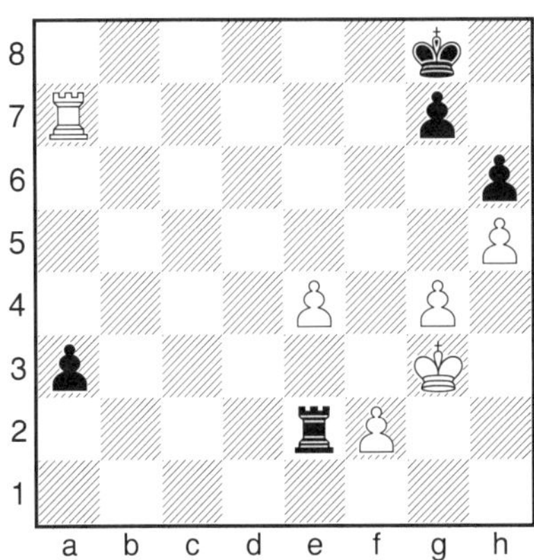

43.♔f3

43.♖xa3? ♖xe4=

43...♖a2 44.♔e3 ♔f8 45.f3 ♖a1 46.♔f4 a2 47.e5 ♔g8 48.♔f5 ♖f1 49.♖xa2 ♖xf3+ 50.♔g6 ♔f8 51.♖a8+ ♔e7 52.♖a7+ 1-0

Im folgenden Beispiel ensteht das Endspiel direkt aus der Eröffnung heraus.

07.06
Wassili Smyslow
Pal Benkö
Monte Carlo 1969

1.c4 c5 2.♘f3 ♘f6 3.g3 g6 4.b3 ♗g7 5.♗b2 b6 6.♗g2 ♗b7 7.0–0 0–0 8.♘c3 d5 9.♘xd5 ♘xd5 10.♗xg7 ♔xg7 11.cxd5 ♕xd5 12.d4 cxd4 13.♕xd4+ ♕xd4 14.♘xd4 ♗xg2 15.♔xg2 ♖c8 16.♖ac1 ♘d7 17.♖fd1 ♘c5

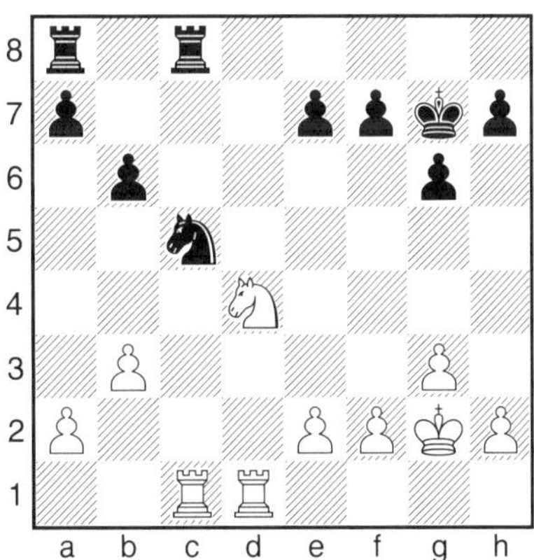

Bei symmetrischer Bauernstellung und zwei offenen Linien stehen eigentlich alle Zeichen auf Remis, aber Smyslows Figuren stehen etwas aktiver und zudem ist gerade das Endspiel mit Minimalvorteil eine seiner Domänen. Ungeachet dessen sollte Schwarz die gegnerische Initiative mit präzisem Spiel neutralisieren können.

Zunächst strebt Weiß den Abtausch eines Turmpaares an, um das Gegenspielpotential zu verringern, und danach achtet er darauf, keine weitere Figur abzutauschen, bevor die konkreten Umstände dazu raten.

18.b4 ♘a4

Vielleicht war es besser, den Springer mit 18...♘e4 Δ19.♘b5 ♘f6 bzw. 19...♖xc1 20.♖xc1 ♘f6 zentral verfügbar zu halten.

19.♘b5 ♖xc1 20.♖xc1 a5

Mit dem unmissverständlichen Ziel, den Damenflügel abzuschaffen und dann gelegentlich Remis anzubieten.

21.a3 ♖d8 22.♖c7 ♖d5 23.♘a7

Das ist nicht etwa ein Schritt ins Abseits, sondern die Kursnahme auf das Feld c6 mit Blick nach e5, d4 und b4.

23...axb4 24.axb4 e6

Wenn Schwarz die 7. Reihe schon weiter öffnet, so sollte dies besser mit 24...e5 Δ♔f6 geschehen. Außerdem kam 24...♖d4 25.♘c6 ♖c4 in Betracht.

25.♘c6

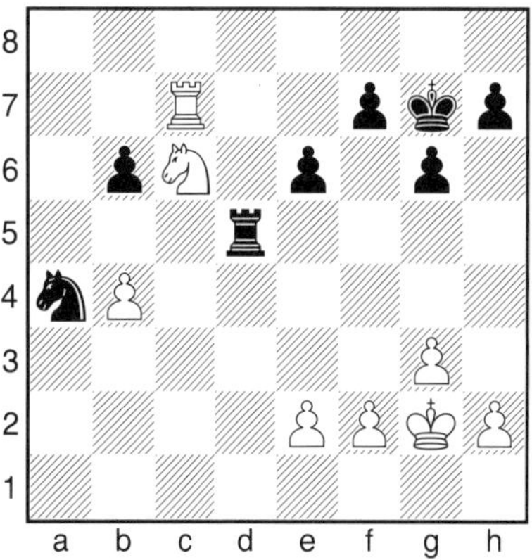

25...♖d2?

Wie so oft, gilt auch hier: Im Endspiel 'Turm + Springer gegen Turm + Springer' wiegt eine leichte Initiative schwer! – Nach dem fehlerhaften Textzug fällt der Festungsanker f7 und der Springer bleibt im Abseits.

Aufgabe 3

Können Sie das schwarze Spiel verbessern? (Lösung auf Seite 198)

26.♘e5!+–

Nun harmonieren die weißen Kräfte sehr gut, während die schwarzen zersplittert sind.

26...♖xe2 27.♘xf7 h5 28.♘g5+ ♔f6?

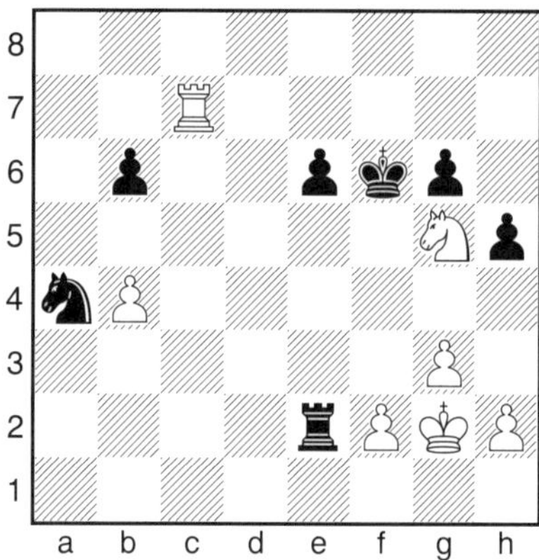

28...♔f8 war zäher, sollte aber auch nicht retten; z.B. 29.♔f1 ♖b2 30.♘xe6+ ♔e8 31.♘f4 und Weiß behält in einer Angriffsstellung einen gesunden Mehrbauern.

29.♔f1!

Diesen siegreichen Rückzug (mit der unparierbaren Doppeldrohung ♔xe2 und f4) hatte Schwarz bei 25...♖d2 womöglich übersehen.

29...♖xf2+

Nach 29...♖b2 schließt 30.f4 ♔f5 31.h3 das Mattnetz.

30.♔xf2 ♔xg5 31.♔e3 ♔g4 32.b5 ♔h3 33.♖c4 ♘b2 34.♖c2 1-0

Der folgende Gewinn gegen Botwinnik (aus der 17. Partie des damaligen WM-Kampfs) ist besonders beeindruckend und entsprechend berühmt.

07.07
Michail Botwinnik
Wassili Smyslow
Moskau 1957

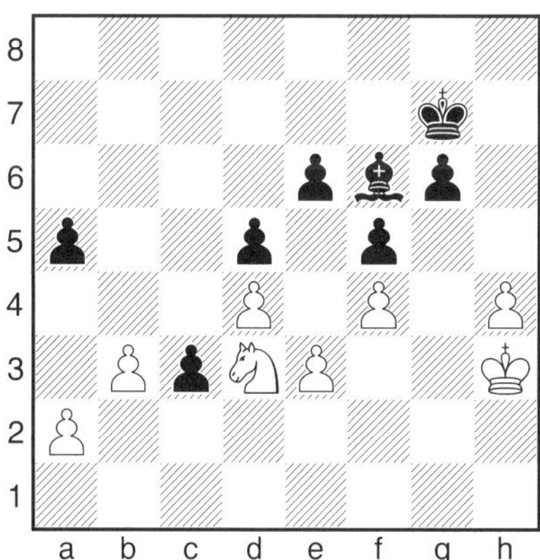

41.♘e1

„Weiß sollte sich unverzüglich mit 41.b4 axb4 42.♘xb4...a4= den Ereignissen am Damenflügel zuwenden, aber er unterschätzt die Gefahr.“ (Kasparow in seinem Buch ‘Meine großen Vorkämpfer’ Band 2)

41...♔h6

Der Abgabezug.

„Hier wurde die Partie abgebrochen und am nächsten Morgen schickte mir Goldberg, Botwinniks Sekundant, ein Remisangebot.“ (Smyslow)

Allerdings lehnte Smyslow ab, da er herausgefunden hatte, dass er ohne Rikiko auf Gewinn spielen konnte.

42.♘c2 ♗e7 43.♔g3

Wieder vernachlässigt Botwinnik die Dringlichkeit der Probleme am Damenflügel. Wie der russische Meister Fridstein in einer langen Analyse nachgewiesen hat, konnte Weiß folgendermaßen remis halten: 43.a3! ♔h5 44.b4 axb4 45.axb4 ♗xh4 46.b5 ♗d8 47.♔g3 g5 48.fxg5 ♔xg5 49.♔f3 ♗b6

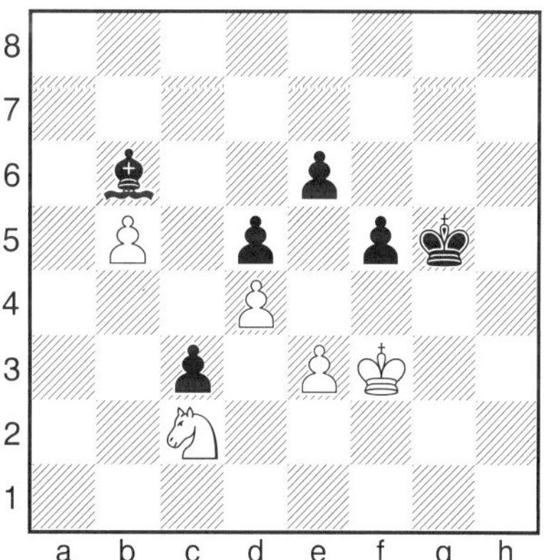

43...♔h5 44.♔f3

Zwar reicht a2–a3 mittlerweile nicht mehr, wohl jedoch und überraschenderweise 44.a4! mit der möglichen Folge 44...♗xh4+ 45.♔f3 ♗e7 46.♔e2 ♔g4 47.♔d3 ♔f3 48.♔xc3 ♔e2 49.b4 ♗d8 50.bxa5 ♗xa5+ 51.♔b3 ♔d3 52.♔b2 ♔d2 53.♔b3 ♗d8 54.♔b2 ♗b6 55.♔b3 ♔d3 56.♔b2 (Charles Sullivan).

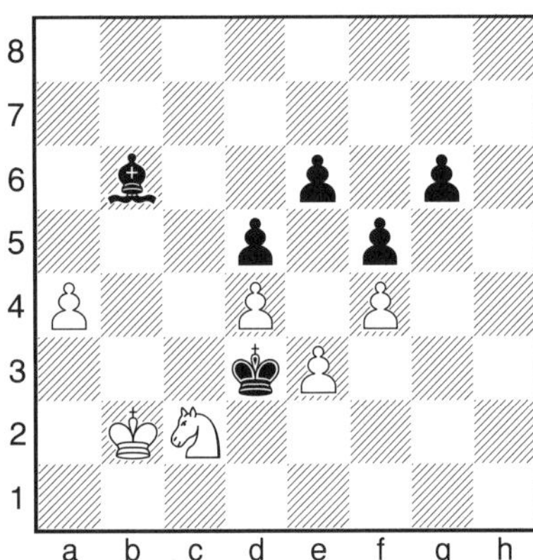

Und Weiß scheint sich halten zu können.

44...♔xh4

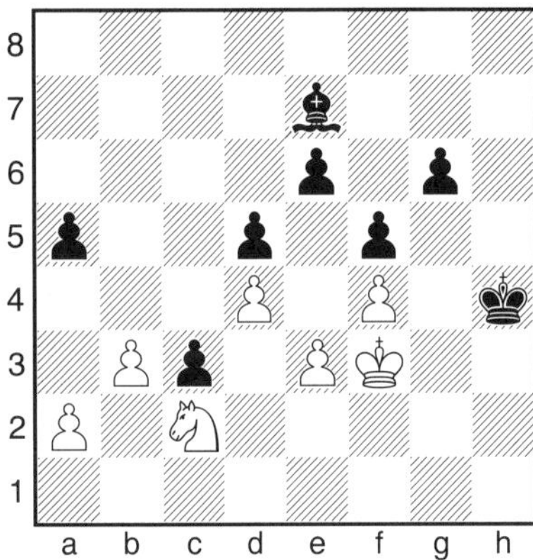

45.♘e1?

Mit sturem Abwarten ist die Partie nicht zu halten, da sich der gegnerische König über die Grundreihe in die Stellung einschleichen wird.

Die letzte Remischance bestand (laut Charles Sullivan) in 45.♔e2!

1) 45...g5 46.fxg5 ♔xg5 47.♔d3 ♔g4 48.♔xc3=

2) 45...♔g4 46.♔d3 ♔f3 47.a4! ♗d6 48.♔xc3 ♔e2 49.b4 axb4+ 50.♘xb4

a) 50...♗c7 51.♘c2 ♗b6 52.♔b4 ♔d3 53.♔b3 ♗a5 54.♔b2=

b) 50...♔xe3 51.a5 ♗xf4! 52.a6 ♗b8 53.♘c6 f4 54.♘xb8 f3 55.a7 f2 56.a8♕ f1♕ 57.♘c6=

45...g5−+ 46.fxg5 ♔xg5 47.♘c2 ♗d6 48.♘e1

48.a3 ♔h4 49.b4 a4 50.b5 ♗c7 51.♘e1 ♔g5 52.♘c2 ♗a5−+ (Smyslow)

48...♔h4! 49.♘c2 ♔h3 50.♘a1 ♔h2 51.♔f2 ♗g3+ 52.♔f3 ♗h4 53.♘c2 ♔g1 54.♔e2 ♔g2 55.♘a1

55.b4 a4−+

55...♗e7 56.♘c2 ♔g3 57.♘e1 ♗d8 58.♘c2 ♗f6 59.a3 ♗e7 60.b4

Jetzt ist es zu spät für 60.a4 ♗d6 61.♘e1 e5 62.dxe5 ♗xe5 63.♘c2 d4 64.exd4 ♗d6−+. (Smyslow)

60...a4!

Nun kann Schwarz seinen a-Bauern sichern, was letztlich zum weißen Untergang führt.

61.♘e1 ♗g5 62.♘c2

Nach 62.♘d3 (62.b5 ♗d8) 62...c2 63.♔d2 ...

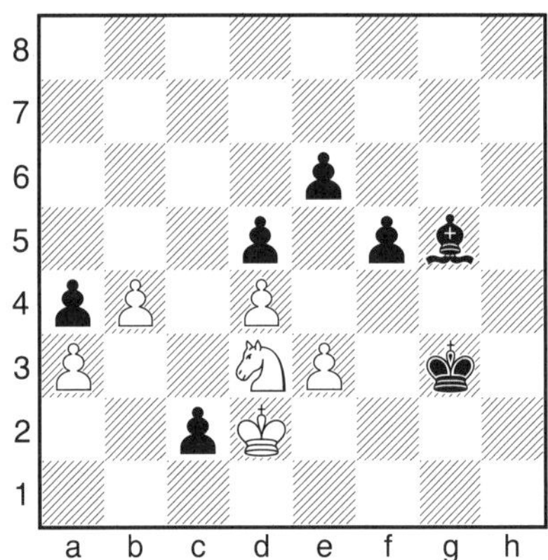

... hat Schwarz eine entscheidende Kombination.

Aufgabe 4

Nämlich welche? (Lösung auf Seite 198)

62...♗f6 63.♔d3

63.b5 ♗d8 64.♘e1 ♗a5 65.♘c2 ♔g4 66.♘e1 ♗c7 67.♘c2 ♗b6 68.♘b4 f4 69.exf4 ♗xd4 70.♔d3 ♗b6 71.♔xc3 ♔xf4 (Smyslow)

63...♔f2 64.♘a1 ♗d8 65.♘c2 ♗g5 66.b5 ♗d8 67.♘b4 ♗b6 68.♘c2 ♗a5 69.♘b4 ♔e1 0-1

Da der gegnerische König fast am Ziel seines langen Marsches angekommen ist, gab Botwinnik auf.

Aufgaben zum Thema 'Präzision'

(Lösungen ab Seite 194)

A07.05***
Jan Smejkal
Wassili Smyslow
Leningrad 1977

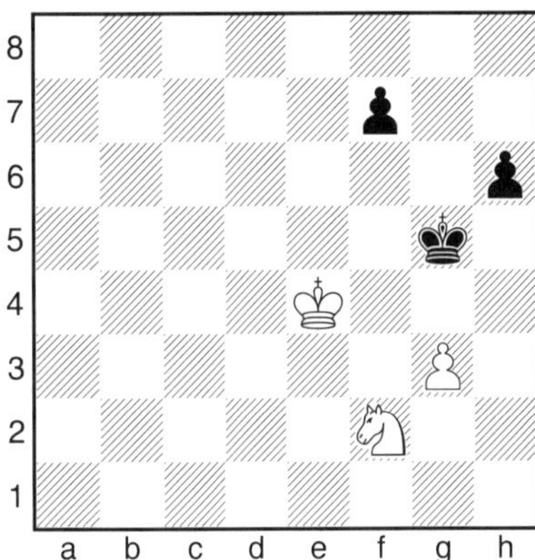

Wie kann Schwarz sich retten?

A07.06
Wjatscheslaw Ragosin
Wassili Smyslow
Moskau 1945

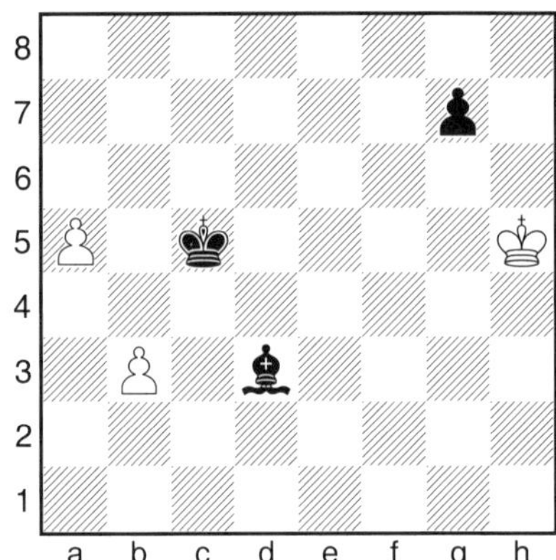

Wie kann Schwarz gewinnen?

A07.07***
Wassili Smyslow
Juri Awerbach
Leningrad 1960

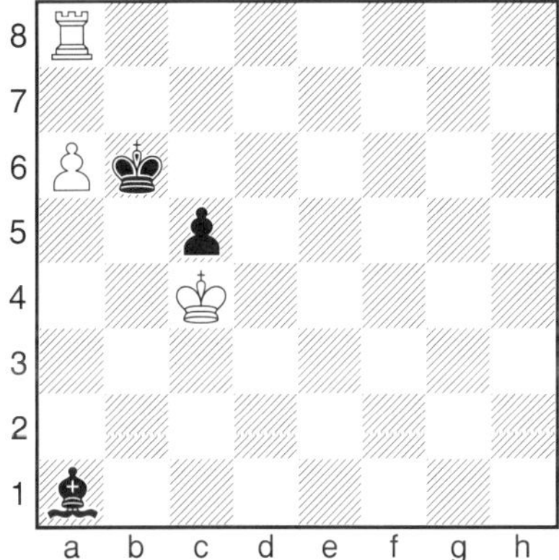

Wie hätte Weiß gewinnen können?

A07.08
Lew Aronin
Wassili Smyslow
Moskau 1951

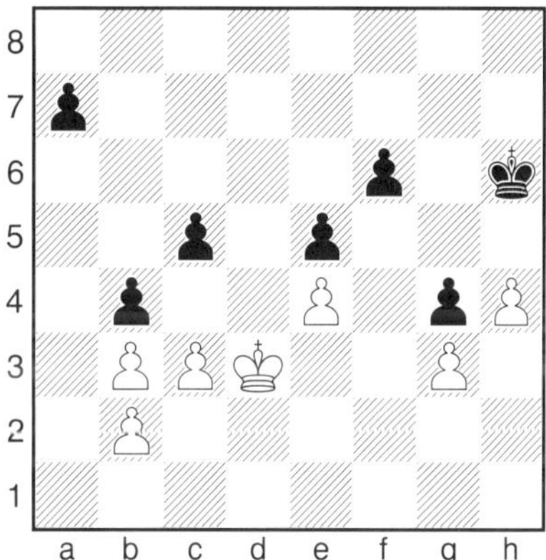

Wie hält Schwarz trotz des gedeckten weißen Freibauern remis?

Lösungen

A07.01

78...♔b5!

So nutzt Schwarz die ungünstige Königsstellung auf e2 aus.

Nach 78...♖d5? kann Weiß diesen Missstand mit 79.♔e3! korrigieren und remisieren; z.B. 79...♔b5 80.♔e4! ♖d8 81.♖b1+ ♔a4 82.♖c1! ♔b4 83.♖b1+ ♔a3 84.♖c1 ♖c8 85.♔d5 ♖d8+ 86.♔c4=.

79.♖b1+ ♔a4 80.♖c1 ♔b4 81.♖b1+ ♔a3!

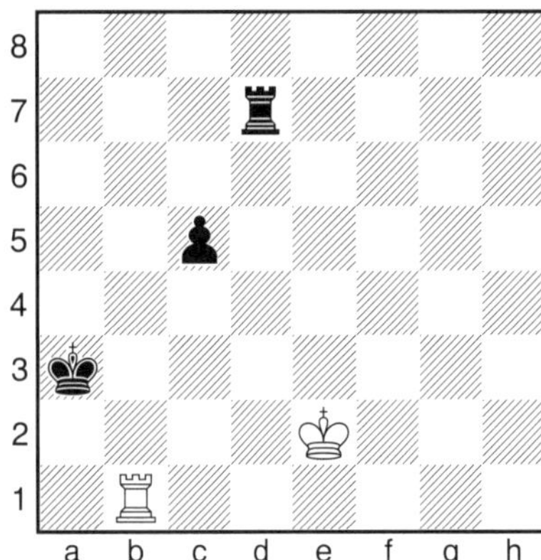

Die Gewinnpointe

82.♖c1 ♖d5! 83.♔e3 ♔b2 84.♖c4 ♔b3 0-1

A07.02

72...♔f2 73.♖f6+ ♔g3 74.♖e6 ♖f7

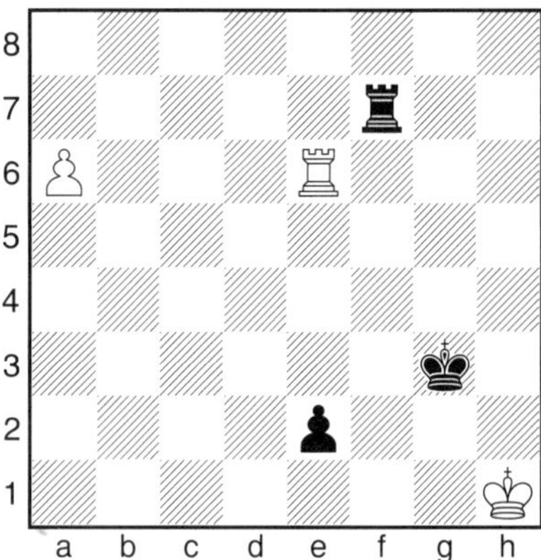

Nun gewinnt Schwarz durch direkten Mattangriff!

75.♖g6+

75.♖e3+ ♖f3 76.♖xe2 ♖f1#

75...♔f2 0-1

76.♖g2+ ♔f3...77.♖g1 ♖h7#

A07.03

63.♖b8!

Analog ist 63.♖c8 oder 63.♖d8 spielbar.

Nicht jedoch 63.♖g8+?

(63.♖h8? ♖h4 64.♖g8+ ♔f4 65.♔g1 ♖g4+)

63...♔f4 64.♖h8 ♖g2+ 65.♔f1 ♔g3 66.♖g8+ ♔h2 67.♖f8 ...

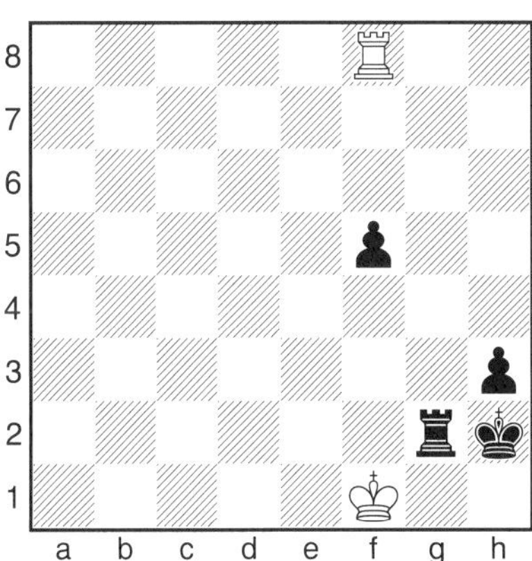

... mit dem sehenswerten Finale 67...♖a2 68.♖xf5 ♔g3 69.♖g5+ ♔f3 70.♖f5+ ♔g4 71.♖f2 h2.

63...♖h4

63...h2 64.♖g8+! ♔f4 65.♖h8=; 63...♖g2+ 64.♔f3=

64.♔g1!

Nun muss der König schleunigst vor den h-Bauern gebracht werden.

64...♖e4

64...h2+ 65.♔h1 f4 66.♖b3 ♔g4 67.♖a3 f3 68.♖xf3=

65.♔h2 ♖e3 66.♖g8+ ♔f4 67.♖a8 ♔e4 68.♖a4+ ♔e5 69.♖a5+ ♔f6 70.♖a8 f4 71.♖a5 ♖e5 72.♖a6+ ♔f5 73.♔xh3 ♖e2 74.♖a4 ♖d2 ½-½

A07.04

59...b2?

Nach 59...♔e4 60.♖b4+ ♔d5 61.♖xf4 funktioniert der bekannte Turmendspiel-Trick hingegen.

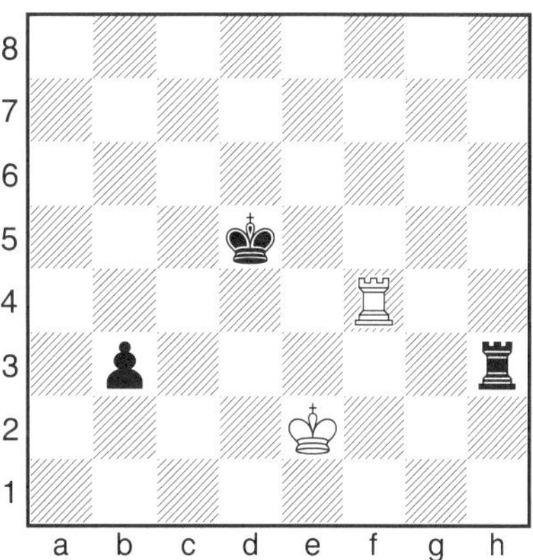

61...b2 62.♖b4 ♖h1 63.♖xb2 ♖h2+ -+

60.♖xb2 ♔g4

Hier jedoch scheitert das geplante 60...♖h2+ an 61.♔f3 ♖xb2 patt.

61.♔f1 ½-½

A07.05

79...h5!

Von Botwinnik stammt die Faustregel, gemäß derer Springerendspiele im Prinzip wie Bauernendspiele zu bewerten sind. Mehr noch als bei Bauernendspielen spielt hier jedoch insbesondere Zugzwang eine große Rolle, weil man mit dem Zug eines Springers, der ja mit jedem Zug die Felderfarbe wechselt, kein Tempo verlieren kann. Und dieser Umstand macht extreme Genauigkeit erforderlich.

So würde hier 79...f6? wegen der pointierten Antwort 80.♔e3!! verlieren.

1) Nach 80...h5 81.♔f3 entsteht wechselseitiger Zugzwang mit Schwarz am Zug.

2) Und auch nach 80...♔f5 81.♔f3 ♔g5

82.♔e4 h5 83.♔f3 ♔f5 84.♘h3 entscheidet Zugzwang.

80.♔f3 ♔f5?

80...f6! führt zu wechselseitigem Zugzwang mit Weiß am Zug und somit zum Remis.

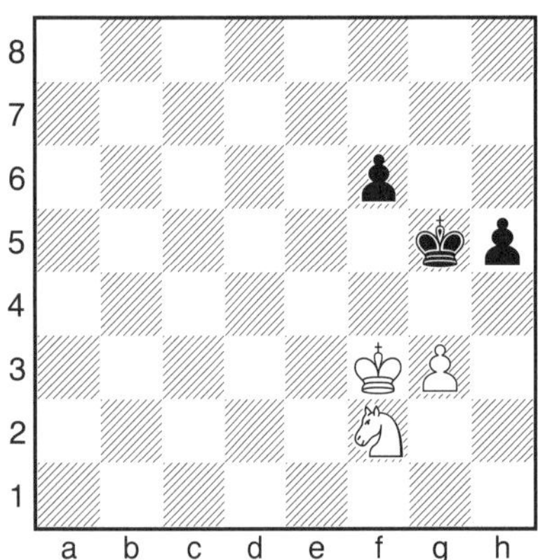

81.♘h3+ ♔f5 82.♘f4 ♔g5 83.♘e6+ ♔f5 84.♘d4+ ♔g5 85.♔e4 ♔g4 86.♘f5 ♔g5 87.♘e3 h4 88.g4 h3 89.♔f3 h2 90.♔g2 ♔f4=

81.♘h3?

Nun ist für Schwarz wieder alles im Lot. Hingegen geht nach 81.♔g2! ♔e5 82.♔h3 ♔d4 83.♔h4 ♔e3 84.♘h3 zuerst der h-Bauer verloren und danach die Partie.

81...f6!

Wechselseitiger Zugzwang mit Weiß am Zug – also Remis.

82.♘f4 ♔g5 83.♘e6+ ♔f5 84.♘c5 ♔g5 85.♘e4+ ♔f5 86.♘f2 ♔g5 87.♘h3+ ♔f5 88.♘f4 ♔g5 89.♘e6+ ½-½

A07.06

60...♔d6!

Offenbar muss der König zum Königsflügel, um den Vormarsch des Freibauern zu unterstützen.

61.a6 ♔e7!

61...♗xa6? 62.♔g6=

62.a7 ♗e4 63.♔g5 ♔f7 64.b4

64.♔f4 ♗a8 65.♔e5 g6 66.♔d6 g5 67.♔c7 g4

64...♗b7 65.♔f5 g6+!

65...♗a8? 66.♔e5 g6 67.♔d6 g5 68.♔c7=

66.♔e5 ♔e7 67.b5 ♗a8 68.♔d4 ♔d6 69.♔c4 g5 70.♔d4 g4 0-1

A07.07

71.♖e8?

Das ist der falsche Weg. Tatsächlich musste mit einem Turmzug der Umstand genutzt werden, dass der a-Bauer momentan tabu ist, allerdings in der Version 71.♖b8+ ♔a7 72.♖d8!

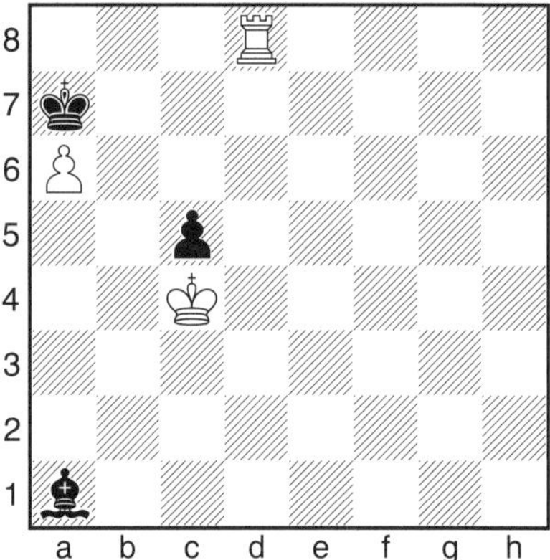

Denn nun ist der Läufer dominiert und Weiß gewinnt unter Einsatz von Zuzwang.

1) 72...♗d4 73.♔b5 ♗e3 74.♖d7+ ♔a8 75.a7 c4 76.♔a6! ♗g5 77.♖c7

2) 72...♗f6 73.♖d7+ ♔a8 74.a7 ♗d4 75.♔b5 ♗e3 76.♔a6 ♗g5 77.♖c7

71...♗d4 72.♖e6+ ♔a7 73.♔d5 ♗g1 74.♖g6 ♗f2 ½-½

A07.08

50...a5!

Dieser Schlüsselzug dient der Sicherstellung, dass der Bauer c5 auf seinem Platz verbleiben kann.

Hier ein Blick auf verschiedene Fehlversuche, die zum Verlust führen.

1) 50...♔g6? 51.♔c4 f5 52.exf5+ ♔xf5 53.♔xc5 ♔e4 54.h5 ♔f3 55.h6

2) 50...♔g7? 51.♔c4 f5 52.exf5 bxc3 53.bxc3 e4 54.b4 cxb4 55.cxb4 ♔f6 56.♔d4 ♔xf5 57.h5

3) 50...bxc3? 51.♔xc3 a5 52.♔c4 f5 53.exf5 e4 54.♔c3

51.cxb4

51.♔c4? würde nun wegen 51...f5–+ vollkommen nach hinten losgehen.

1) 52.exf5 e4 53.f6 ♔g6 54.♔d5 e3 55.♔e6 e2 56.f7 e1♕+

2) 52.♔d3 f4 53.gxf4 exf4 54.e5 g3

a) 55.♔e2 ♔g6 56.e6 ♔f6 57.h5 ♔xe6

b) 55.e6 ♔g7 56.h5 (56.♔e2 ♔f6) 56...g2 57.h6+ ♔xh6 58.e7 g1♕ 59.e8♕ ♕g6+

51...axb4 ½-½

Aufgabe 1

29...♔e5 sollte auch zum Ziel führen, wie aus den folgenden Varianten hervorgeht.

1) 30.♖xg7 ♔e4 31.♖xh7 ♔f3 32.♔f1 ♖xa2 33.♔e1 ♔xe3 34.♖e7+ ♔d4 35.h4 ♖b2

2) 30.♖e7+ ♔f6 31.♖c6 ♖xa2 32.♖xc6+ ♔e5 33.♖xc5+ ♔e4 34.b4 ♖b2 (34...f4? 35.exf4 ♔f3 36.♖a5+–) **35.b5 f4!; 35.♖b5 f4!**

Aufgabe 2

Würde Weiß mit **26.♕f3!?** Δ♕d3 zu Werke gehen, könnte Schwarz nach z.B. **26...♘c6** (26...♘d7 27.♗c7) **27.♕d3** mit **27...♕f6 28.♕d6 ♖f8** die Dame auf dem Brett halten – und somit den prinzipiell wichtigsten Gegenspielfaktor!

Aufgabe 3

Die traurige Randexistenz musste unverzüglich mit **25...♘b2!** reaktiviert werden, um die Remischancen intakt zu halten; z.B. **26.e4 ♖d2 27.♘e5 ♘d3!** mit Ausgleich nach **28.♖xf7+ ♔g8 29.♘c4 ♖c2 30.♘d6** oder **28.♘xd3 ♖xd3 29.♖b7 ♖d4** usw.

Aufgabe 4

63...c1♕+! 64.♘xc1 ♔f3 mit der möglichen Folge **65.♘e2 ♗xe3+ 66.♔d3 f4 67.b5 ♔f2 68.b6 f3 69.♘g1 ♔g2 70.♘xf3 ♔xf3**.

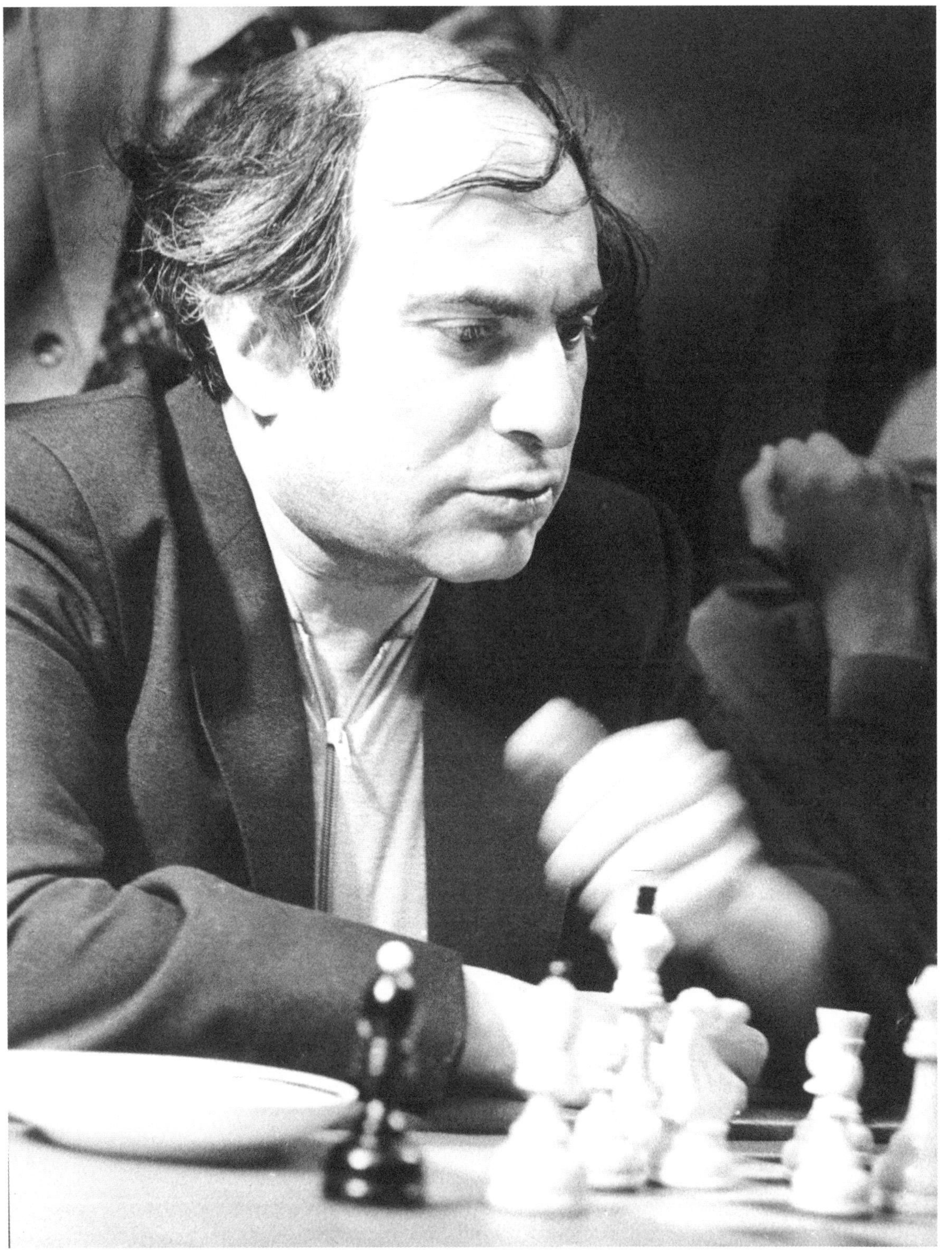

Der achte Weltmeister – Michail Tal

Michail Nechemjewitsch Tal (9. 11. 1936 – 27. 6. 1992) wurde im lettischen Riga geboren. 1960 wurde er durch seinen deutlichen Sieg über Michail Botwinnik (+6 =13 -2) mit 23 Jahren zum bis dato jüngsten Weltmeister der Schachgeschichte. Da er jedoch immer wieder mit massiven gesundheitlichen Problemen zu kämpfen hatte, weist seine Karriere zahlreiche extreme Leistungsschwankungen auf.

Er ist der einzige Vertreter des Typs 'Hyperaktivspieler' (siehe 'Vorbemerkung 2' auf Seite 9), der es bisher auf den Weltmeisterthron geschafft hat. Als solcher war sein Stil vor allem in seiner Jugend stark taktisch geprägt und risikoreich. Entsprechend hat er die Herzen vieler Schachfans im Angriffssturm erobert und ist noch heute unter seinem Respekt und Ehrfurcht bezeugenden Spitznamen 'Zauberer aus Riga' bekannt. Daher lag die Wahl des Spezialthemas quasi auf der Hand: Magie im Endspiel

So gelingt es ihm im ersten Beispiel, wie von Zauberhand und ungeachtet einer Minusfigur zu remisieren.

08.01
Isaak Lipnitski
Michail Tal
UdSSR 1955

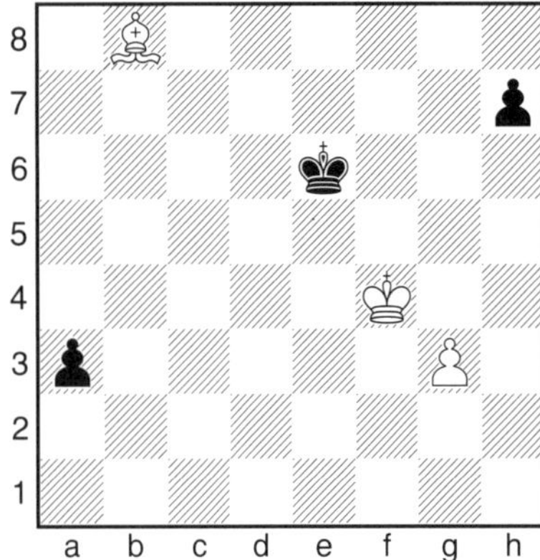

49...♔f6!

Nach der zu passiven Alternative 49...♔f7? (zur Vermeidung des Läuferschachs auf e5) setzt sich die Mehrfigur hingegen wie üblich dank der schrecklichen Endspielwaffe *Zugzwang* durch: 50.♔f5 ♔g7 51.♗d6 a2 52.♗e5+ +−

1) 52...♔h6 53.g4 a1♕ 54.g5+ ♔h5 55.♗xa1 h6 56.g6

2) 52...♔f7 53.♗f6

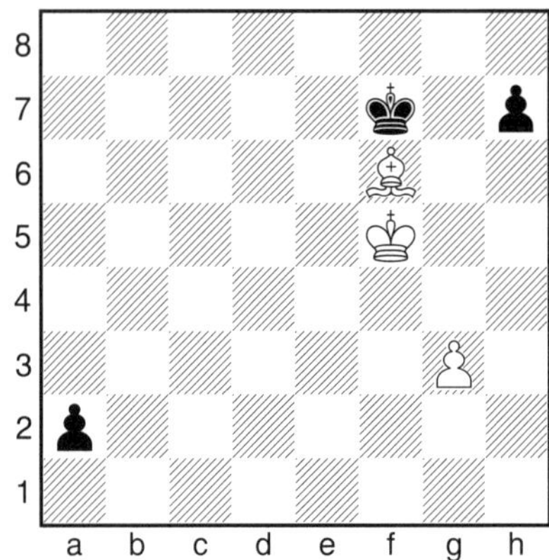

53...♔e8 54.♔e6 ♔f8 55.g4 ♔e8 56.♗a1 ♔f8 57.♔f6 ♔e8 58.♔g7 bzw. 57...♔g8 58.♔g5 ♔f7 59.♔h6 ♔e6 60.♔xh7

50.♗e5+ ♔g6 51.♗a1 a2 52.♗b2

52.♔g4 h5+ 53.♔h4 ♔h6=

52...h5 53.♗a1 ♔h6! ½-½

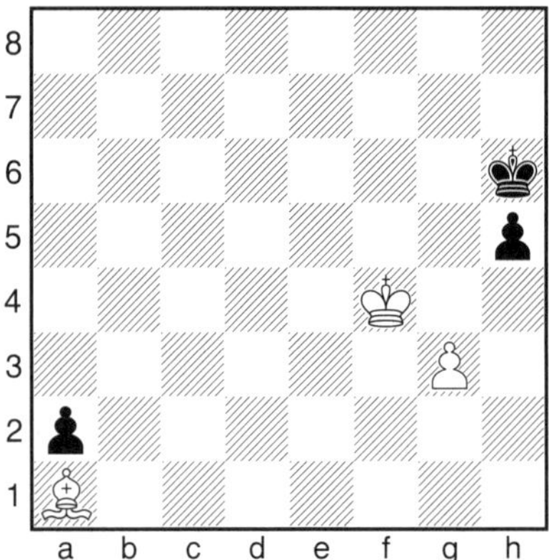

Aufgabe 1

Warum musste Weiß sich hier mit einem Remis zufrieden geben? (Lösung auf Seite 218)

Zwar trifft in aller Regel der Satz zu, demgemäß ein Randbauer der größte Feind des Springers ist, aber im folgenden Beispiel kann Tal eine Rettungspointe aus dem Hut zaubern.

08.02
Michail Podgajets
Michail Tal
Alma-Ata 1968

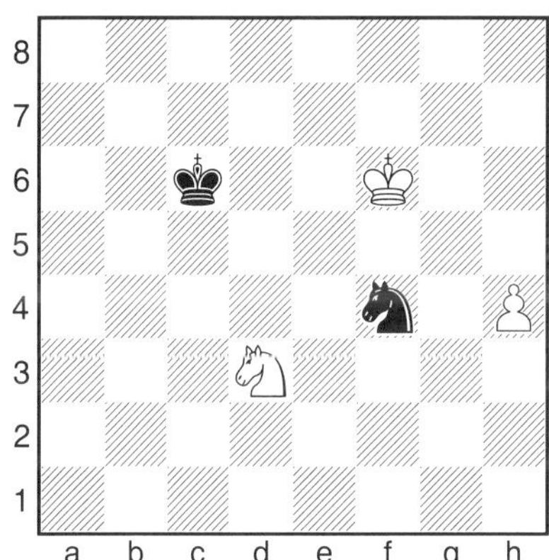

66...♘h5+!

In diesem Ausnahmefall ist der 'Springer am Rand' der Remis-Garant.

Hingegen würde er sich mit 66...♘xd3? an seinem Artgenossen verschlucken.

1) Denn nach 67.h5 ♘f2 68.♔f5+- würde er vom gegnerischen König dominiert. Diese Dominanz-Distanz wird übrigens 'Karpow-Distanz' genannt.

2) Und die Alternative 67...♘c5 68.h6 ♘e4+ 69.♔g6+- führt zu einer Dominanz-Distanz, die 'Springerschach-Schatten' genannt wird.

67.♔g6 ♘g3 68.♘f2 ♔d6 69.♘h1 ♘e2

Nach 69...♘xh1? 70.h5 ♘f2 71.h6 ♘g4 72.h7 ♘e5+ zieht der König mit 73.♔g7 siegreich in den 'Springerschach-Schatten'.

70.♔f6 ♘f4!

70...♔d7? 71.h5 ♔e8 72.h6 ♔f8 73.h7+-

71.♘g3 ♔d7 72.♔f7 ♔d6 73.♘e2

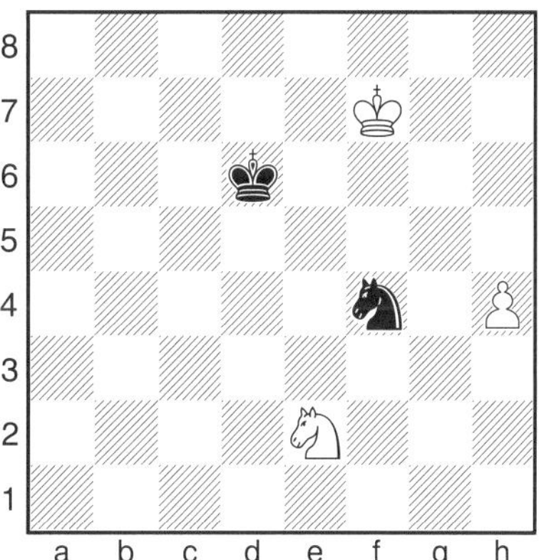

73...♘xe2!

Nun muss und darf dieser Quälgeist von einem Springer endlich geschlagen werden.

Hingegen scheitert 73...♘d3? an 74.h5 ♘e5+ 75.♔f6 ♘g4+ 76.♔g5 ♘e5 77.♔f5 ♘f7 78.♔f6 ♘h6 79.♘c3 ♔d7 80.♘d5 ♔e8 81.♔g6 ♘f7 82.♔g7 ♘d6 83.♘e3 ♘f7 84.♘f5 ♘g5 85.h6 ♔d7 86.♔g6 ♘e6 87.♔f6 ♘f8 88.♔f7 ♘h7 89.♘d4 ♔d6 90.♘f3+-.

74.h5 ♘f4 ½-½

75.h6 ♘e6 76.h7 ♘g5+

Im folgenden Beispiel zeigt Tal, dass Tarraschs 'Lehrsatz', demgemäß alle Turmendspiele remis enden, mit Vorsicht zu genießen ist.

08.03
Michail Tal
Arthur Bisguier
Bled 1961

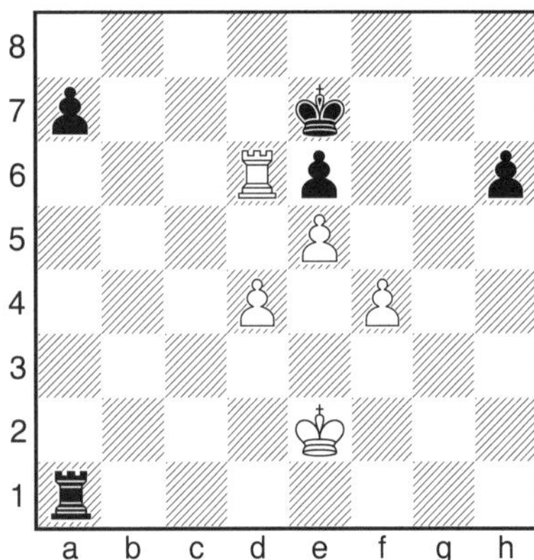

48.d50+−

48.f5!? exf5 49.♖xh6

48...exd5 49.f5!

Ungeachtet des Minusbauern gewinnt Tal nun dank der magischen Kraft seiner Freibauern.

49...♖a2+

1) 49...♖a4 50.f6+ ♔f7 51.♖d7+ ♔e8 52.♖xd5 h5 53.♔f3 h4 54.e6

2) 49...♖b1 50.f6+ ♔e8 51.♖xd5 h5 52.e6 ♖b6 53.f7+ ♔e7 54.♖d7+ ♔xe6 55.f8♕ ♔xd7 56.♕f7+ ♔c6 57.♕xa7

50.♔f3 ♖a3+

50...♖a4 51.f6+ ♔f7 52.♖d7+ ♔g6 53.f7 ♖a3+ 54.♔e2 ♖a2+ 55.♔e3 ♔g7 56.e6 ♖a6 57.♖e7

51.♔g4 ♖a4+

51...♔f7 52.♖d7+ ♔e8 53.e6 ♖a1 54.f6 ♖f1 55.f7+ ♔f8 56.♖d8+ ♔e7 57.♖e8+ ♔d6 58.f8♕+ ♖xf8 59.♖xf8 ♔xe6 60.♔f4

52.♔h5 ♖a1 53.♔xh6 ♖h1+ 54.♔g7 ♖g1+ 55.♔h6 ♖f1 56.♖e6+

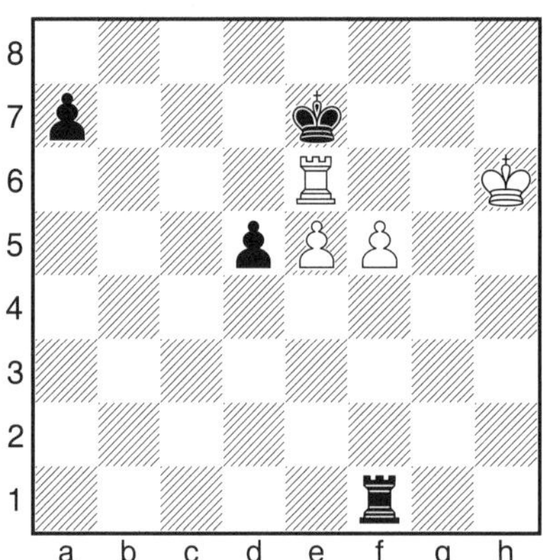

56...♔d7

Eine Alternative besteht in 56...♔f7 57.♖f6+ ♔e7 58.♔g7 ♖g1+ 59.♖g6.

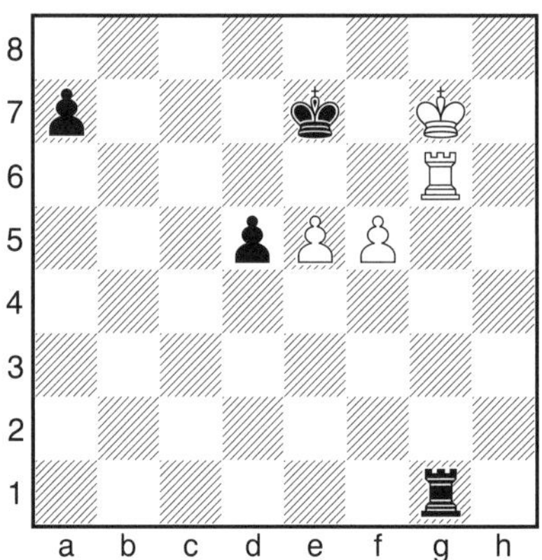

Aufgabe 2

Wie ginge die Partie nun nach 59...♖f1 zu Ende – und wie nach 59...♖xg6+? (Lösung auf Seite 218)

57.♖d6+ ♔e7 58.f6+ ♔e8

58...♔f7 59.♖d7+ ♔e6 60.♖e7+ ♔f5 61.f7 ♖h1+ 62.♔g7 ♖g1+ 63.♔f8 ♖b1 64.♔e8 ♖b8+ 65.♔d7 d4 66.e6 d3 67.♖e8

59.♖e6+ ♔d7

59...♔f8 60.♖e7 d4 61.♖d7 ♖f5 62.♔g6 ♖xe5 63.♖d8+ ♖e8 64.♖xe8+ ♔xe8 65.♔g7 d3 66.f7+ ♔d7 67.f8♕ d2 68.♕f3

60.♖e7+ ♔c6 61.f7 1-0

Es könnte noch folgen 61...d4 62.♖e6+ ♔d7 63.♖f6 ♖h1+ 64.♔g7 ♖g1+ 65.♖g6 ♖xg6+ 66.♔xg6 ♔e7 67.♔g7.

Normalerweise kann ein Läufer gegen einen Turm remis halten, jedoch gelang Tal der Nachweis, dass das folgende Beispiel *kein* Normalfall ist.

08.04
Michail Tal
Waleri Jidkow
Baku 1972

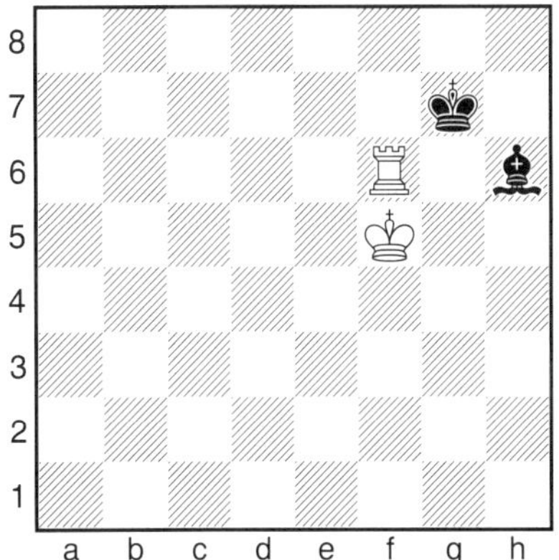

90.♖g6+ ♔h7 91.♔f6! ♗e3 92.♔f7

Diese Konstellation ist immer gewonnen – und zwar ganz unabhängig davon, wo der Läufer steht.

92...♗a7

Der Läufer sucht Schutz im Windschatten der Könige, wird aber vom Turm wieder hinausgetrieben.

93.♖a6 ♗b8 94.♖a8 ♗c7 95.♖c8

Nun muss der Läufer wieder an die (tödlich) frische Luft.

95...♗f4

Hier ein Blick auf die übrigen Verlustvarianten.

- 95...♗e5 96.♖c5
- 95...♗g3/♗h2 96.♖c3
- 95...♗b6/♗d6 96.♖c1 ♔h6 97.♖c6(+)

96.♖c4 ♗g5 97.♖c3 1-0

Aufgaben zum Thema 'Magie im Endspiel'

(Lösungen ab Seite 215)

A08.01
Antonio Medina Garcia
Michail Tal
Palma de Mallorca 1966

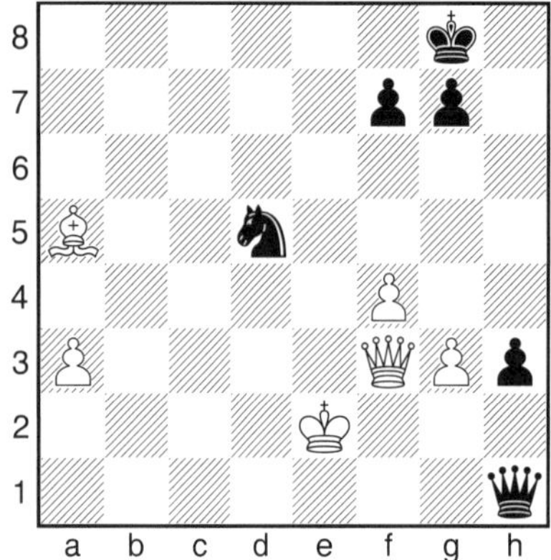

Wie gelangt Schwarz kombinatorisch ans Ziel?

A08.02
Michail Tal
Wjatscheslaw Ragosin
Leningrad 1956

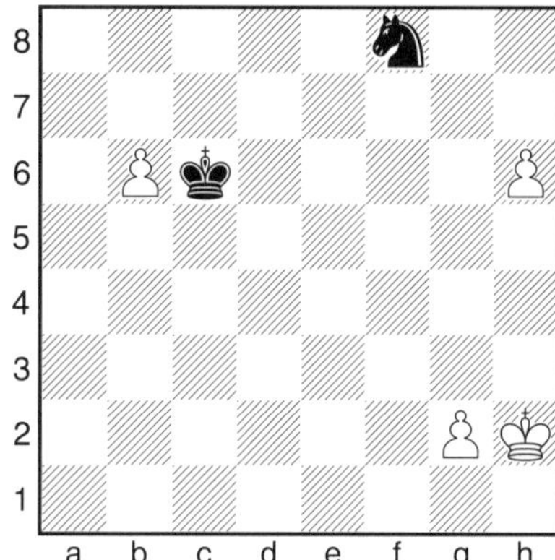

Kann Weiß am Zug gewinnen?

A08.03
Michail Tal****
Genrich Kasparjan
Tiflis 1956

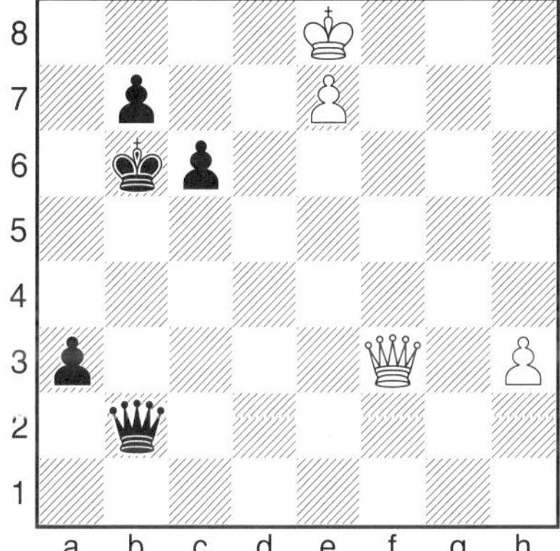

Kann Weiß diese Stellung gewinnen?

A08.04
Michail Tal
Joel Lautier
Barcelona 1992

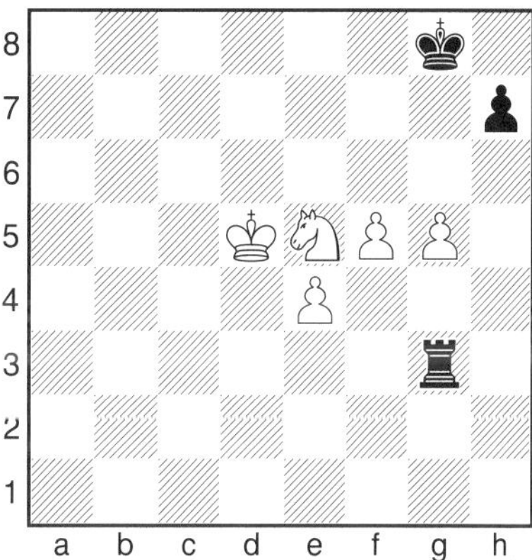

Zwecks Gewinn muss welcher Bauer vorwärts?

Natürlich hat Tal sich im Laufe seiner langen Karriere viele faszinierende Duelle mit den ganz Großen der Zunft geliefert, und von diesen Klassikern sollen nun drei folgen.

08.04
Wassili Smyslov
Michail Tal
Moskau 1964

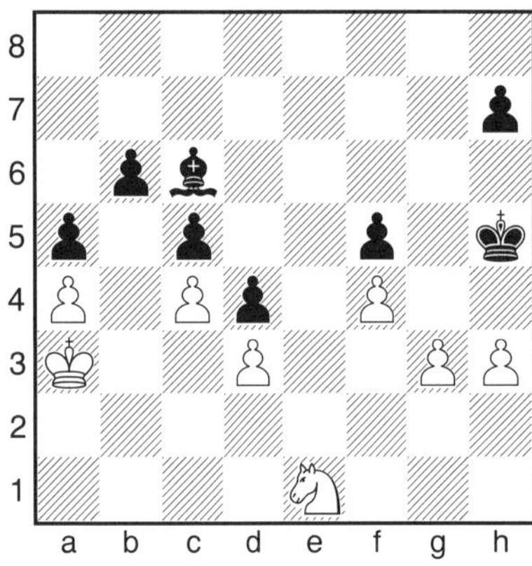

41...♔g6

Tals Abgabezug. Er steht auf Gewinn, aber es ist noch viel Arbeit nötig. Im ersten Schritt dringt der Läufer über das Feld h5 ein und erobert entweder den Bauern h3 oder erzwingt h3-h4, wonach in jedem Fall das Feld g4 betretbar wird.

42.♔b3 ♔g7 43.♔a3 ♔f6 44.♔b3 ♗e8 45.♘g2

Prinzipiell ähnlich läuft 45.♘f3 ♗h5 46.♘e5 ♗d1+ 47.♔a3 ♔e6 48.♘c6 ♗c2 49.♘e5 h6 50.g4 ♗d1−+.

45...♗h5 46.♔c2 ♗e2 47.♘e1 ♗f1

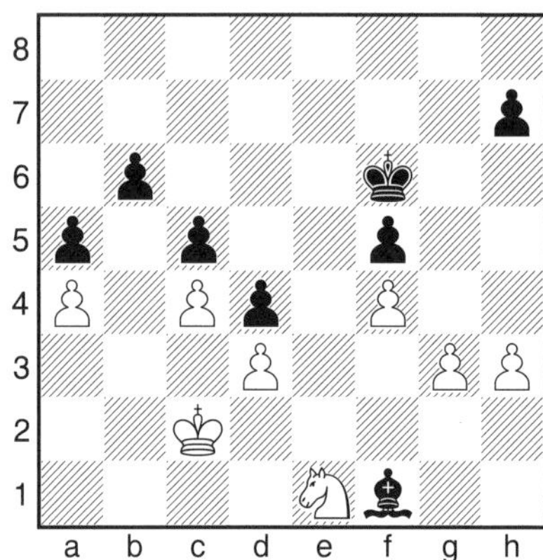

Nachdem der erste Schritt getan ist, soll als nächstes der schwarze König am Königsflügel eindringen, was allerdings einiger Vorbereitung bedarf.

48.♘f3

Nach 48.h4 folgt 48...♗e2 49.♔d2 ♗h5 50.♔c2 ♗e8 51.♔b3 ♗c6−+ nebst ♔g6-h5.

48...♗xh3 49.♘g5

49.♘e5 ♗g2 50.♔c1 ♔e6 51.♔d2 ♔d6 52.♔c2 ♗c6 53.♔b3 ♗e8 54.♔a3 ♗h5 55.♔b3 ♗d1+ 56.♔a3 ♗c2−+

49...♗g2 50.♘xh7+ ♔g7 51.♘g5 ♔g6 52.♔d2 ♗c6 53.♔c1

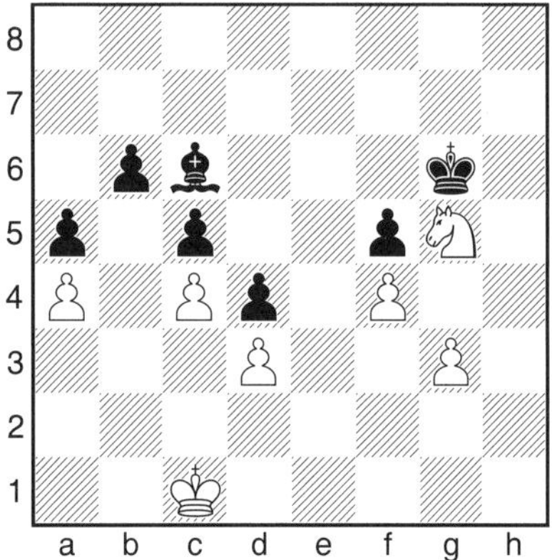

53...♗g2

Tal bleibt konsequent bei seinem Plan, obwohl auch 53...♗xa4 gewinnt.

1) 54.♘h3 ♔h5 55.♘f2 ♗d7 56.♔c2 b5 57.cxb5 ♗xb5 58.♔b3 a4+ 59.♔a3 ♗e8 60.♔b2 ♗f7 61.♔a3 ♗b3 62.♔b2 c4

2) 54.♘f3 ♔f6 55.♘e5 ♗e8 56.♔c2 b5 57.♔b3 ♔e7 58.cxb5 ♗xb5 59.♔a3 ♔e6 60.♔b3 ♔d5 61.♔b2 ♗a6 62.♔a3 (62.♔b3 ♗xd3) 62...c4 63.dxc4+ ♗xc4 64.g4 d3 65.♘xd3 fxg4

54.♔d2 ♔h5 55.♘e6

55.♘h7 ♔g4 56.♘f6+ ♔xg3 57.♘d5 ♗f3 58.♘xb6 ♗c6

55...♔g4

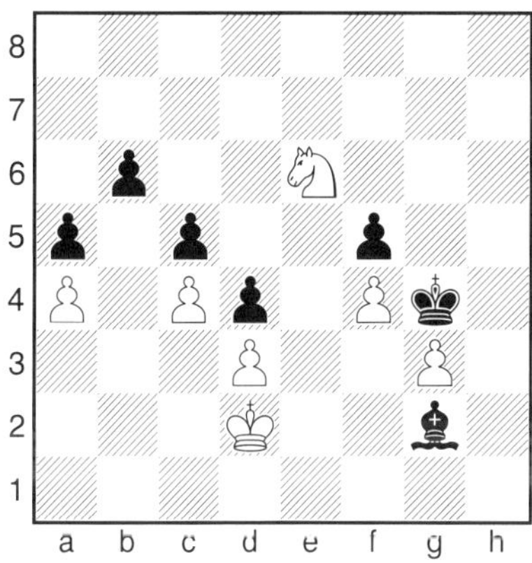

Nachdem der König planmäßig eingedrungen ist, kommt als nächstes das Prinzip der zwei Schwächen zur Anwendung.

56.♘c7 ♗c6 57.♘d5 ♔xg3 58.♘e7 ♗d7

58...♗xa4 gewinnt ebenfalls: 59.♘xf5+ ♔xf4 60.♘e7 ♗e8 61.♘d5+ ♔f3 62.♘xb6 a4 63.♔c2 a3 64.♔b3 ♔e3 65.♔xa3 ♔xd3 66.♔b3 ♗c6.

59.♘d5 ♗xa4 60.♘xb6 ♗e8 61.♘d5 ♔f3 62.♘c7 ♗c6 63.♘e6 a4 64.♘xc5 a3 65.♘b3

65.♘e6 a2 66.♘xd4+ ♔xf4 67.♘b3 ♗a4 68.♘a1 ♔g3 69.♔e2 f4 70.♔f1 f3 71.c5 ♗d7

65...a2 66.♔c1 ♔xf4

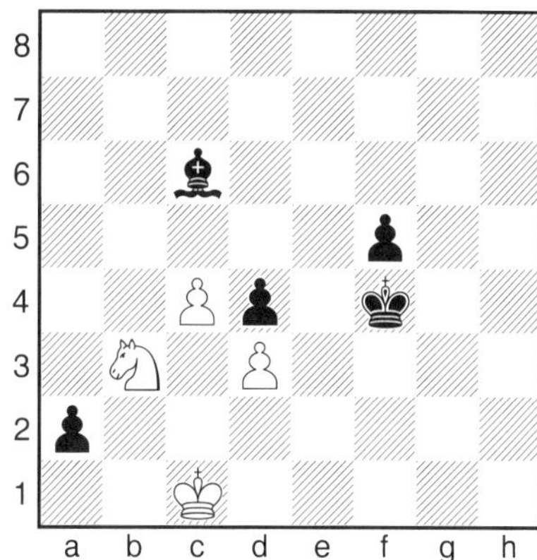

Von den beiden schwarzen Freibauern-Trümpfen ist der auf der f-Linie quasi das Trumpf Ass!

Aufgabe 3

Wie ging die Partie nach 67.♔b2 zu Ende?
(Lösung auf Seite 218)

Nun ein Sieg gegen einen anderen Endspiel-Giganten namens Michail Botwinnik.

08.05
Michail Botwinnik
Michail Tal
Moskau 1961

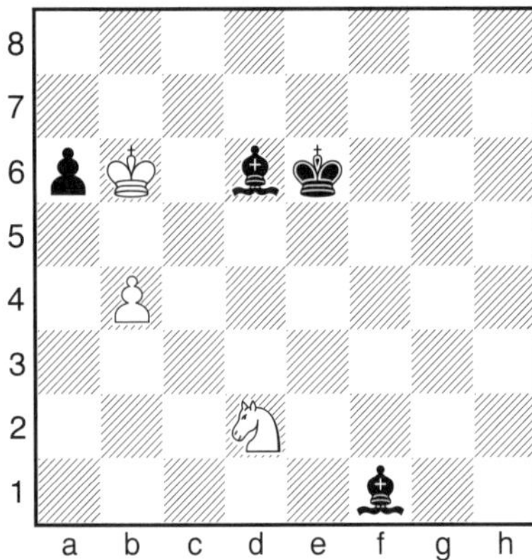

Auch hier zunächst wieder eine wichtige endspieltheoretische Vorbemerkung.

Das Endspiel mit Läuferpaar gegen einen Springer ist gewonnen, was allerdings erst im Zeitalter von Tablebases bewiesen werden konnte. Zum Zeitpunkt dieser Partie war nur bekannt, dass das Läuferpaar auch dann gewinnt, wenn die Springerpartei nicht die sogenannte 'Kling und Horwitz'-Stellung einnehmen kann. Dies wusste Tal und er hatte erkannt, dass der Springer hier zu weit vom König entfernt ist, um die besagte Remisfestung zu erreichen. Und deshalb machte er erst gar keinen Versuch, den a-Bauern zu halten.

75...♗g2!? 76.♘b3 ♗xb4 77.♔xa6?!

77.♘c5+!? war zäher.

1) Darauf wäre 77...♗xc5+? natürlich verfehlt, weil ja nach 78.♔xc5 ♗f1 79.♔b4 ♔d5 80.♔b3= der falsche Läufer auf dem Brett bleibt.

2) Korrekt ist 77...♔d6 mit der möglichen Folge 78.♘xa6 ♗e1 79.♔b5 ♗f1+ 80.♔b6 ♗h4 81.♘b4 ♗d8+ 82.♔b7 ♔d7 83.♘c2 ♗a5 84.♘e3 ♗e2 85.♘f5 ♗d3 86.♘d4 ♗c3 87.♘b3 ♔d6 88.♔b6 ♗c4 89.♘a5 ♗d4+ 90.♔b7 ♗e6 91.♔a6 ♔c5 92.♘b7+ ♔b4 93.♘d6 ♗c5 94.♔b7 (94.♘b7?! ♗c4#) 94...♗xd6−+.

77...♗f1+!? 78.♔b6 ♔d6!

Tal verhindert die Überführung des Springers nach b7.

78...♗e1?! wäre hingegen eine unpraktische Ungenauigkeit, denn nach 79.♘c5+ ♔d5 80.♘b7 ...

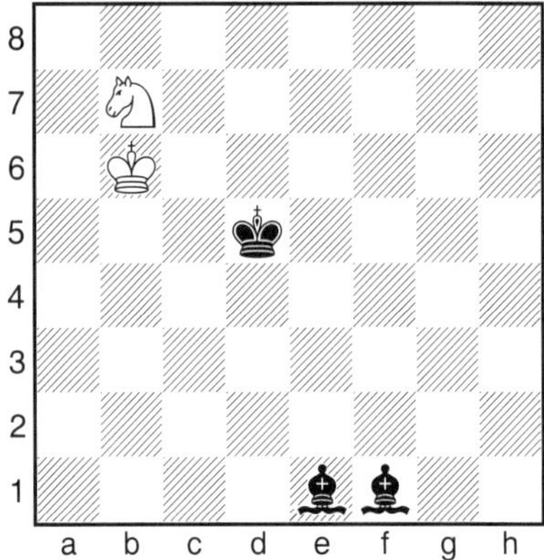

... kann Weiß die erwähnte 'Kling und Horwitz'-Stellung einnehmen und bis zum Matt dauert es noch sage und schreibe 56 Züge!

79.♘a5 ♗c5+ 80.♔b7 ♗e2 81.♘b3 ♗e3 82.♘a5 ♔c5 83.♔c7 ♗f4+ 0-1

Es könnte noch folgen 84.♔d7 ♗g4+ 85.♔d8 ♔b5 86.♘b7 ♔b6 bzw. 86.♘b3 ♗e3 87.♔e7 ♗d1 88.♘a1 ♗d4.

Es folgt eine Remisrettung gegen keinen Geringeren als Garri Kasparow auf dem Höhepunkt seines Könnens.

08.06
Garri Kasparow
Michail Tal
Skelleftea 1989

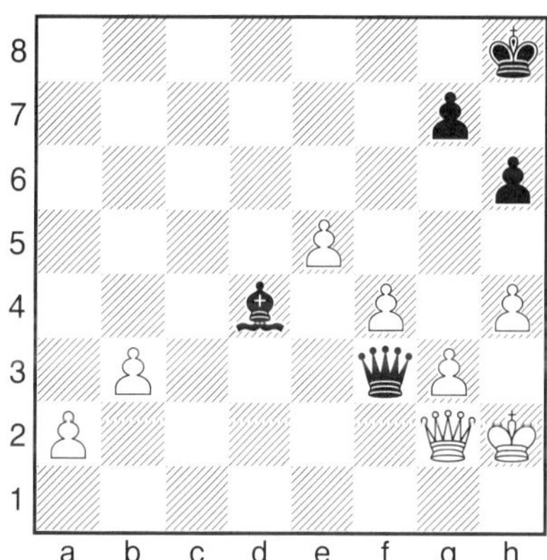

45...♕d3!

Selbstverständlich wird die Dame zur Schaffung von Gegenspiel benötigt.

So verliert 45...♕xg2+? sang- und klanglos nach z.B. 46.♔xg2 h5 47.b4 ♔g8 48.♔f3 ♔f7 49.a4 ♔e6 50.♔e4 ♗f2 51.f5+ ♔d7 52.♔f4 ♗e1 53.b5 ♗d2+ 54.♔e4 ♗e1 55.e6+ ♔d6 56.♔f4 ♗d2+ 57.♔f3 ♗a5 58.g4.

46.h5 ♗c5 47.e6 ♔g8 48.a4

Kasparow opfert seinen b-Bauern, um mit dem a-Freibauern einen weiteren schnellen Kandidaten ins Rennen zu schicken.

48...♕xb3 49.♕a8+ ♗f8

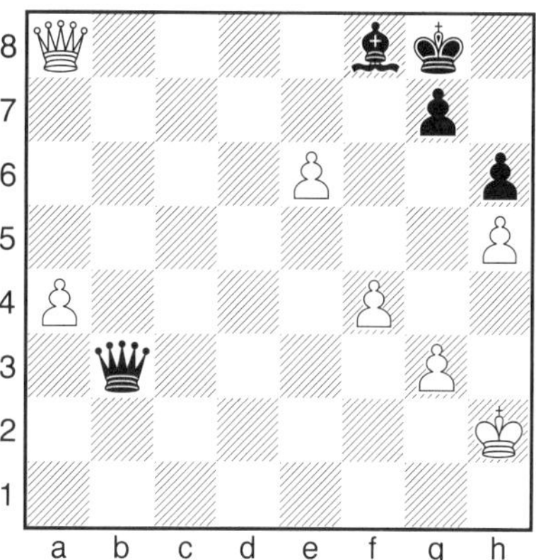

50.♕e8

Aufgabe 4

Hat Weiß hier etwa den Gewinnzug 50.e7 ausgelassen? (Lösung auf Seite 218)

50...♕c2+ 51.♔h3 ♕b1 52.♕f7+ ♔h7

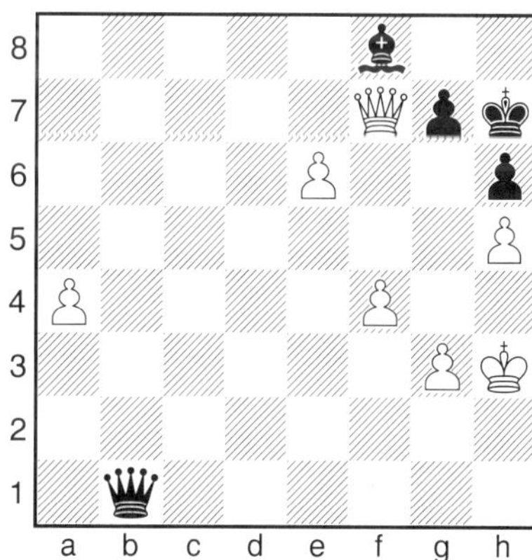

53.♕g6+

Kasparow nimmt unter Bauernopfer die Damen vom Brett – wohl entnervt von der Erkenntnis, dass 53.♕xf8 in das Dauerschach 53...♕h1+ 54.♔g4 ♕d1+ 55.♔f5 ♕d5+ 56.♔g4 ♕d1+ läuft.

53...♕xg6 54.hxg6+ ♔xg6 55.a5 h5

55...♔f6 56.a6 ♗c5 57.f5 g6 58.fxg6 ♔xe6

59.♔g4 ♔f6 60.♔h5 ♔g7 61.g4 ♗e3 62.a7 ♗xa7 63.g5 hxg5 64.♔xg5=

56.f5+

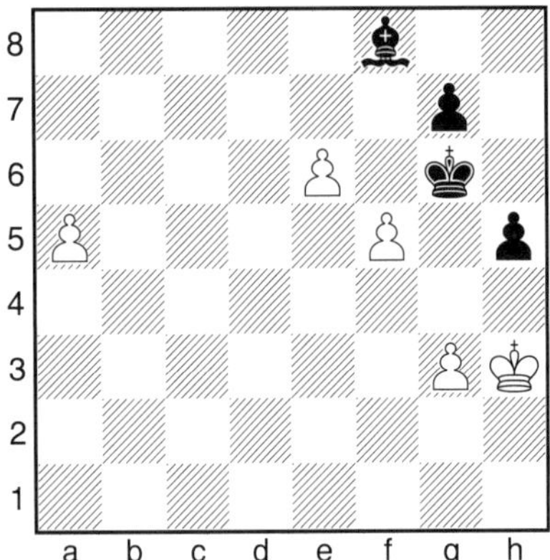

56...♔f6!

Tal nimmt auch die letze Hürde (56...♔xf5?? 57.a6 ♗c5 58.e7 ♗xe7 59.a7+−) und stellt somit das Remis sicher.

57.a6 ♗c5 58.♔h4 g6

58...♗e3 59.♔xh5 g6+ 60.fxg6 ♔xe6 61.a7 ♗xa7 62.♔h6 ♗d4 63.♔h7 ♔f5 64.g7 ♗xg7 65.♔xg7 ♔g4 66.♔h6

59.e7

59.fxg6 ♔xg6 60.a7 ♗xa7 61.e7 ♔f7

59...♔xe7 60.fxg6 ♔f6 ½-½

Aufgaben zum Thema ‘Rettung ins Remis’

(Lösungen ab Seite 215)

A08.05
Michail Tal
Karen Grigorjan
Leningrad 1971

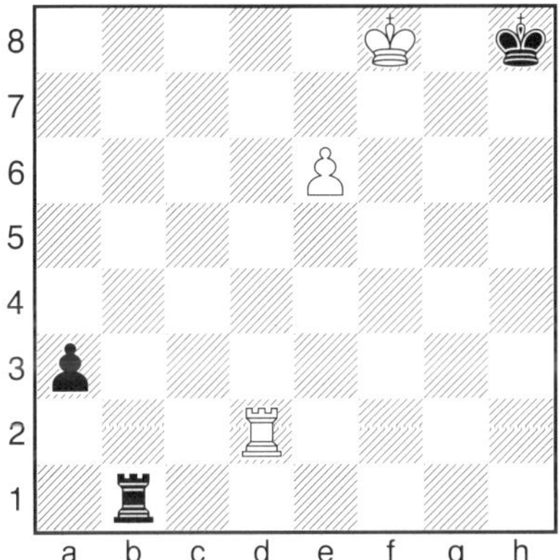

Wie kann Schwarz sich retten?

A08.06
Ulf Andersson
Michail Tal
Skelleftea 1989

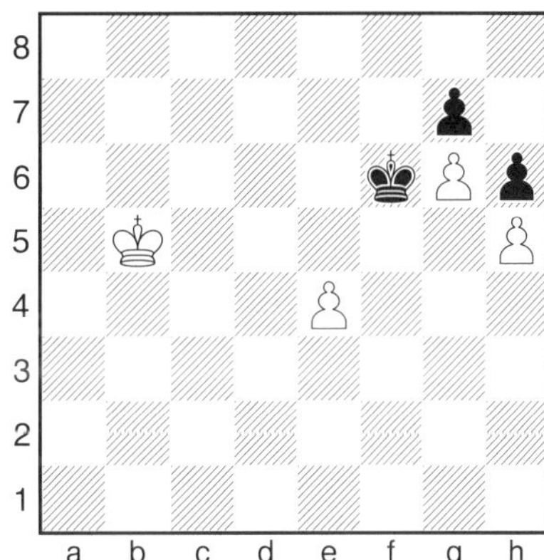

Auf welch magische Weise konnte Tal sich retten?

A08.07
Bent Larsen
Michail Tal
Bled 1965

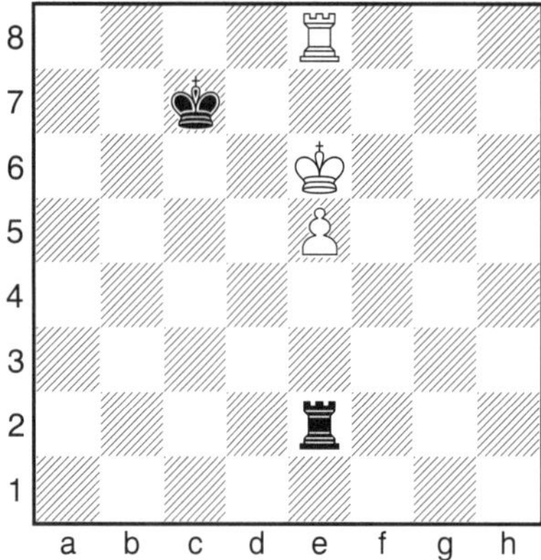

Wie kann Schwarz sich retten?

A08.08***
Michail Tal
Ulf Andersson
Tilburg 1980

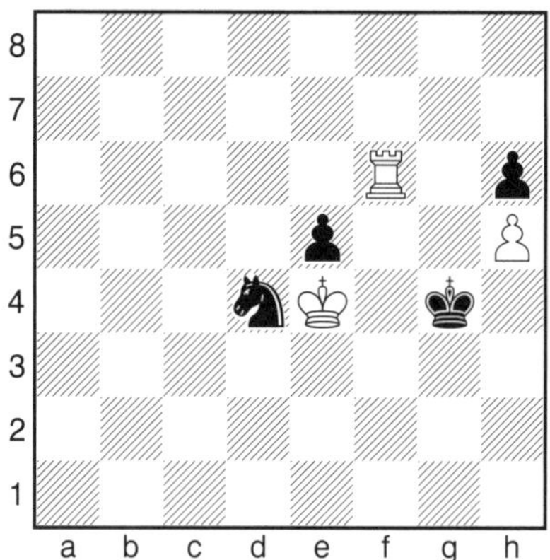

Gewinnt 55.♖xh6 oder 55.♔xe5?

Gewinnen beide Ansätze – oder gewinnt keiner?

Lösungen

A08.01

37...♕xf3+!

Den ungenauen Ansatz 37...♕h2+?! kann Schwarz noch korrigieren, indem er nach 38.♕f2 (38.♔d3 ♕g2) 38...♕h1 (Δ♕e4+) 39.♕f3 dann doch auf f3 schlägt.

38.♔xf3 0-1

Leider gönnte Weiß seinem Gegner nicht das Vergnügen, die Pointe 38...♘e3!! 39.♔f2 h2 aufs Brett zu bringen.

A08.02

1) Nach einem einzigen Tempoverlust lautet die Antwort: Nein! – **64.g4? ♔xb6 65.♔g3 ♔c6 66.♔f4 ♔d6 67.♔f5 ♔e7 68.g5 ♔f7=**

2) Hingegen kommt der weiße König nach **64.♔g3** genau rechtzeitig, um den schwarzen am Eingreifen zu hindern.

64...♔xb6 65.♔f4 ♔c7 66.♔f5 ♔d7 67.♔f6

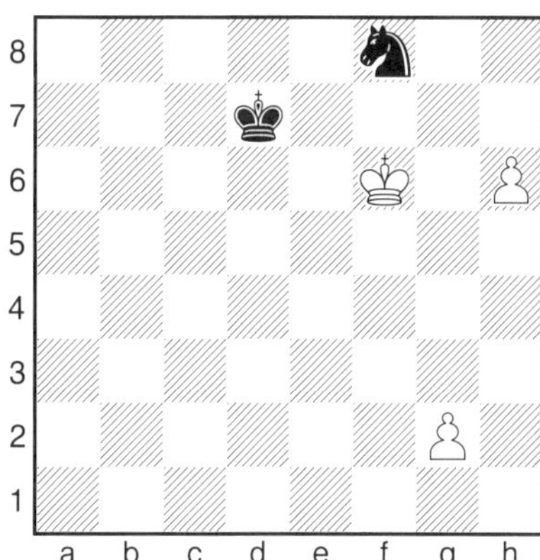

Nachdem der weiße König Kontrolle über das Feld e7 erlangt hat, ist Schwarz erstaunlicherweise nicht mehr zu retten.

67...♔e8

67...♘h7+ 68.♔g7 ♘g5 69.h7 ♘xh7 70.♔xh7 ♔e6 71.♔g6+–

68.♔g7

68.g4 gewinnt ebenfalls.

68...♔e7 69.h7 ♘xh7 70.♔xh7 ♔f6 71.♔h6 ♔f5 72.♔h5 ♔f6 73.g4 ♔g7 74.♔g5 ♔h7 75.♔f6 ♔g8 76.♔g6 ♔h8 77.g5 ♔g8 78.♔h6!

Den Fehler 78.♔f6?! könnte Weiß wieder ausbügeln, indem er die Stellung nach 78...♔h7 mit 79.♔f7 ♔h8 80.♔g6 ♔g8 wiederholt und dann zu 81.♔h6 greift.

78...♔h8 79.g6 ♔g8 80.g7 1-0

A08.03

In dieser Partie konnte Tal den berühmten Studienkomponisten besiegen, von dem kaum bekannt ist, dass er auch ein sehr starker Turnierspieler war, der sogar den IM-Titel innehatte und der Tal in einer drei Jahre zuvor gespielten Partie an den Rand einer Niederlage gebracht hatte. Und auch in der hier behandelten Partie hatte er erst mit seinem letzten Zug (75...♕d4-b2? statt 75...a2 oder 75...♕a4) das sichere Remis aus der Hand gegeben.

76.♔f7+–

76.♕e3+ c5 77.♔f7 ist Zugumstellung.

76...a2

76...♕a2+ 77.♔f8

77.♕e3+

Es geht auch sofort 77.e8♕.

77...c5 78.e8♕ a1♕

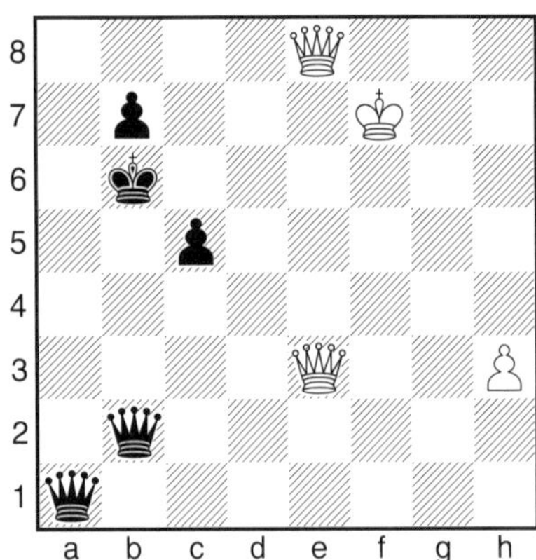

Nach der Aufrüstung mit zwei weiteren Damen gewinnt Tal die 4. Partiephase, weil er das erste Schach geben kann.

79.♕d8+ ♔a6 80.♕a8+ ♔b5

80...♔b6 81.♕e6+ ♔c7 82.♕ac8# bzw. 81...♔b5 82.♕xb7+ ♔a5 83.♕ea6#

81.♕xb7+ ♔c4 82.♕e6+ ♔c3 83.♕f6+ ♔c2 84.♕g2+ ♔b3 85.♕b6+ ♔a2

85...♔c3 86.♕xc5+ ♔d3 87.♕f3+ ♔d2 88.♕cf2+ ♔c1 89.♕h1#

86.♕d5+ ♔b1 87.♕d1+ 1-0

Es könnte noch folgen 87...♔a2 88.♕a6+ ♕a3 89.♕c4+ ♔b2 90.♕dc2#.

A08.04

1) 54.g6? führt nach **54...hxg6** zum Remis; z.B. **55.f6** (55.♘xg6 ♔f7=) **55...♖e3 56.♘xg6** Δ56...♔f7? 57.♘e5+ +−; ⌓56...♖e1=

2) Hingegen ist die Partie nach **54.f6!** nicht mehr zu retten. Es folgte noch **54...♖xg5 55.♔e6 ♖g1 56.f7+ ♔g7 57.♘d7 ♖f1 58.f8♕+ ♖xf8 59.♘xf8 h6 60.♘d7 h5 61.♘e5 h4 62.♘f3 1−0**.

A08.05

Zunächst ein Blick auf einen Ansatz, wie Schwarz sich angesichts der Doppeldrohung ♖h2# und e6−e7 *nicht* retten kann.

1) 77...♖f1+? 78.♔e8 ♖b1 79.e7 ♔g7 80.♖g2+ ♔h7 81.♖a2 ♖b3 82.♖f2 ♖b2 83.♖f3 a2 84.♔f7 ♖h2 85.e8♕ a1♕ 86.♕g8+ ♔h6 87.♕g6#

2) In der Partie folgte stattdessen präzise und korrekt **77...♖b2! 78.♖d1 ♖f2+! 79.♔e8 a2 80.e7 ♔g7 81.♔d7**

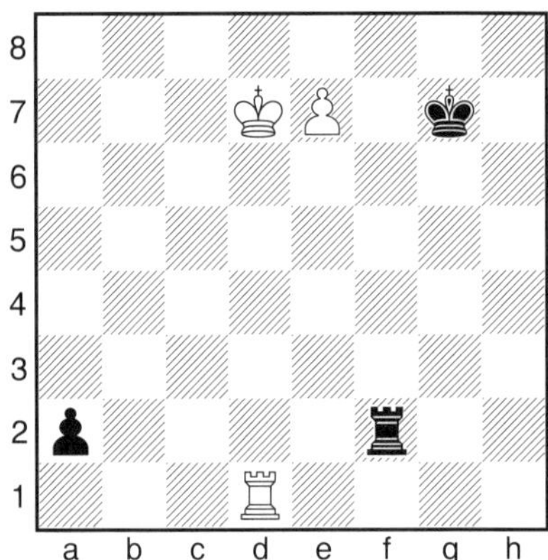

81...♖d2+!

Diese Pointe sichert das Remis, da die schwarze Dame sogleich jede Menge Schachgebote zur Verfügung hat, denen der offen stehende König nur unter Aufgabe des Turms entkommen kann.

82.♖xd2 a1♕ 83.♖g2+ ♔f6 84.e8♕

84.♖f2+ ♔g7 85.e8♕ ♕a7+

84...♕a4+ ½-½

A08.06

Hier zunächst ein Blick auf zwei Fehlversuche.

1) 79...♔e5? 80.♔c5 ♔xe4 81.♔d6 ♔f5 82.♔e7+−

2) 79...♔e6? 80.♔c6 ♔e7 81.♔c7+−

a) 81...♔e6 82.♔d8 ♔e5 83.♔e7

b) 81...♔e8 82.♔d6 ♔d8 83.♔e6 ♔e8 84.e5 ♔f8 85.♔d7

3) In der Partie geschah **79...♔e7! 80.♔c5 ♔d7!** und ½-½ im Hinblick auf die Folge

81.♔d5 ♔e7 82.♔e5 ♔d7 83.♔d5 ♔e7 84.e5 ♔d7 85.e6+ ♔e7 86.♔e5 ♔e8 87.♔d6 ♔d8 88.e7+ ♔e8 89.♔e6 patt.

A08.07

Diese Stellung macht eine Vorbemerkung zur entsprechenden Endspieltheorie erforderlich. Ist der Freibauer ein Mittelbauer, so ist in Hinsicht auf Störschachs des Verteidigers eine Distanz von mindestens 3 Feldern zwischen Turm und König erforderlich, wenn diese Schachs von der *kurzen* Seite erfolgen (hier also von der rechten). Im gegebenen Fall ist diese Schachdistanz mit 2 Feldern also eigentlich zu kurz, allerdings gibt es bei richtiger Verteidigung eine pointierte Remisrettung.

1) Mit **76...♖e1?** abzuwarten ist wegen **77.♔f7 ♖f1+ 78.♔e7**+− verfehlt, denn nun wirkt sich die zu kurze Schachdistanz in typischer Weise aus. **78...♖h1 79.♖f8 ♖h7+ 80.♖f7 ♖h6 81.e6 ♖h8 82.♖f8 ♖h7+ 83.♔f6 ♖h6+ 84.♔f7 ♖h7+ 85.♔g6** Damit ist das Ende der Störschachs gekommen. **85...♖e7 86.♔f6 ♖h7 87.e7**

2) Hingegen zeigt sich nach dem korrekten Herangehen mit **76...♖h2! 77.♔f7 ♖h7+ 78.♔g6 ♔d7!** die erwähnte Pointe: Der König gelangt vor den Bauern. ½-½

A08.08

1) Die fehlerhafte Partiefolge **55.♖xh6?** führte zum Remis.

55...♘f3

Sogar 55...♘e2 ist spielbar: 56.♔xe5 ♘f4 57.♖g6+ ♔xh5 58.♖g1 ♘g6+ 59.♔f5 ♘h4+ usw.

56.♔d5

56.♖g6+ ♘g5+ 57.♔xe5 ♔xh5 58.♔f5 ♘h3=

56...♘g5

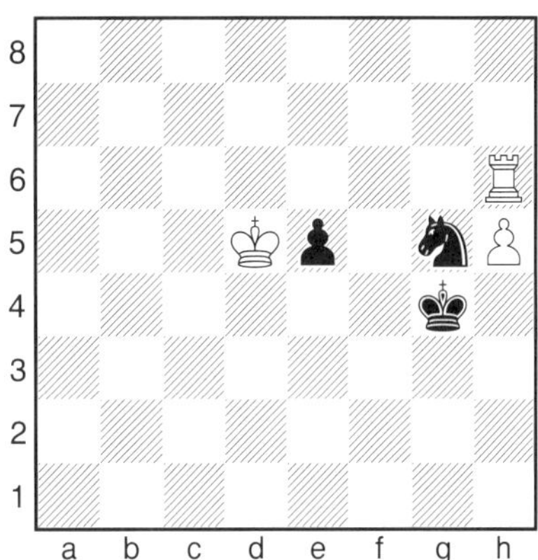

Ein magisches Bild: Der Turm wird vom Springer dominiert und Weiß ist im Zugzwang!

57.♖h8 ♘f7 58.♖h7

58.♖f8 ♘h6 59.♔xe5 ♔xh5=

58...♘g5 59.♖h6 ♔h4 ½-½

Nachdem der Gegner (selbst ein gefürchteter Endspielkünstler) sich den Scherz erlaubt zu demonstrieren, dass er sogar über eine Nebenlösung verfügt, willigte Tal zu Recht enttäuscht ins Remis ein.

2) Hingegen hätte **55.♔xe5** gewonnen.

a) 55...♘f3+ 56.♖xf3 ♔xf3 57.♔f5

b) 55...♘c2 56.♖xh6 ♘e3 57.♔e4 ♘f1 58.♖g6+ ♔xh5 59.♖g1 ♘d2+ 60.♔f4

c) 55...♔g5 56.♖f7

– 56...♘e2 57.♖f2 ♘g3 58.♖g2 ♔h4 59.♖xg3 ♔xg3 60.♔f5 ♔h4 61.♔g6

– 56...♘c6+ 57.♔d5 ♘b4+ 58.♔e4 ♔xh5 59.♖b7 ♘c6 60.♔d5 ♘a5 61.♖b5 ♔g4 62.♖xa5 h5 63.♔e4 h4 64.♖a8 ♔g3 65.♔e3 h3 66.♖g8+

Aufgabe 1

Weil der Versuch, Schwarz mit **54.♔f5** in Zugzwang zu bringen, mit **54...h4!** gekontert werden kann: **55.gxh4** (55.g4?? h3–+) **55...♔h5 56.♗f6 a1♕**.

Aufgabe 2

1) 59...♖f1 60.♖e6+ ♔d7 61.♖d6+ ♔e8 62.♔f6

2) Und nach **59...♖xg6+ 60.♔xg6 ♔f8** folgt das minutiös berechnete Finale **61.♔f6 d4 62.e6 d3 63.e7+ ♔e8 64.♔e6 d2 65.f6 d1♕ 66.f7#**.

Aufgabe 3

Auf **67.♔b2** folgte noch **67...♔e3 68.♘a5** (68.♔xa2 f4) **68...♗e8 69.c5 f4 70.c6 ♗xc6 71.♘xc6 f3 72.♘e5 f2** und **0-1** angesichts des möglichen Finales 73.♘g4+ ♔e2 74.♘xf2 ♔xf2 75.♔xa2 ♔e3.

Ein sehr beeindruckender Sieg gegen ein solches Endspiel-Schwergewicht wie Smyslow!

Aufgabe 4

Nein, denn nach 50.e7 zeigt sich der Wert der schwarzen Dame als Verteidigerin: 50...♕a2+ 51.♔g1 ♕b1+ 52.♔f2 ♕a2+ und wegen ♕e6+ kann der weiße König dem Dauerschach weder über h3 noch über die e-Linie entkommen.

Über den Autor

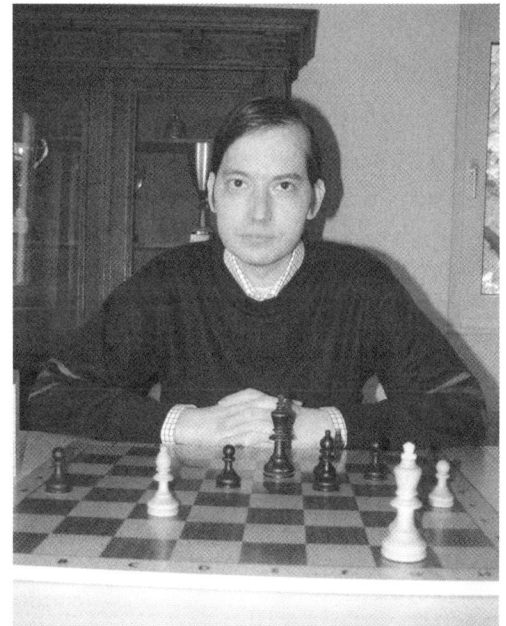
Karsten Müller

GM Dr. Karsten Müller wurde am 23. November 1970 in Hamburg geboren. Er studierte Mathematik und promovierte 2002. Von 1988 bis 2015 spielte er für den Hamburger SK in der Bundesliga und errang den Großmeister-Titel 1998. Zusammen mit Frank Lamprecht ist er Autor der hochgeschätzten Werke *Secrets of Pawn Endings* (2000) und *Fundamental Chess Endings* (2001), mit Martin Voigt *Danish Dynamite* (2003), mit Wolfgang Pajeken *How to Play Chess Endgames* (2008), mit Raymund Stolze *Zaubern wie Schachweltmeister Michail Tal* und *Kämpfen und Siegen mit Hikaru Nakamura* (2012). Aufmerksamkeit fand Müllers Buch *Bobby Fischer, The Career and Complete Games of the American World Chess Champion* (2009), besonders auch seine exzellente Serie von ChessBase-Endspiel-DVDs Schachendspiele 1-14. Müllers beliebte Rubrik *Endgame Corner* erschien unter www.ChessCafe.com von Januar 2001 bis 2015, seine Rubrik *Endspiele* im ChessBase Magazin seit 2006. Der viel beschäftigte, weltweit anerkannte Endspiel-Experte wurde 2007 als „Trainer des Jahres“ vom Deutschen Schachbund ausgezeichnet. Im Beyer Verlag sind bereits 8 Bücher erschienen: Karsten Müller - *Schachtaktik, Positionsspiel, Verteidigung* (zusammen mit Merijn van Delft), *Schachstrategie* (zusammen mit Alexander Markgraf) und *Italienisch mit c3 und d3* (zusammen mit Georgios Souleidis), *Magie der Schachtaktik* sowie *Magische Endspiele* (zusammen mit C.D.Meyer) und *Spielertypen* (zusammen mit Luis Engel).

Spielerverzeichnis

Spieler mit Weiß gegen ...

Spieler mit Schwarz gegen ...

Quellenverzeichnis

Die beiden Bücher basieren auf Karsten Müllers 2019 erschienenen ChessBase DVDs 'Endspiele der Weltmeister von Fischer bis Carlsen und von Steinitz bis Spassky'.

Außerdem wurden folgende Quellen benutzt:

Dvoretsky's Endgame Manual, 5. Auflage Russell 2020

G. Kasparov & D. Plisetski: *My Great Predecessors*, Part I–V, Everyman

M. Marin, *Learn from the Legends*, 2. Auflage Quality Chess 2015

C.D. Meyer & K. Müller, *Magie der Schachtaktik,* Joachim Beyer Verlag 2018

C.D. Meyer & K. Müller, *Magische Endspiele,* Joachim Beyer Verlag 2020

K. Müller, *Endgame Corner* (www.ChessCafe.com)

K. Müller & L. Engel, *Spielertypen*, Joachim Beyer Verlag 2020

D. Plisetsky & S. Voronkov, *Russians vs Fischer*, Moscow Chess World 1994

Mega Database 2020

Nalimov Endgame Tablebases

NEW IN CHESS Magazines

ChessBase Magazine

ChessBase Nachrichten (www.chessbase.de)

Schachmagazin 64

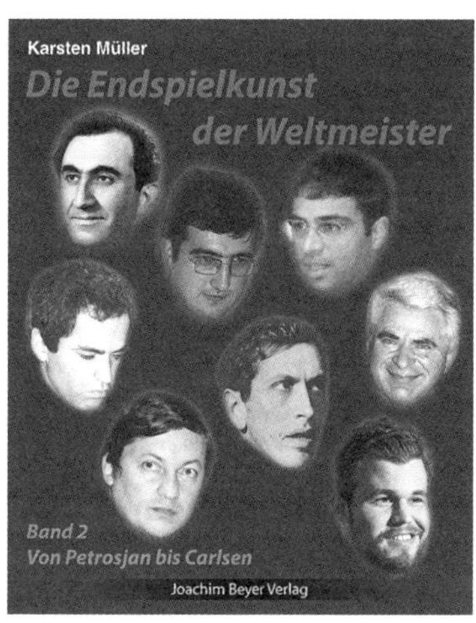

Karsten Müller

Endspielkunst der Weltmeister

Band 2 – Von Petrosjan bis Carlsen

224 Seiten, gebunden, Großformat, Leseband

Da die Schachweltmeister natürlich in allen Bereichen des Spiels herausragen, kann man von ihrem Können am meisten lernen, und es versteht sich von selbst, dass das Endspiel diesbezüglich keine Ausnahme bildet. Ganz gleich, ob sie renommierte Taktiker oder hervorragende Positionsspieler waren – ganz gleich, ob sie ihre Eröffnungen in aller Tiefe analysierten oder diese eher intuitiv spielten: Es ist vollkommen ausgeschlossen, dass einer von ihnen den höchsten Titel hätte erlangen können, wenn er nicht auch die Endspielphase weltmeisterlich beherrscht hätte.

Und um seinen Lesern zu ermöglichen, von den Weltmeistern zu lernen, hat der Autor sein Augenmerk vorneweg auf deren individuell gegebene Spezialgebiete gerichtet – wie z.B. auf Petrosjans untrügliches Gespür in Fragen des richtigen Abtauschs, auf Spasskis Umgang mit der Initiative, Fischers Präzision in dem nach ihm benannten 'Fischer-Endspiel' mit 'Turm + Läufer gegen Turm + Springer', auf Karpows Dominanz- und Restriktionsme- thoden, Kasparows Königsangriffe bei reduziertem Material, Kramniks strategisches Powerplay, auf Anands nicht nachlassendes aktives Druckspiel und – last but not least – Carlsens Technik in dem nach ihm benannten 'Carlsen-Endspiel' mit Türmen und gleichfarbigen Läufern.

Darüber hinaus werden allerlei „immergrüne Klassiker" der einzelnen Spieler geboten, von denen einige dank aktueller Analysen in neuem Licht erscheinen. Auch erhält der Leser die optimale Trainingsmöglichkeit, sich anhand zahlreicher Aufgaben in die Lage der Weltmeister zu versetzen und selbst nach Lösungen zu suchen. Da am Rande auch auf das Modell der 4 Spielertypen eingegangen wird, können zusätzlich Aufschlüsse über die Bedeutung dieses Themas speziell im Endspiel erlangt werden.

Und in diesem Sinne spricht der rumänische Großmeister und Endspielexperte Mihail Marin in seinem Geleitwort die Einladung aus, sich mit den herausragendsten Endspielleistungen der Weltmeister nicht einfach nur zu beschäftigen, sondern diese durchaus auch zu genießen.

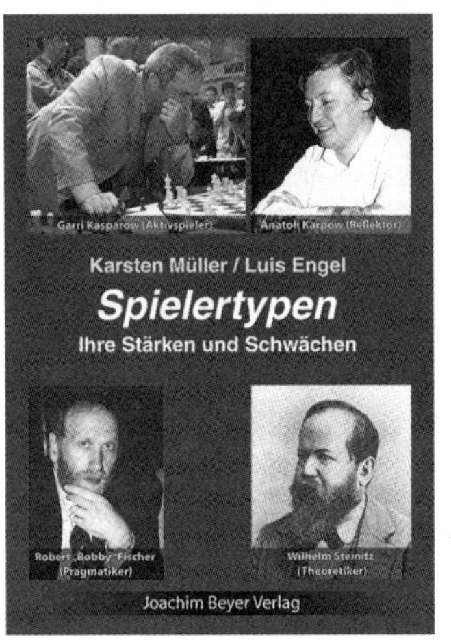

Karsten Müller / Luis Engel

Spielertypen

Ihre Stärken und Schwächen

248 Seiten, gebunden, Leseband

Spielstile im Schach sind ein wichtiges und entsprechend oft diskutiertes Thema. GM Dr. Karsten Müller und GM Luis Engel greifen ein auf 4 Spielertypen beruhendes Modell von GM Lars Bo Hansen auf – und zwar 'Aktivspieler', 'Pragmatiker', 'Theoretiker' und sogenannte 'Reflektoren'. Deren jeweilige Stärken und Schwächen werden anhand vieler Beispiele erläutert und durch zahlreiche Aufgaben ergänzt, anhand derer der Leser versuchen kann, sich dem einen oder anderen Spielertypus zuzuordnen.

„Im Rahmen der Vorbereitung auf meinen nächsten Gegner ... spielen immer wieder bestimmte Charakterzüge eine Rolle, die ich diesem Spieler zuzuordnen versuche. ... Hier kann es hilfreich und zeitsparend sein, beispielsweise durch gespielte Eröffnungen Rückschlüsse auf den Spielertypus und damit auch auf Stärken und Schwächen zu ziehen – oder über bekannte Spielereigenschaften Hinweise auf die Wahrscheinlichkeit betreffs der Wahl bestimmter Eröffnungsvarianten zu bekommen.

Diese und zahlreiche weitere Überlegungen werden in dem vorliegenden Buch gebündelt und systematisch dargestellt. Die Einteilung in vier prototypische Spielernaturen ist ausgesprochen hilfreich bei der Beantwortung von Fragen, die nicht nur die Partievorbereitung betreffen, sondern beispielsweise auch die Bestimmung der eigenen Charakteristik als Schachspieler.“

(Auszüge aus dem Vorwort von GM Vincent Keymer)